权威·前沿·原创

皮书系列为
“十二五”“十三五”国家重点图书出版规划项目

BLUE BOOK

智库成果出版与传播平台

浦东新区蓝皮书
BLUE BOOK OF PUDONG NEW AREA

上海浦东经济发展报告（2021）

ANNUAL REPORT ON ECONOMIC DEVELOPMENT OF PUDONG NEW AREA (2021)

新征程·新开局

主　编 / 高国忠　雷新军
副主编 / 陈宝忠　张晓娣

社会科学文献出版社
SOCIAL SCIENCES ACADEMIC PRESS (CHINA)

图书在版编目（CIP）数据

上海浦东经济发展报告．2021：新征程·新开局／高国忠，雷新军主编．--北京：社会科学文献出版社，2021.1
（浦东新区蓝皮书）
ISBN 978-7-5201-7351-3

Ⅰ．①上…　Ⅱ．①高…　②雷…　Ⅲ．①区域经济发展-研究报告-浦东新区-2021　Ⅳ．①F127.513

中国版本图书馆CIP数据核字（2020）第255791号

浦东新区蓝皮书
上海浦东经济发展报告（2021）
——新征程·新开局

主　　编／高国忠　雷新军
副 主 编／陈宝忠　张晓娣

出 版 人／王利民
责任编辑／宋　静　柯　宓

出　　版／社会科学文献出版社·皮书出版分社（010）59367127
　　　　　地址：北京市北三环中路甲29号院华龙大厦　邮编：100029
　　　　　网址：www.ssap.com.cn
发　　行／市场营销中心（010）59367081　59367083
印　　装／天津千鹤文化传播有限公司

规　　格／开 本：787mm×1092mm　1/16
　　　　　印 张：18　字 数：268千字
版　　次／2021年1月第1版　2021年1月第1次印刷
书　　号／ISBN 978-7-5201-7351-3
定　　价／128.00元

《上海浦东经济发展报告（2021）》
编　委　会

主要编撰者简介

高国忠 中共上海市浦东新区委员会党校常务副校长，中共上海市浦东新区委员会党校校务委员会副主任，上海市浦东新区行政学院副院长，浦东新区党建研究会常务副会长，浦东区情研究中心主任，《浦东论坛》杂志主编、《上海浦东社会治理发展报告（2019）》主编、《上海浦东经济发展报告（2020）》主编、《上海浦东社会治理发展报告（2020）》主编。历任浦东新区洋泾街道办事处副主任、浦东新区教育局办公室主任、浦东新区教育局副局长、中共浦东新区区委组织部副部长、浦东新区社会工作委员会副书记等职。

雷新军 经济学博士，博士后，上海社会科学院经济研究所国际贸易与投资研究室主任，上海东方品牌文化发展促进中心副理事长，中国致公党党员，致公党上海社会科学院支部主委。先后担任上海社会科学院经济研究所宏观经济学研究室副主任、企业发展研究室主任、人口资源环境经济学研究室主任。2008 年作为全国第 9 次博士服务团成员赴中国延安干部学院，担任教学科研部国情研究室副主任。长期从事产业经济研究，主要学术著作有《日本经济发展过程中的政府作用》（日文）、《城市产业转型比较研究：上海市杨浦区与日本川崎市的产业转型经验》、《上海经济改革与城市发展：实践与经济》（合著）、《科学发展与城市国际竞争力》（合著）、《中国产业论归纳法的展开》（日文、合著）、《东亚地区经济发展与中小企业》（日文、合著）、《上海品牌发展报告》（执笔、主编）、《上海浦东经济发展报告（2018）》（副主编）、《上海浦东经济发展报告（2019）》（副主编）、《上海浦东经济发展报告（2020）》（主编）。

陈宝忠 中共上海市浦东新区委员会党校副校长，中共上海市浦东新区委员会党校校务委员会委员，上海市浦东新区行政学院副院长，浦东新区党建研究会副会长兼秘书长，浦东新区政协学习和文史委员会副主任，浦东新区侨联常委，浦东区情研究中心副主任，《浦东论坛》杂志副主编、《上海浦东社会治理发展报告（2020）》副主编。历任浦东新区社会事业工作委员会办公室副主任（主持工作）、浦东新区卫生和计划生育委员会党工委委员、浦东新区卫生和计划生育委员会组织人事处处长等职。

张晓娣 经济学博士，博士后，上海社会科学院经济研究所副研究员，中国民主建国会会员，联合国工业发展组织伙伴专家。先后主持1项国家自然科学基金青年项目、1项国家社会科学基金青年项目、1项中国博士后科学基金项目及2项上海市决策咨询项目，近五年以第一作者共发表CSSCI论文18篇。2018年获得上海市“三八红旗手”称号与“巾帼创新新秀奖”，2019年入选上海市“青年拔尖人才”。

摘　要

2020 年是浦东开发开放 30 周年，“而立之年”的浦东在过去 30 年实现了惊人的成就，未来发展之路也承载着人民更高的期许。在 11 月 12 日举办的浦东开发开放 30 周年庆祝大会上，习近平主席强调浦东应“勇于挑最重的担子、啃最硬的骨头，努力成为更高水平改革开放的开路先锋、全面建设社会主义现代化国家的排头兵、彰显‘四个自信’的实践范例，更好向世界展示中国理念、中国精神、中国道路”。基于此，《上海浦东经济发展报告（2021）》聚焦浦东高新技术产业发展和经济高质量发展，分析和展望新起点上浦东的产业发展和效益提升。

总报告基于新冠肺炎疫情冲击下的宏观经济背景，回顾了 2020 年浦东的经济运行特征，并对 2021 年浦东经济发展进行了预测。总报告指出，2020 年浦东新区经济发展呈现前低后高的走势，增速处于历史新低。综合国际国内背景分析，对于浦东来说，2021 年尽管外部宏观环境给经济运行带来的不确定性不容忽视，但是保障经济快速增长的基础依旧坚实牢固。因此，综合各种因素推断，2021 年预期浦东新区经济呈快速上行态势，为“再造一个新浦东”目标的实现奠定坚实基础。

分报告分别从“中国芯”、“创新药”、“智能造”、“蓝天梦”、“未来车”和“数据港”六个方面进行分析。浦东在上海芯片产业中具有主导地位，上海芯片产业要发挥现有优势，持续扩大产业规模，做大做强龙头企业，实现核心技术的自主可控，优化浦东整体区域的产业布局，充分发挥芯片产业集聚的正外部效应。浦东新区生物医药的产业发展以实现技术创新与产业化对接、构建完整产业生态链以及面向国家抗疫防控需求为主要动力。随着新一代信息技术的不断迭代创新，特别是以5G通信、人工智能等为代表的新技术快速发展，制造业与新互联网技术的有机融合赋予了智能制造新的历史发展使命。作为改革开放排头兵、创新发展先行者的浦东，以中国商飞为龙头，强化自主创新和国际协作，推动安全性、经济性有效融合，全力推动产业创新要素集聚，构筑政产学研一体化协作的民用航空制造业高质量发展生态系统，全力推动中国航空工业跨越式发展。浦东新区是上海汽车产业发展最重要的产业集聚区之一，是加快推进上海汽车产业转型升级的主要承载区，也是全力打响“上海制造”品牌的重要先行者。“数据港”的建设有利于实现数据对产业的持续赋能，从而为浦东经济的高质量发展注入“强心剂”。

专题篇分别从市场主体、营商环境、土地效益倍增、上海自由贸易试验区效能、长三角一体化及科创中心六个角度进行研究。2019年浦东新区企业发展总体呈现数量平稳、质量提升的趋势。新设公有制企业注册资本大幅度上升，在各类市场主体中占比最多，企业“提质”特征逐渐显现，新设外资企业注册资本增速相比上年上涨幅度较大，私营企业持续担当主力，其存量在各类市场主体中仍然占比最高，新设个体工商户数量下降，农民专业合作社依旧体量最小。进一步优化营商环境，浦东新区应坚持围绕提升智能化水平，立足亲清政商关系，聚焦信贸环境，大力发展市场中介组织，优化人文法治环境。为加快浦东新区土地效益倍增的速度，需要提高项目办理速度、加强对全区存量用地更新改造的谋划、提高项目主体进行更新改造的积极性与主动性、推动土地全生命周期治理常态化、突破土地更新改造项目的一些瓶颈。2020年是浦东新区再出发的起点，面对新冠肺炎疫情和中美贸易摩擦的叠加冲击，应充分整合已有的税收优惠政策，优化税收征管制度，积极争取更大的政策优惠，深入推进自贸试验区建设，奋力支持浦东新区倍增计划。浦东新区应积极利用改革开放先行优势、制度高地优势和区位优势进一步开发开放，发挥集聚与辐射效应，不断推进科技创新，提升长三角地区产业技术水平，促进不同地区经济生产分工与协作，促进长三角一体化。

浦东新区应该从加强科技创新政策系统化集成化、提升优势高科技产业链整体能级、引导各类创新主体的创新联动性、打造专业化的科技创新支撑体系等方面努力，推动上海尽早全面建成具有全球影响力的科技创新中心。

关键词： 高质量发展 硬核产业 效益效能 浦东

目　录

Ⅰ　总报告

Ⅱ　分报告

Ⅲ 专题篇

皮书数据库阅读使用指南

总 报 告

General Report

B.1
2020年浦东经济发展现状分析及2021年预测

胡云华 *

摘 要： 受新冠肺炎疫情的冲击，全球经济严重衰退，贸易投资萎缩下行，全球产业链、供应链循环受阻，浦东经济运行面临严峻风险和挑战。面对疫情冲击，浦东坚持双抓双促，统筹推进疫情防控和经济发展。根据相关数据，2020年浦东新区经济增长呈现前低后高的走势，增速处于历史新低。综合各种因素推断，2021年，浦东新区将进一步加大改革开放再出发步伐，预期经济呈现快速上行态势，为“再造一个新浦东”目标的实现奠定坚实基础。

关键词： 浦东经济 改革开放 高质量发展

---

* 胡云华，经济学博士，中共上海市浦东新区委员会党校经济教研室主任、副教授，主要研究方向为区域经济发展、创新经济。

一　2020年宏观经济背景：新冠肺炎疫情带来强烈冲击

（一）全球经济：严重衰退

突如其来的新冠肺炎疫情是新中国成立以来，传播速度最快、感染范围最广、防控难度最大的重大突发公共卫生事件。根据世界卫生组织（WHO）的数据，截至2020年9月20日，全球超过3000万人确诊新冠肺炎，已经超过90万人死亡。这次疫情的严重影响远远超过2003年的SARS疫情，而且疫情的防控仍然面临反复和不确定性的风险。

新冠肺炎疫情给全球经济带来严重冲击，使得一直徘徊在后国际金融危机阴影之下的全球经济发展再次经历重创。更为重要的是，疫情发展的不确定性将对全球经济格局的走势带来新的风险和挑战，世界百年未有之大变局将进一步持续分化演变。国际货币基金组织2020年10月的分析预测显示，全球经济增长创进入21世纪以来的历史新低，预计将萎缩4.4%。其中，发达经济体萎缩5.8%，新兴市场和发展中经济体将萎缩3.3%。根据IMF的预测，全球主要经济体中唯独中国能实现正增长，预计增长1.9%左右。① 由于疫情的冲击，全球经济衰退的程度要远远超过2009年国际金融危机爆发后的衰退。

2020年全球经济严重衰退更令人担忧的是全球贸易的衰减。就全球范围来看，21世纪以来，国际金融危机发生之前，全球贸易增长速度基本上是全球经济增长速度的2倍，国际金融危机之后，全球贸易平均增速基本上和全球经济平均增速持平。而步入2020年以来，全球贸易增速持续下行，根据IMF的预测，全年增速将低于全球经济增速。

拖累全球贸易增速持续下行的一个重要因素在于愈演愈烈的全球贸易摩擦，尤其引人注目的就是中美贸易摩擦。近年来，美国抛开大国应尽责任，

---

① 《IMF预计今年全球经济萎缩4.4%　主要经济体唯有中国实现正增长》，新华网，2020年10月13日。

奉行单边孤立主义，不断升级对中国的压制和封锁，将中美摩擦从经贸领域拓展到技术、人才、地缘政治等领域，不仅给中美贸易往来设置了重重障碍，也给全球贸易和经济的恢复增长带来消极影响。与此同时，新冠肺炎疫情的冲击进一步加剧了逆全球化的浪潮，全球产业链、供应链循环受阻，外部需求陷入低迷。从更深层次原因来看，全球贸易的萎缩和经济的走弱反映的则是全球产业转型升级面临的困境尚未突破，国际金融危机后颠覆性的全球技术革命仍未能“应运而生”，或者说当前新技术新产业尚未引领全球产业实现“华丽转身”。

全球贸易的萎缩，加之疫情的严重冲击，加剧了全球地缘政治的不确定性和风险，如中东地区的地缘政治冲击加大，这些因素导致全球大宗商品价格的跌宕起伏。以原油为例，2020 年初价格为 60 美元一桶，最低时一度跌到 20 美元一桶的低谷，区间震荡成为 2020 年大宗商品价格的大体走势。而黄金的价格则在 2020 年 8 月创下每盎司 2000 美元历史新高，反映的也是全球市场预期的不明朗和风险在累积。

总而言之，在新冠肺炎疫情的冲击之下，2020 年全球经济严重衰退，全球贸易投资萎缩下行，全球产业链、供应链循环受阻，给中国宏观经济运行带来的风险和挑战不断加剧。

（二）中国经济：加快构建发展新格局

新冠肺炎疫情不仅导致全球经济的严重衰退，也给中国宏观经济运行造成了强烈冲击。

2020 年中国经济在新冠肺炎疫情的冲击之下，第一季度史无前例地下降 6.8%，第二季度在国内疫情防控取得阶段性胜利的前提下，实现“V”形反弹，增长 3.2%，成为全球主要经济体中唯一实现正增长的国家，再次成为全球经济增长的中流砥柱。根据国家统计局的数据，在疫情不反弹的前提下，2020 年中国经济实现全年正增长应是大概率事件。但同时可以看到，疫情冲击之下的中国经济发展中不平衡、不充分的长期结构性问题还有待积极应对和突破。

从消费来看，社会消费品零售同比增速近年来持续下行。2019 年，中国人均 GDP 突破 1 万美元，对比世界主要经济体跨越人均 GDP 1 万美元大关时的情形，可以看到中国居民消费占 GDP 的比重相对过低。导致中国消费下行的主要原因有：一是近年来城乡居民人均可支配收入的不断下行；二是近年来中国居民部门杠杆率的明显攀升。而且，新冠肺炎疫情的冲击更进一步加剧了消费的下行。2020 年第一季度，消费同比增速收缩了 15%，随后尽管逐步反弹，但直至 8 月才开始转负为正。显然，消费复苏的速度是比较缓慢的。而且，调查显示，疫情冲击之下，很多消费者对于未来的就业和收入预期转为悲观。可以预测，未来一段时间内，消费的弱复苏和疲态运行将维持一段时间。因此，习近平总书记 2020 年以来多次强调构建以国内大循环为主体、国内国际双循环相互促进的新发展格局绝非应对疫情冲击的临时之举，而是根据我国发展阶段、环境、条件变化做出的战略决策，是事关全局的系统性深层次变革。

因此，从国内宏观经济运行总体来看，受新冠肺炎疫情的冲击，外部风险挑战加剧，自身经济发展面临深层次的长期结构性问题需要加以突破，须坚定不移地深化改革，逐步形成以国内大循环为主体、国内国际双循环相互促进的新发展格局，以助推经济加快实现向高质量发展阶段迈进。

二　2020年浦东经济运行特征分析

2020 年对于浦东来说具有特殊的意义，是浦东开发开放 30 周年。迈入“而立之年”的浦东面对突如其来的新冠肺炎疫情冲击，在全面保障防控疫情的前提下，以“五大倍增行动”为重要抓手，乘风破浪，坚定地迈出改革开放再出发的步伐。1 ~ 7 月，经济运行较第一季度明显改善，实现地区生产总值 5967 亿元，同比下降 0.3%（见表 1），降幅比第一季度收窄 4 个百分点；第二季度增速实现由负转正。① 经济增长在疫情冲击下体现较强韧

① 浦东的数据如无特殊说明均来自《浦东新区统计月报》。

性，各领域主要指标持续向好，经济运行呈现加快复苏的态势。总体预判，受疫情的影响，2020 年全年浦东新区经济增长率为 2.5% ~3%，是浦东开发开放以来的历史新低。

表 1　2020 年 1 ~7 月浦东新区主要经济指标情况

单位：亿元，%

经济指标	1 ~7 月	
	绝对值	增长率
地区生产总值	5967	-0.3
规模以上工业总产值	5326	6.1
全社会固定资产投资	1161	8.3
社会消费品零售总额	1637	-9.1
商品销售总额	19614	-9.7
外贸进出口总额	11259	0.1

资料来源：《浦东新区统计月报》。

2020 年浦东新区经济运行轨迹呈现“V”形走势，具体分析如下。

（一）系统谋划疫情防控和经济社会发展

疫情防控是前提，经济社会发展是保障。浦东统筹兼顾两个战场，指挥调度双线作战。一方面，按照市委要求，打好疫情防控阻击战；另一方面，加强条件管理，精准有序推动复工复产复市，打好经济社会发展攻坚战。截至 2020 年第一季度，浦东规模以上工业企业复工率已经达到 97%，各重点区域的全口径工业企业复工率达到 90%。

1. 有序推动复工复产、平稳发展

一是率先实行条件管理。率先提出并实施对企业复工复产复市的条件管理，条件设置坚持科学适度原则，条件管理坚持“谁用工、谁管理、谁负责”原则。一方面，指导企业按照规定抓好防控，督促企业满足条件后再复工复产；另一方面，积极协调企业解决防疫物资等需求，帮助企业尽快满足复工复产条件。这当中，重点推动重点行业产业链协同复工，支持带动力强的企业复工，防止整个产业链“窝工”。

二是加大力度雪中送炭。全面落实上海支持企业平稳健康发展的28条措施，同步推出新区18条措施，在减负担、助融资、降成本、优服务等方面拿出真金白银为企业雪中送炭。比如浦东新区对企业的财政扶持政策，能快则快提前兑现，积极推荐企业对接市级相关部门与银行推出的专项信贷方案，全方位帮助企业渡过难关。

三是着力解决发展瓶颈。通过走访调研企业、召开企业座谈会等方式，了解企业受到的冲击和遇到的困难。针对部分企业复工后原料供应的物流难题，由国企组织帮助保持供应链畅通。一些餐饮企业不能营业，员工工资照常支付，而一些新消费领域的企业外卖需求大量增加，浦东探索推动餐饮企业员工临时到电商企业当配送员，引导企业互帮互助、抱团取暖。有序组织务工人员跨区返岗，优先为防控到位的企业发布招工信息，加强人员运输协调，充分利用健康码等快速甄别技术缩短安全返岗时间。

2. 系统谋划经济发展实现倍增

对浦东来说，力争2025年经济总量突破2万亿元，不只是量的简单增长，更是质的全面提升；不只是经济的单项发展，更是社会的全面进步。浦东紧盯2万亿元目标，把推进“五大倍增行动”作为重要载体和具体抓手，努力实现产业能级倍增、项目投资倍增、功能优势倍增、土地效益倍增、服务效能倍增，形成重点突出、整体推进、全面进步的蓬勃态势，为夺取疫情防控和实现经济社会发展目标双胜利提供重要支撑。

一是产业能级倍增。完善重点产业发展格局，打造一批战略领先的现代产业集群和充满生机的创新企业集群，不断完善以现代服务业为主体、战略性新兴产业为引领、先进制造业为支撑的产业结构。推进落实《关于支持浦东新区改革开放再出发实现新时代高质量发展的若干意见》，六大硬核产业①掌握硬科技、体现硬实力。六大现代服务经济②构筑高地、形成高峰，一批

---

① 六大硬核产业是指“中国芯”“创新药”“智能造”“数据港”“未来车”“蓝天梦”。

② 六大现代服务经济是指资产管理、融资租赁、大宗商品、总部经济、文化创意和专业服务业。

新兴产业抢抓布局、跳变发展。

二是项目投资倍增。牢牢把握招商引资这条经济发展的生命线、项目投资这条经济发展的保障线，既要注重投资规模、投资强度，也要注重投资结构，咬住年均增长10%以上、到2025年实现翻番的目标，推动投资上速度、上强度、上效益。

三是功能优势倍增。聚焦全球资源配置功能、科技创新策源功能、高端产业引领功能、开放枢纽门户功能，坚持功能与效益的辩证统一，统筹抓好平台与主体两个关键要素，推动国际经济、金融、贸易、航运、科创中心建设深度融合，以功能倍增提升经济活力。

四是土地效益倍增。坚持“四个论英雄”的导向，继续加大优质企业增产扩容力度和优质项目土地供给，加快低效土地提质增效，打造更多高效益的“黄金楼”，不断提高城市经济密度和投入产出效率。

五是服务效能倍增。要以更大决心推进政府自身改革，加快政府管理服务理念从“政府侧”向“企业侧”“群众侧”转变，着力解决企业群众的痛点堵点难点，打造国际一流的营商环境，以服务效能倍增促进企业活力倍增，推动经济高质量发展。

“五大倍增行动”的有序推进使得浦东经济快速趋稳，逐步回暖。以投资为例，2020年第一季度浦东实到外资21.55亿美元，强劲上扬36.6%，占全市的比重为46.2%。

（二）服务业稳定增长

面对疫情的严重冲击和考验，浦东产业结构中占绝对主导地位的第三产业成为浦东经济发展的稳定器和发动机。总体来看，随着“五大倍增行动”的扎实推进，浦东第三产业在金融业的持续增长引领下，大多数行业呈现增速提升和降幅收窄的向好趋势。

1. 金融业持续增长

金融业增加值持续、稳定、较高增长，2020年第一季度增长6.4%，上半年增长7.5%，规模为2022亿元，占GDP的比重为33.9%，为浦东经济增长发挥了中流砥柱的作用。

首先，机构数量继续增长。尽管面临疫情的冲击，金融机构数量仍保持增长态势。浦东紧盯倍增相关目标，把握机遇，创新专业平台招商、主题活动招商等方式，挖掘潜在项目。如把握上海国际金融中心基本建成关键节点和金融业扩大开放契机，推进银行理财子公司、外商独资券商等机构落地。紧抓进博会开放契机，吸引全球知名品牌商落户。截至 2020 年 7 月底，新增 17 家监管类金融机构，新设金融专业服务机构 19 家，累计监管类金融机构数量增至 1095 家，地方金融机构 32 家。

其次，三大主要领域平稳上行。一是货币信贷增长较快。得益于宽松的货币政策，市场流动性充裕。2020 年 6 月末，全市中外资金融机构本外币存款余额实现 11% 的增长，贷款余额实现 5.5% 的增长，增势平稳。新增贷款主要投向制造业、建筑业、交通运输、信息服务等领域。其中普惠金融加快推进。2020 年上海市和浦东新区为了帮助企业应对疫情的冲击，出台了相应的支持政策，包括融资的支持政策。因此，总体来看，小微企业投放力度加大，1～6 月约占贷款增量的 8.9%。各银行为浦东新区 1494 家疫情防控重点企业和受疫情影响的中小企业累计发放贷款 88 亿元。二是保险市场回暖向好。随着国内疫情防控进入常态化，个人保险销售渠道逐渐活跃，全市原保险保费收入增长约 3.2%。三是证券市场总体平稳。由于市场利率处于下行通道，证券市场成交较为活跃，成交量平稳增长。

最后，重点区域发展向好。陆家嘴金融贸易区主要经济指标好于预期，经济运行情况总体稳中向好。截至 2020 年 7 月，陆家嘴区域推动新设 14 家持牌类金融机构，包括平安消费金融、民生证券、民生基金、城投财务等重点金融机构，总量达 884 家。全球资管中心加快建设，2020 年以来新设 6 家外资资管机构，推动 3 家获得私募投资基金管理人（PFM）资格，4 家获批合格境内有限合伙人（QDLP）资格。此外，全国第一家北京以外地区设立的国家级母基金——国家中小企业发展基金顺利落户。

2. 社会服务业基本面好转

受新冠肺炎疫情冲击，社会服务业第一季度跌幅较大，随着疫情防控常态化，总体呈稳步回升态势。2020 年 1 ~7 月，浦东规模以上社会服务业实现营业收入 3934.2 亿元，同比下降 1.8%。从营收情况看，1 ~7 月规模以上社会服务业企业中有 37.4% 的企业实现营收正增长，尽管同上年全年 56.7% 的水平尚有较大距离，但营收正增长的企业比例呈逐月扩大趋势。从盈利走势来看，相比疫情最严峻的二、三月，企业盈利状况明显改善，1 ~7 月超过一半的企业实现盈利，达到 60.7%。

从重点行业看，四大行业呈现“两升两降”分化发展态势。

首先，信息传输、软件和信息技术服务业继续保持较快增长。2020 年 1 ~7 月实现营业收入 1354.3 亿元，同比增长 4.1%。从细分行业看，电信、广播电视和卫星传输服务业受龙头企业业务下降拖累增速同比下降 4.4%，实现营业收入 178.3 亿元。软件和信息技术服务业营收增长平稳，实现营业收入 774.6 亿元，同比增长 5.2%。互联网和相关服务业营收增速呈现探底回升态势，实现营收 401.3 亿元，同比增长 6.3%。

其次，科学研究和专业技术服务业营收快速反弹。2020 年 1 ~7 月实现营业收入 503.2 亿元，同比增长 7.7%，相比年初的最低增速，拉升了 14.8 个百分点，成为浦东社会服务业中增速最快的行业。其中，研究和试验发展营收得到 16.2% 的增长，拉动行业整体快速回升，以精鼎医药、药明康德、应用材料和华勤通信等为代表的各大研发企业均实现快速增长。

最后，租赁和商务服务业以及交通运输、仓储和邮政业均呈下降态势。2020 年 1 ~7 月，租赁和商务服务业实现营业收入 928.1 亿元，同比下降 7.5%，直接影响新区规模以上服务业整体增幅。交通运输、仓储和邮政业受疫情的冲击营业收入下降 2.3%，规模为 851.6 亿元。细分行业呈现分化态势，除多式联运和运输代理业正增长外，其余行业都为负增长。如航空运输业受疫情的冲击最为严重，营收大幅下降 41.9%。其中上海国际机场股份有限公司营收仅为 28 亿元，同比下降 56.1%。

（三）实体经济稳固回升

在外部市场和疫情冲击之下，浦东工业加速复工复产，同时，以“产业能级倍增行动”方案为重要抓手，对标国际产业发展新趋势，努力打造以六大硬核产业为代表的国际先进制造业产业集群。同时，作为上海建设具有全球影响力科创中心核心功能区，浦东加快推进张江科学城和南北创新走廊的区域协同发展，为传统制造业赋能，有力地保障了实体经济的稳固回升。

1. 总体回升向好

自复工复产以来，浦东工业生产快速回升（见图 1）。规模以上工业总产值累计增速于 2020 年 5 月在全市率先止跌，1 ~7 月累计实现规模以上工业总产值 5326 亿元，累计增长 6.1%，重点行业回升平稳，尤其是电子信息制造业支撑作用明显。进入下半年后，虽然工业企业生产恢复及节奏加快，规模以上工业总产值当月增速继续提高，带动累计产值与上年同期相比基本持平，但鉴于上年同期基数较高，增速随即有所下降。总体而言，浦东工业实现了平稳增长，为全区经济增速的回升发挥了重要保障作用。

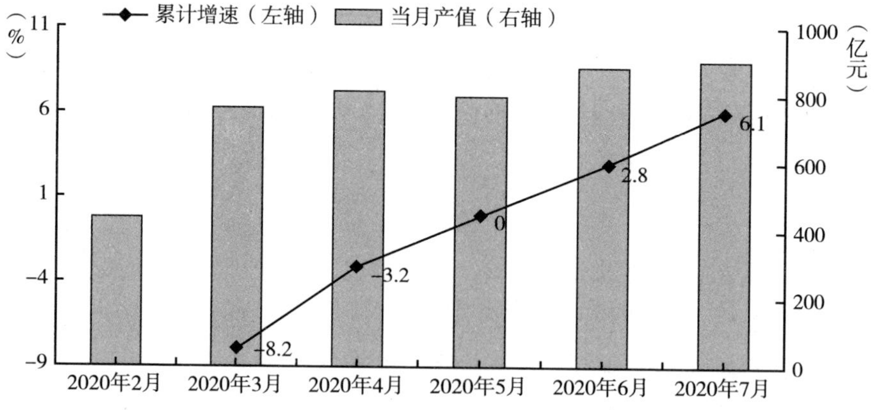

图 1　2020 年 2 ~7 月浦东规模以上工业总产值及增长情况

资料来源：《浦东新区统计月报》。

（1）重点行业率先强势恢复

2020 年浦东重点行业增长速度继续向好，尽管发展仍然呈现分化的格局，但总体而言在第一季度探底之后率先强势恢复。以“三大三新”产业①为例，2020 年1～7 月实现产值3698 亿元，同比增长超过7%。首先，电子信息制造业和汽车制造业强劲回升，实现两位数增长。其中电子信息制造业由于市场销售情况良好，电子信息产品代加工生产稳定，1～7 月累计实现产值规模 1361 亿元，增长高达 29.4%。汽车制造业受益于各项促进汽车消费政策的出台随之而来的车市回暖，实现产值 1196 亿元，增幅为 15.7%。其次，相关产业降幅不断收窄。如成套设备制造业产值 689 亿元，同比下降 4.5%。生物医药产业实现产值 354 亿元，降幅收窄为 0.4%，基本与上年同期持平。此外，新能源及航空航天产业继续保持增长态势（见表2）。

表 2　2020 年 1～7 月浦东工业重点行业发展情况

单位：亿元，%

重点行业	1～7 月产值	增长率
电子信息制造	1361	29.4
汽车制造	1196	15.7
成套设备制造	689	-4.5
生物医药	354	-0.4
新能源	51	1.6
航空航天	47	23.3

资料来源：《浦东新区统计月报》。

（2）战略性新兴产业发展平稳向好

战略性新兴产业一改上年低迷发展态势，在复工复产加快推进之下，快速恢复回升，总体呈现平稳向好的发展态势。2020 年 1～7 月，浦东规模以

① “三大三新”产业为浦东工业主导产业，即电子信息制造、汽车制造、成套设备制造、生物医药、新能源和航空航天。

上战略性新兴产业（制造业部分）实现产值 2592 亿元，同比增长 22.8%，大大领先上海全市增速。其中，新能源汽车在相关扶持政策的刺激下表现最为亮眼，产值增长了 4.2 倍，实现产值规模 172 亿元。此外，新一代信息技术同样表现出彩，实现产值 1314 亿元，增幅高达 33.7%。

（3）龙头企业表现突出

龙头企业是浦东工业发展的晴雨表，是浦东工业稳固回升的重要压舱石。2020 年 1～7 月，规模居前十位的龙头企业完成产值 2621 亿元，增长 22.6%，占浦东工业总产值的比重由上年的 43.8% 继续攀升至 49.2%，拉动浦东工业增长 9.9 个百分点。从电子信息制造业方面来看，昌硕科技占全行业产值比重达 57%，直接主导发展趋势，由于订单量较大，昌硕科技实现产值迅速上升，增幅高达 74.4%，若剔除昌硕科技影响，电子信息制造业增速下降为 6.5%，低于浦东新区平均水平。此外，生产无线通信相关产品、液晶电视等产品的环旭电子产值也实现了 40.9% 的高增长。在汽车制造业方面，以 5 月为例，龙头企业中上汽通用、上汽股份、延锋安道拓座椅等都实现当月同比增长，拉动整体行业累计降幅继续收窄，完成产值 739 亿元。

2. 电子信息制造业支撑明显

从各行业贡献度看，电子信息制造业是新区工业生产继续好转的最有力支撑。2020 年 5 月，电子信息制造业完成产值 166 亿元，占新区当月总产值的 21%，拉动增长 5.8 个百分点。1～7 月，累计实现电子信息制造业产值 1361 亿元，同比增长 29.4%（见图 2）。

具体来看，2020 年浦东电子信息制造业发展呈现以下新的特征。

一是从细分领域来看，通信设备制造业及电子元器件制造业占比高、趋势好。在九个细分领域中，除通信设备制造业及电子元器件制造业外，其他领域呈两位数降幅。通信设备制造业及电子元器件制造业占电子信息制造业近九成产值，对行业发展起决定性影响，拉动电子信息制造业强势增长。这两大行业主要依靠龙头企业的支撑，通信设备制造业主要由昌硕科技带动；电子元器件制造业增长主要由环旭电子拉动，而环旭电子为昌硕科技的配件

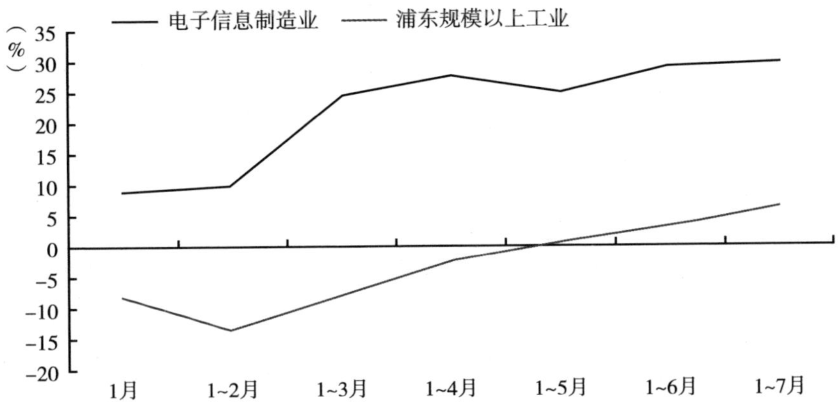

图2　2020年1~7月浦东规模以上工业及电子信息制造业产值增长情况

资料来源：《浦东新区统计月报》。

供应商。作为电子元器件制造业核心行业的集成电路，1~5月实现产值96亿元，占电子元器件制造业产值的比重为36.9%，同比下降4.9%。

二是产值增长与盈利水平分化。电子信息制造业生产虽保持较快增长，但利润却没能同步增长，反而出现下滑态势。仅以2020年1~4月为例，电子信息制造业营业收入784亿元，同比增长11%；经济效益指标则显示利润总额17.7亿元，同比下降19.1%，其中40.1%的企业亏损，亏损企业较上年增加16家；27.1%的企业利润同比下降。营业收入利润率为2.3%，低于浦东新区2.9%的平均水平。作为电子信息制造业的龙头企业，1~4月昌硕科技利润总额也下降了15.3%。

（四）商业贸易渐趋回暖

与工业等行业相比，商业是受疫情影响最大的板块，浦东商业经济运行波动幅度较大，但回暖趋势依旧明显。与商业运行轨迹有所不同，尽管企业生产节奏波动、世界经济衰退使得外贸发展面临考验，但浦东外贸整体表现趋于平稳，尤其在出口端展现出强劲韧性，带动浦东外贸稳住基本盘。

1. 商业渐趋活跃

受疫情的严重冲击，浦东商业2020年第一季度近乎“冷冻式”收缩，进入第二季度以来，随着疫情逐步平稳可控，商业促消费力度不断加大。特别是上海市启动“五五购物节”后，线上直播带货等促销活动纷纷落地，网上销售保持高速增长，消费回补、潜力释放明显加快，拉动浦东消费降幅逐步收窄。

（1）商品销售总额降幅收窄

受累于疫情所致外部需求萎缩和国内实体承压转型缓慢，浦东商品销售总额下行明显，但总体不断回暖。2020 年 1 ~ 7 月浦东实现商品销售总额（以下简称“商销总额”）19615 亿元，同比下降 9.7%，降幅较第一季度收窄 11.3 个百分点；其中第二季度同比增长 0.8%，当季实现了正增长。大幅反弹主要受益于大类商品走势总体回暖。随着复工复产推进，制造业对于原材料的需求量，如金属材料、化工原料、木材及制品、机电设备、煤炭等需求量，都较第一季度有较大提高，对商销总额的提升起到了拉动作用。在 23 个大类商品中，上半年排名前十的大类商品实现销售额 18042 亿元，同比下降 9.6%，降幅较第一季度收窄 11.4 个百分点。有 6 个大类商品销售实现正增长，实现销售额 2746 亿元，拉高商销总额增速 0.4 个百分点，其中文化办公用品类、化妆品类、建筑装潢材料类商品销售当月首次转为正增长。

（2）社会消费品零售渐趋回暖

从社会消费品零售总额（以下简称“社零总额”）看，2020 年上半年完成 1373.67 亿元，同比下降 11.4%。7 月当月，实现社零总额 262.88 亿元，同比增长 5.9%，创年内单月新高；累计实现社零总额 1636.55 亿元，同比下降 9.1%。从月度环比走势看，各月社零总额总体呈回升态势。

浦东社会消费品零售渐趋回暖的主要推动因素包括以下几个方面。

一是线上零售业态呈爆发式增长。新冠肺炎疫情在对传统商业业态带来冲击的同时，也给线上消费创造出巨大契机。2020 年 1 ~ 7 月，新区网上零售额 259 亿元，占社零总额比重由疫情暴发前的 8.9% 提高至 15.8%。截至 7 月，新区网上零售额超亿元的企业共 18 家，共实现网上零售额 245 亿元。其中，叮咚买菜、日上免税、恒坤行贸易等企业的网上零售额均保持 1 倍以上的增长。如叮咚买菜1~7月零售额67.66亿元，增长3.9倍，月均零售额达9.67亿元。盒马鲜生零售额在疫情下逆势增长，1~7月实现零售额66.09亿元，同比增长91.1%（其中网上零售额39.66亿元，同比增长81.9%，占比60%）。

二是民生类等刚需商品率先复苏。2020年1~7月，涉及居民日常生活的必需类商品零售支撑新区消费品市场，粮油食品、服装鞋帽、日用品等共实现零售额571亿元，同比增长7.8%，拉动社零总额增速2.3个百分点，成为零售业的重要支撑。

三是汽车零售回暖明显。2020年上半年浦东汽车类商品零售额325亿元，同比下降12.8%，降幅较第一季度收窄11.5个百分点。其中，由于新能源汽车补贴延长、购置税免征等政策和促销影响，新能源汽车零售逆势增长。如拓速乐5月开始受国产特斯拉Model3价格调整以及补贴的影响，订单剧增，上半年增长61.8%，增幅较第一季度扩大42.2个百分点。

2. 进出口贸易回暖明显

2020年1~8月，浦东实现进出口总额13159亿元，同比增长0.9%，其中，进口同比下降1.0%，出口同比增长4.7%。与全市和全国外贸走势一致：进口降幅收窄，出口增速扩大。

从贸易方式看，三大主要贸易方式均保持增长。2020年1~8月，浦东一般贸易、海关特殊监管区域物流货物、加工贸易依次实现进出口总额5946亿元、4524亿元、2123亿元，三者规模总额占新区进出口总额的比重达95.7%，同比增长3.8%。从增长趋势看，加工贸易在昌硕科技的带动下保持两位数增长，累计增长13.6%。海关特殊监管区域物流货物在疫情前期发挥外贸稳定器作用，之后增速放缓，累计增速回落到0.2%。5月起德国、法国、意大利、日本、新加坡等数十个国家先后解封，一般贸易开始回升，6月起累计增速由负转正后持续向好，1~8月累计增长3.4%（见图3）。

（五）持续回暖动能加快蓄积

深受国际国内宏观背景影响，浦东2020年经济增长速度为开发开放以

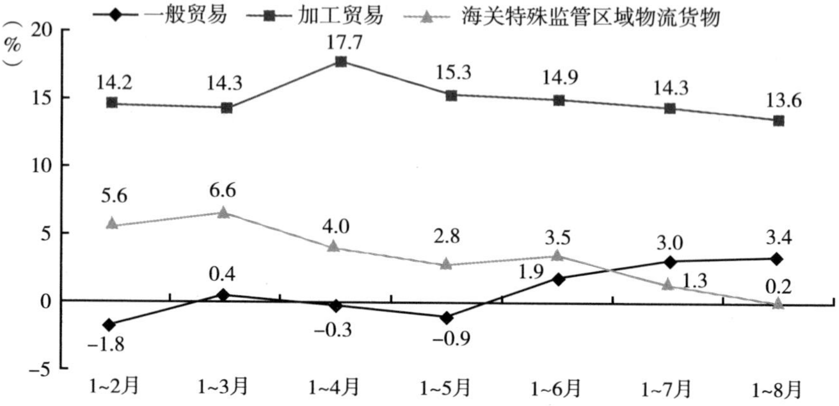

图3　2020 年 1～8 月浦东主要贸易方式进出口总额增长情况

资料来源：《浦东新区统计月报》。

来历史最低点，但值得一提的是，浦东扎实推进改革开放再出发各项举措，坚持以深化改革来助推经济高质量发展，经济持续回暖动能加快蓄积。

1. 固定资产投资快速增长

浦东积极落实各项扩投资、稳发展政策措施，围绕重点投资领域，加快谋划推进一批重大项目，固定资产投资增速快速回升，向好势头持续巩固，有力支撑浦东经济社会稳定发展。2020 年 1～7 月，浦东新区完成固定资产投资 1061 亿元，比上年同期增长 8.3%，累计增幅进一步回升 3.6 个百分点。投资规模完成全年目标的 50.5%，快于上年同期，进入第二季度以来，连续实现正增长。

首先，固定资产投资全面增长。一方面，工业投资和基础设施投资呈现两位数正增长的高位运行态势。2020 年 1～7 月浦东城市基础设施投资总量为 209 亿元，同比增长 12.6%，增幅比上半年扩大 2.3 个百分点。完成工业投资 332 亿元，同比增长 17.8%，高于全社会投资增幅 9.5 个百分点，完成全年目标的 61.5%。从结构看，完成设备和技术改造投资 252 亿元，占工业投资的 75.9%，同比增长 52.9%。中芯南方、华力微电子等重点企业均加大技术改造投资力度用于新产品开发，技术改造投资的增长将推动企业后续工业产值的稳步提升。从行业看，制造业投资在上海积塔、特斯拉等重大产业项目带动下实现投资288亿元，同比增长21.7%。电力、燃气及水生产和供应业完成投资44亿元，同比下降2.2%。另一方面，房地产开发新开工项目开始发力，完成投资529亿元，同比增长5.3%，投资增幅持续上扬，投资结构呈现商办升、住宅降的特点。

其次，重点区域投资加快释放。2020年1~7月，新区重点开发区域投资747亿元，同比增长21.9%，占投资总额的64.4%，占比较上年同期提升7.2个百分点。其中张江、陆家嘴和临港等区域均保持两位数增长，分别完成投资263亿元、222亿元和95亿元，同比分别增长43.5%、25.6%和22.7%。金桥在上汽通用、联合汽车等项目带动下，完成投资37亿元，同比增长1.9%。

2. 实到外资逆势增长

在全球外国直接投资大幅萎缩背景下，2020年浦东实到外资逆势增长。1~7月浦东实际利用外资55亿美元，同比增长7%，高于上年同期1个百分点，占全市的比重为45.8%。实到外资项目中，1亿美元以上项目金额占项目总金额的39.3%，主要涉及商务服务、能源和金融等领域，体现外资对企业复产及个人消费的支撑融通作用。1000万美元以上投资主要来自融资租赁企业大幅批量增资，与全球该行业萧条局势形成鲜明对比。此外，信息软件业和科研技术服务业增速均保持在50%以上，其中科研技术服务业中93%的项目为医药研发，助力疫情防控。

浦东实到外资的逆势增长从侧面反映营商环境优化正逐渐成为浦东竞争优势的核心内容。创建国际一流的营商环境一直是浦东制度创新的目标之一，近年来，浦东以自贸试验区建设为抓手，先行先试，对标国际一流标准，不断优化营商环境。在全国率先试点“证照分离”改革的基础上，聚焦“放、管、服”改革发力，率先实行“一业一证”改革，率先实行“一网通办”，2020年又启动“服务效能倍增行动”，把政府服务效能提升作为助力经济高质量发展的重要部署来推进。正是在持续优化营商环境的基础上，浦东创造了“特斯拉”速度和“山姆”速度，同时向国内外证明了浦东速度，这也是引领浦东经济向好发展的重要支撑。

三 2021年浦东经济发展预测与展望

（一）宏观背景预判

1. 全球经济复苏反弹

展望2021年，鉴于新冠疫苗的问世将有效遏制新冠肺炎疫情的蔓延与发展，以及上年经济增长的低位基础，全球经济预期将重启复苏步伐，并实现反弹增长。根据IMF秋季报告预计，世界经济有望实现5.2%的增长，为国际金融危机以来的高位增幅。全球经济复苏反弹主要基于以下两个因素。一是新冠肺炎疫情的走势。疫苗的问世及推广运用将在一定程度上重启全球供应链、产业链，重启全球生产要素的流动，助推全球经济迈向复苏，然而鉴于新冠肺炎疫情对全球经济造成的无法挽回的巨大损失，经济增长的放缓预期至2025年将给全球带来28万亿美元的损失。① 二是新兴经济体尤其是中国经济的预期增长加速。IMF预计发达经济体2021年实现3.9%的反弹，但欧美日等主要发达经济体无法恢复到2019年的水平。与发达经济体弱势反弹走势不同，新兴经济体经济预期2021年反弹至5%，其中中国有望实现8.2%的增长。② 然而受新冠肺炎疫情的催化影响，IMF指出新兴经济体（除中国外）与发达经济体之间的收入差距预计将继续恶化。根据IMF预测分析，到2021年底全球经济产值将比疫情前2019年底的产值增长0.6%，但这几乎完全是由中国推动的。

因此，2021年的世界经济复苏反弹的基础并非坚实有力，预期仍会面临一系列不确定性和严峻的风险考验。

首先，巨额的公共债务与民间债务将可能遏制经济增长。为应对疫情的冲击，各国纷纷推出复苏宽松应对之策，这些复苏计划和各国央行大规模购

① 《IMF预测未来6年全球经济损失28万亿美元》，新浪财经，2020年10月14日。

② 《IMF上调2020年全球GDP预期 但2021年比预想中更糟》，新浪财经，2020年10月13日。

买资产等政策确实有效缓冲了经济下滑的不利影响，然而也积累了严重的债务负担风险，直接导致财政赤字率不断攀升。到2021年底，IMF预计发达经济体的债务与GDP之比将上升约20个百分点至125%，新兴和发展中经济体的这一比例将上升逾10个百分点至65%。[①] 对企业来说，危机的演化会导致流动性压力直接演变为偿付问题，尤其是中小企业更为脆弱。未来，无论是政府部门还是企业，债务违约的风险可能会成为各经济体复苏的主要滞碍因素，也会给全球金融系统的稳定性带来严重的隐患，甚至有可能引发更为严重的全球金融危机。

其次，贸易的停滞将拖累全球经济的复苏反弹。尽管预期新冠疫苗的问世将有效推动“冷冻的”全球产业链、供应链的恢复，但全球贸易近年来萎缩的态势很难有质的改善，新冠肺炎疫情将对全球产业链的布局产生深远的影响，逆全球化的思潮将仍然成为未来全球经济发展中的“小插曲”。国际贸易冲突和摩擦在全球弱复苏的预期下大概率继续盛行，尤其是中美贸易摩擦在美国大选尘埃落定之后预期也不会有积极改善。2021年全球外部需求大概率会延续萎缩的运行态势。因此，可以预判全球贸易的不明朗走向会对全球经济的复苏反弹产生消极影响。

2. 国内经济增长加快

2021年对处于发展关键期的中国来说是一个特殊的年份，是实现“两个一百年”奋斗目标的重要年份，是“十四五”的开局之年，预期2021年中国经济会迎来加快发展的向好态势。

从不利因素来看，尽管全球经济会转向复苏反弹，然而中国仍将面临前所未有的严峻风险挑战。从外部需求来看，短期内很难快速实现有效复苏上行。某些国家仍将奉行单边主义和孤立主义，将会为中国的外贸增长带来不利影响。尤其美国大选之后，美国对中国的全面压制政策预期很难有实质性改善。更为重要的是，中国经济自身发展面临前所未有的繁重任务。2021是中国开启全面建成社会主义现代化强国新征程的起步之年，中国需要进一

① 《IMF上调全球经济展望 但警告称全面复苏之路将充满波折》，新浪财经，2020年10月13日。

步攻坚克难，解决发展面临的不平衡不充分的问题，解决长期的结构性问题，如制造业效益下行导致的增长的减速、金融和实体经济发展失衡、消费的减速等。因此，坚决贯彻落实新发展理念，不断深化改革，抓住科技创新的牛鼻子，推动以国内大循环为主体、国内国际双循环相互促进的新发展格局是重要的发展思路和方向。

尽管中国面临诸多前所未有的严峻挑战和前所未有的繁重任务，中国经济增长仍将呈现“向好上行”发展态势。随着党的十九届五中全会的召开及相关精神的贯彻落实，在全国“十四五”规划的总体指引和部署下，各地“十四五”规划将陆续推出，各项举措和政策会加快落地，将全力保障开局之年的“开门红”。因此，预计2021年中国宏观经济运行会加速前行，实现高速增长。

综合国际国内背景分析，对于浦东来说，2021年尽管外部宏观环境给经济运行带来的不确定性和不稳定性不容忽视，但是保障经济快速增长的基础依旧坚实牢固。在国内经济高速增长的良好预期下，浦东将继续紧紧围绕“开放旗帜、全国窗口、功能高地、治理样板”的新使命，加快制度创新的步伐，紧盯“再造一个新浦东”的目标，继续实行“四高”发展战略，扎实推进“五大倍增行动”方案，迈出改革开放坚实的步伐，加快推进经济高质量发展。

（二）2021年浦东新区经济发展总体预估

2021年浦东经济预计呈现快速增长态势。

从浦东自身发展来看，2021年是“十四五”规划开局之年，也是浦东改革开放再出发的重要年份，是“三十而立”的浦东迈向新征程的关键年份。浦东将加快落实党的十九届四中全会和十九届五中全会精神，加快落实习近平总书记指示精神，推动经济高质量发展。

结合上述国内外宏观经济背景分析，经过定性分析与定量预测，预估2021年浦东经济发展将快速上扬，继续发挥上海市经济发展的战略增长极作用，经济增长率预计在12%左右，居于国际金融危机以来的历史高位。从产业结构来看，呈现第二、第三产业增长齐头并进的良好发展态势，新动能活力迸发，先进制造业转型升级步伐加快，以六大硬核产业为代表的世界级产业集群加快培育，从空间格局来看，张江科学城、临港新片区和金色中环发展带将表现亮眼，实现浦东“十四五”规划的良好开局。

1. 第三产业：平稳增长

2021 年浦东第三产业预计呈现平稳增长态势，其中金融业作为第一大产业将继续处于良好发展通道，社会服务业回暖上行。

首先，金融业总体将延续平稳增长走势。预期货币政策稳健宽松的导向仍将继续，市场流动性预期处于相对充裕的运行区间，预计金融机构存款将保持较快增长。中央加大金融机构对实体经济支持的导向不会改变，预计全年贷款将保持平稳增长。科创板及注册制改革持续推进，改革效应逐步释放，上海国际金融中心建设持续深化，金融开放加快推进，金融科技创新步伐同步加快，全球功能性金融机构加快集聚，这一系列有利因素将支撑浦东金融业实现平稳增长。因此，只要全球性金融市场不出现强烈震荡，2021 年浦东金融业仍将保持两位数的高位运行态势。

其次，社会服务业加快回暖上行。随着商务活动回归常态，企业经营压力逐渐释放，信息技术、医疗科技、电子商务、5G 网络、在线文娱等社会需求增加，对行业未来发展形成利好，将保障 2021 年社会服务业回暖上行。

2. 工业：上扬前行

尽管全球疫情的后续影响对工业的产业链、供应链稳定仍带来一定风险，但预期 2021 年浦东工业经济总体增长将呈上扬趋势。

从具体行业来看，六大硬核产业仍是发展亮点。六大硬核产业发展目标直指世界级产业集群的培育。随着相关支持及配套政策的实施，浦东“产业能级倍增行动”和“土地效益倍增行动”持续推行，工业项目预期加快落地，“产业规划地图”加快落实，特色产业园区建设加快步伐，将进一步推动集成电路产业和生物医药产业等产业能级的提升。与此同时，新基建投资的大规模铺开和实施将助推现有制造业转型升级步伐加快。

3. 消费贸易：回升改善

从外需来看，新冠肺炎疫情的预期好转和走势渐趋明朗将在一定程度上促进国际产业链和供应链的恢复，加之伴随中国开放格局的持续优化，中国开放型经济体制的持续探索，“一带一路”沿线国家或地区双边贸易往来预期回归正常的回暖通道，因此，进出口贸易预期将持续改善，实现小幅上扬。

从内需来看，随着以国内大循环为主体、国内国际双循环新发展格局的加快构建，党的十九届四中全会相关改革和十九届五中全会精神的贯彻落实，产业循环和市场循环加快畅通，社会保障体系不断完善，居民消费预期将进一步有效激活，浦东商业大概率实现反弹，呈现近年来难得的上行态势。

（三）2021年浦东新区经济发展指标预测

基于前述的定性分析，经过定量分析工具测算，2021 年浦东主要宏观经济指标的预测结果如表 3 所示。

表 3　2021 年浦东新区主要宏观经济指标预测

指标	预测值
2021 年浦东新区 GDP 增长率(实际,%)	12
GDP(现价,亿元)	14689.2
第二产业增加值增长率(实际,%)	10.2
第二产业增加值总量(现价,亿元)	3250.5
其中:工业增加值增长率(实际,%)	9.5
工业增加值总量(现价,亿元)	3080.8
第三产业增加值增长率(实际,%)	13.6
第三产业增加值总量(现价,亿元)	12187.2
其中:金融业增加值增长率(实际,%)	14.3
金融业增加值总量(现价,亿元)	4896.6
社会消费品零售总额增长率(实际,%)	9.2
社会消费品零售总额总量(现价,亿元)	3218.3

续表

指标	预测值
固定资产投资增长率(实际,%)	10.2
固定资产投资总量(现价,亿元)	2569.8
外贸进出口总额增长率(实际,%)	6.3
外贸进出口总量(现价,亿元)	22075.5

(四)前景展望

1. 以自贸试验区改革为核心加快探索制度型开放

浦东要聚焦制度型开放，打造成为我国推动和引领经济全球化的开放旗帜。当好开放旗帜，需要浦东以上海自贸试验区建设为突破口，对标国际高标准经贸规则，先行先试补齐制度短板，推动正在探索的改革试点加快转变为成熟定型的制度安排，率先构建与国际通行规则接轨的制度体系，为我国参与甚至引领国际经贸新规则制定打好基础。放眼全球，从当前对外开放主要领域来看，服务业开放是今后更高水平对外开放的重点。从国际经贸形势发展来看，以 CPTPP 等为代表的全球双边或区域自由贸易协定正在重构国际经贸新规则。因此，浦东要准确把握制度型开放新特征，深化上海自贸试验区改革尤其是加快临港新片区建设，大胆探索，创新突破。紧紧把握开放政策制度由单项政策向系统改革拓展的新趋势，注重立足于产业发展的全链条、企业发展的全生命周期来谋划设计改革，增强制度建设的全局性和系统性。

2. 以六大硬核产业聚焦深化高质量发展

浦东要深化高质量发展，打造成为我国建设社会主义现代化强国的重要窗口。在全国迈向建设社会主义现代化强国的新征程中，对于作为国家战略承载地的浦东来说，重中之重是要率先建立现代化经济体系，率先推动经济发展质量变革、效率变革、动力变革，在高质量发展方面走在全国前列，向世界集中展示我国建设社会主义现代化强国的辉煌成就。具体而言，浦东要着重发挥好以下三方面的作用。一要成为高端硬核产业发展的引领者。聚焦六大硬核产业，注重推动科技和产业的融合、技术创新和市场的融合、制造业和服务业的融合，推动产业高端与高效的统一。推进张江科学城和南北创新走廊的区域协同发展，通过各重点区域的空间整合、功能联动，支持张江的优质创新企业在浦东统筹产业化布局。二要成为新技术赋能提升传统产业的示范者。要积极运用5G、物联网、工业互联网、人工智能、大数据、云计算、区块链等新基建为现有存量产业赋能，支持企业开展数字化、网络化、智能化转型，率先走出一条传统产业提高经济密度的新路。三要成为新经济新动能的培育者。需要着力突破，不断完善区域孵化体系和投融资体系，加快推进区域应用场景开放，为企业提供全方位服务，促进新经济在浦东蓬勃发展，推动区域深化高质量发展。

3. 以功能提升为目标加快提升国际资源配置能力

浦东要聚焦强化“四大功能”，打造成为我国深度融入全球经济格局的功能高地。2019年11月，习近平总书记考察上海时，明确要求上海强化全球资源配置、科技创新策源、高端产业引领、开放枢纽门户“四大功能”，这也是对浦东未来发展的最新指示和要求。浦东作为上海“五个中心”建设的核心功能区，需要不断提升功能，加快功能高地的建设。首先，强化全球资源配置功能，抓手和主要载体就是继续推进国际金融中心、国际贸易中心、国际航运中心核心功能区建设。浦东要把重心放在提升国际市场组织能力、跨境资源配置能力、高端机构集聚能力上。以金融功能提升为例，浦东要继续对标国际顶级金融中心，不断完善国际化的金融市场体系，积极开展金融创新试点，不断丰富国际化金融产品，成为我国链接国际资本市场的主要枢纽和国际资金进入中国的集散地。其次，强化科技创新策源功能，关键在于加快建设具有全球影响力的科创中心核心区，努力成为科学新发现、技术新发明、产业新方向、发展新理念的重要策源地。浦东要围绕提升张江综合性国家科学中心的集中度与显示度，加快集聚高能级创新主体和平台。着重聚焦国家战略急需，狠抓“卡脖子”技术攻关突破。注重优化创新生态环境，完善全生命周期的创新孵化体系、全链条的科技公共服务体系、全方位的知识产权保护体系、全覆盖的科技投融资体系，不断提升区域自主创新能力。

参考文献

上海财经大学高等研究院：《2020 中国宏观经济形势分析与预测年中报告》，2020 年 7 月 12 日。

《浦东新区国民经济和社会发展第十三个五年规划纲要》，浦东新区政府网站，2016 年 2 月 2 日。

《中国共产党第十九届中央委员会第四次全体会议公报》，新华网，2019 年 10 月 31 日。

《中国共产党第十九届中央委员会第五次全体会议公报》，新华网，2020 年 10 月 29 日。

分 报 告

Topical Reports

B.2
“中国芯”引领高科技产业发展：现状、瓶颈与展望

詹宇波*

摘 要： 本文首先对浦东芯片产业的发展历程进行了回顾，重点突出了浦东在上海芯片产业中的主导地位。然后，从国内外发展环境、技术、人才等角度剖析了浦东芯片产业存在的短板。未来上海芯片产业要发挥现有优势，持续扩大产业规模，做大做强龙头企业，实现核心技术的自主可控，优化浦东整体区域的产业布局，充分发挥芯片产业集聚的正外部性效应。

关键词： 芯片产业 产业政策 浦东新区

* 詹宇波，上海社会科学院经济研究所西方经济学研究室主任、研究员、博士生导师，主要研究方向为产业转型与创新、劳动就业。

2020年8月7日，华为的消费者业务总裁余承东在一次演讲中透露，由于美国方面对华为实施第二轮制裁，华为手机芯片即将断供，华为高端麒麟芯片在9月15日以后将不再投入使用。[①] 事实上，自2018年4月16日美国商务部宣布禁止美国公司向中兴通信销售软硬件及技术（后改为处以10亿美元罚金）以来，美国对中国高科技企业和科研院所的限制变本加厉，截至2020年6月8日，其实体制裁清单中包含的机构和个人已近300个，涉及的领域包括信息技术、人工智能、卫星通信等。其中，作为现代通信业发展基础与核心的芯片是美国政府对中国企业加以限制的重点产品，芯片的生产技术和生产设备也是美方实施限制的重点领域。

中国芯片产业的发展经历了漫长而曲折的过程。作为中国重要的经济发达地区和工业龙头城市，上海在推动中国芯片产业发展的过程中承担了重要角色，而浦东又是上海芯片产业布局中的重中之重。尤其是进入21世纪后，上海浦东的芯片产业在国家出台的《鼓励软件产业和集成电路产业发展的若干政策》等相关政策引导和上海市委、市政府的大力推动下得到了飞速发展，产业规模不断扩大，与国际先进技术水平之间的差距持续缩小。本文将结合国际国内经济形势和政策环境的变化，基于上海芯片产业的发展现状，针对当前浦东芯片产业中存在的主要问题和发展瓶颈进行分析，提出对策建议，并对其今后的发展前景进行展望。

一 浦东芯片产业发展历程与现状

（一）浦东芯片产业的发展历程

浦东芯片产业的发展依赖于上海在全国芯片产业版图中的功能变化。自新中国成立以来，上海在新中国芯片产业发展版图中一直占据重要地位，但

① 《华为高端麒麟芯片或将绝版，余承东：应对方案已出「附演讲全文」》，智库iot，2020年8月9日。

在不同时期其行业结构和发挥的作用有所差异。上海市芯片产业的发展进程大致可以分为以下三个阶段。

第一个阶段为新中国成立后至改革开放之前。1956年，中央提出“向科学进军”的口号，在科技发展12年规划中，电子工业作为重点发展目标之一被提出。在计划经济时期，北京和上海被确定为发展电子工业的两大基地。其中，北京主要担负着半导体工业的研发任务，成立了中国科学院计算技术研究所、北京大学半导体专业等。而上海除了成立华东计算技术研究所之外，还组建了上海元件五厂、上海电子管厂、上海无线电十九厂等生产性企业。其中上海无线电十九厂生产了我国最早的双极型数字集成电路——TTL、HTL数字集成电路。在这个时期，上海的半导体产业主要担负着为包括“两弹一星”在内的国家重大战略任务提供技术和产业支持。

第二个阶段是改革开放后至20世纪末。改革开放初期，上海芯片产业的基本格局并未发生变化，但是产业发展面临的外部环境却已经与之前截然不同。改革开放后，国内轻工业的快速发展使得对包括芯片在内的先进技术和设备的需求激增，国产芯片供不应求，为此国内芯片企业不得不从国外进口芯片生产流水线。但是，刚刚打开国门的中国经济存在大量的在建工程和项目，其中不少项目需要从国外进口技术或设备，以至于当时的国家外汇储备无法满足全部需求，致使从发达国家引进的芯片流水线迟迟无法到货投入生产，国内芯片企业的技术升级出现严重滞后，难以满足芯片应用行业的需求。而同时，国外生产的芯片在很大程度上填补了这一空缺，大量技术先进且价格低廉的芯片进入中国，严重压缩了国内芯片企业的生存空间。以上海元件五厂为例，作为国内最大的半导体生产企业，该厂从1980年至1990年，销售额和利润均出现大幅下滑，一度濒临亏损。20世纪80年代末期至90年代后期，上海又成立了三家颇具规模的半导体企业，分别为上海贝岭微电子、上海飞利浦半导体和上海华虹NEC，其中上海飞利浦半导体是中国大陆第一家生产5英寸晶圆的生产厂商，而上海华虹NEC则拥有中国大陆第一条8英寸晶圆生产线。这个时期的上海芯片产业特点是具有国资背景，其生产目标不再是满足国家大型战略项目的需要，而是开始面向市场。

但是，这些企业在20世纪末21世纪初的互联网泡沫破灭中均遭受了不同程度的冲击，上海华虹NEC在2001年的亏损额甚至达到了13.84亿元。

第三个阶段是20世纪末至今。1999年8月，上海市启动了“聚焦张江”战略，浦东由此成为上海芯片产业发展的主战场。该战略将集成电路明确为浦东张江高科技园区的主导产业之一，计划将张江打造成为技术创新典范和高科技产业龙头。2000年1月5日，上海市政府颁布之后被称为“十九条”的《上海市促进张江高科技园区发展的若干规定》，按照该规定，凡是适应科技园区发展潮流且有利于技术创新和高科技产业化的一切法律没有明文禁止的好做法，都可以在张江进行尝试。就在“十九条”颁布的当年，中芯国际集成电路制造（上海）有限公司在张江成立，成为张江园区第一家集成电路公司。2001年9月，中芯国际投产9英寸0.25微米以下芯片，使我国的芯片制造技术迅速达到0.25微米以下的国际主流水准。此后，张江接受了大量向中国转移的全球芯片企业，逐步形成以中芯国际为核心的芯片产业链，实现了芯片产业的跨越式发展。目前，全球十大芯片设计企业中有4家在张江设立研发中心，5家在张江设立总部或者分部，张江的芯片产业已经形成了从设计、制造（包括设备制造）到封装测试的国内最完整的产业链。

（二）浦东芯片产业发展现状及其在全国的地位

近年来，浦东芯片产业的发展受益于国家和上海市层面的多项支持政策。注册资本高达2041.5亿元的国家芯片产业投资基金第二期已于2019年10月22日正式注册成立，浦东多个芯片企业受益于此。此外，上海市出台了多项推动针对芯片产业发展的重大政策，为浦东芯片产业明确了行动方向，营造了良好的政策环境，同时也为其发展提供了必要的资金支持和要素投入方面的引导。

1. 上海芯片产业总体规模及其子行业结构

根据上海市集成电路行业协会网站提供的数据，2019年上海芯片产业实现了自2014年以来的连续六年的两位数增长，销售收入达1706.56亿元，同比增长17.7%，与当年全球半导体市场下降12.1%相比，上海芯片产业实现了逆势增长的良好态势。尽管遭遇疫情冲击，但是2020年上海芯片产业仍然获得了良好发展，预计2020年将顺利完成销售收入突破2000亿元的“十三五”规划目标。

图1展示了2011～2019年上海芯片产业的销售收入变化情况。在这9年间，上海芯片产业的销售收入从2011年的630.2亿元增至2019年的1706.56亿元，接近2011年销售水平的3倍，年均复合增长率为13.3%。从增长速度来看，上海芯片产业销售收入总体保持加速增长的态势，除2012年和2013年之外均保持了两位数的增长，其中2018年的增长率达22.9%，为最近几年中最高。

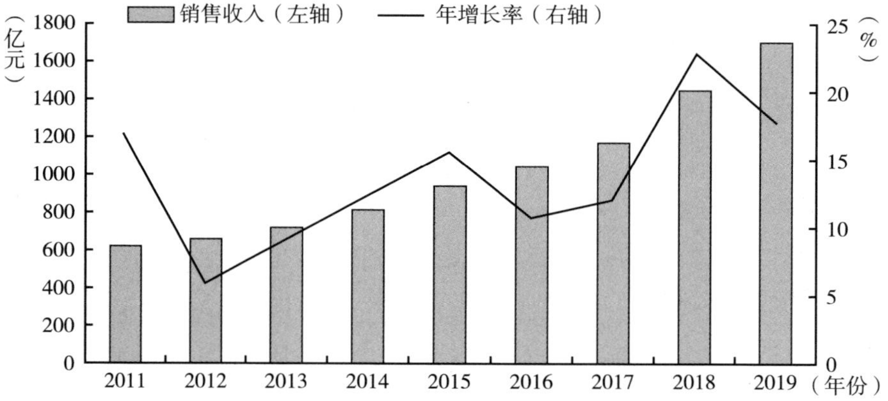

图1　2011～2019上海芯片产业销售收入变化趋势

资料来源：上海市集成电路行业协会网站。

表1总结了2011～2019年上海芯片产业的各个子行业——芯片设计业、芯片制造业、芯片封装测试业和芯片设备材料业等的销售收入变化情况。2019年，在上海芯片产业中所占份额最高者是芯片设计业，其销售收入为715.31亿元，占比为41.9%。占比最低者为芯片设备材料业，该产业218.96亿元的销售收入占整个芯片产业销售收入的12.8%。由此可见，芯片设计在上海芯片产业中占据着最为重要的地位。上海芯片产业各个子行业所处地位的变化情况如图2所示。

表 1　2011～2019 年上海芯片产业各子行业销售收入

单位：亿元

子行业	2011 年	2012 年	2013 年	2014 年	2015 年	2016 年	2017 年	2018 年	2019 年
芯片设计业	149.5	171.2	210.2	240.9	303.50	365.24	437.45	482.0	715.31
芯片制造业	127.8	134.6	151.9	186.2	215.86	261.99	281.95	398.4	389.75
芯片封装测试业	287.0	293.9	295.3	310.1	332.19	312.81	310.3	368.9	382.54
芯片设备材料业	65.9	68.3	72.6	84.4	98.60	112.56	150.91	201.2	218.96
合计	630.2	680.0	730.0	821.6	950.15	1052.6	1180.61	1450.5	1706.56

资料来源：上海市集成电路行业协会网站。

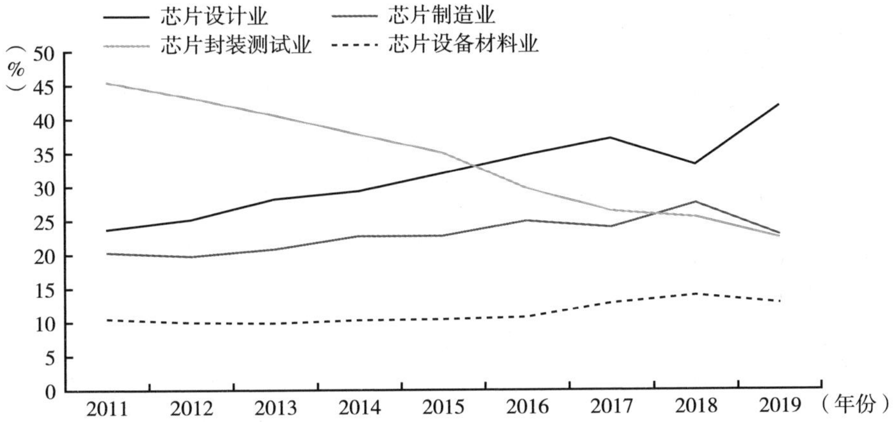

图 2　2011～2019 上海芯片产业各子行业销售收入占比的变化趋势

资料来源：上海市集成电路行业协会网站。

2011～2019 年，上海芯片产业各子行业的销售收入占比发生了较大变化，其中以芯片设计业和芯片封装测试业的变化为最。2011 年，上海芯片产业各子行业占比由低到高分别为芯片设备材料业、芯片制造业、芯片设计业和芯片封装测试业，而在 2019 年，这一排序变为芯片设备材料业、芯片封装测试业、芯片制造业和芯片设计业。具体而言，芯片封装测试业的占比呈现下行态势，从 2011 年的占比 45.5% 降至 2019 年的 22.4% 。与之形成鲜明对比的是芯片设计业，从 2011 年的占比 23.7% 升至 41.9% ，成为占比最高的芯片子行业。其余两个子行业的变化不大，芯片制造业占比总体在20%上下浮动，而芯片设备材料业占比在此期间略有上升，从2011年的10.5%上升至2019年的12.8%。

就盈利水平而言，据不完全统计，2019年上海芯片产业207家主要企业实现利润总额约为93.52亿元，比上年增长16.7%。就子行业而言，2019年利润总额最高者为芯片制造业，其主要企业盈利额为42.21亿元；其次为芯片设计业，主要企业的盈利额为31.69亿元；芯片封装测试业和芯片设备材料业主要企业的盈利额均较上年有所下降。而从盈利增速来看，芯片设计业的增速快于芯片制造业，达57.3%。

表2显示了2019年上海芯片产业各子行业的累计总投资额、累计注册资金额、净增总投资额以及净增注册资金额。尽管芯片设计业的销售收入高于其他子行业，但是其累计总投资额占比并不高，2019年仅略高于芯片设备材料业的10.25%，为11.13%。累计总投资额占比最高者为芯片制造业，占比为58.76%，这是因为芯片制造业在前端工艺设备和净化设施等固定资产上需要巨额投入。但是在当年净增总投资额上，芯片设计业高于芯片封装测试业和芯片设备材料业。而在累计注册资金额方面，芯片设计业占比甚至低于芯片设备材料业，为16.03%，排名最后一位。这表明，作为轻资产行业，芯片设计业在投资额度方面的需求较少，并且是当前上海芯片产业发展的重点。

图3从四个维度，即累计总投资额、累计注册资金额、净增总投资额和净增注册资金额等反映了上海芯片产业的资本投入情况。如图3所示，直到2016年，上述四个指标的增长一直较为缓慢，但是在2017年出现了较为明显的上升。2017年，净增总投资额为68.22亿美元，是2016年的4倍。在此后的2018年，净增总投资额仍然达到了31.9亿美元。由于较多重大项目在2017年和2018年实现立项，2019年上海芯片产业的净增总投资额较2018年有较大幅度的下降。在研发投入方面，2019年上海芯片产业207家主要企业共投入131.42亿元。在各子行业中，拥有中芯国际、华虹集团、积塔半导体等相关企业的芯片制造业研发投入占销售收入的比例最高，为

12.1%，研发投入排名第二的是芯片设计业，占销售收入的比例为10.6%，芯片设备材料业的研发投入仅占销售收入的0.3%。

表2　2019年上海芯片产业各子行业总投资额和注册资金额情况

单位：万美元

子行业	总投资额		注册资金额	
	累计总投资额	净增总投资额	累计注册资金额	净增注册资金额
芯片设计业	302781.19	26696.35	193647.26	18960.95
芯片制造业	1598020.2	0	511062.4	0
芯片封装测试业	540054.83	22343.8	280707.53	22343.8
芯片设备材料业	278849.89	21922.97	222639.57	20269.08

资料来源：上海市集成电路行业协会网站。

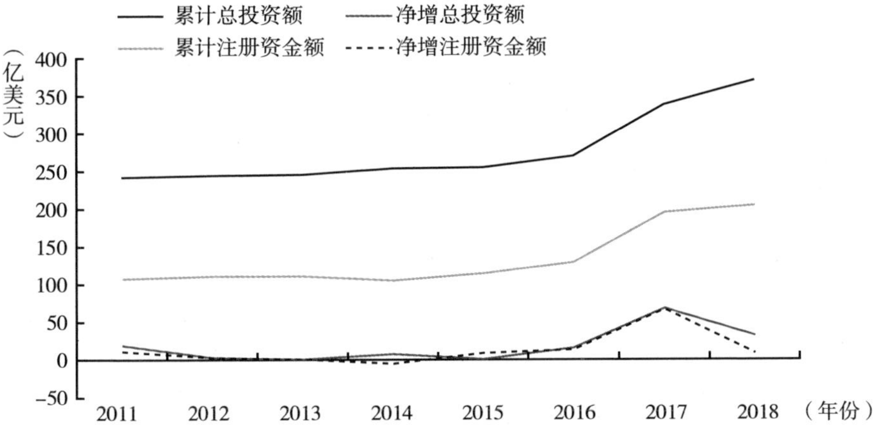

图3　2011~2018上海芯片产业总投资额和注册资金额情况

资料来源：上海市集成电路行业协会网站。

2. 浦东芯片产业发展现状及其在全市所处的地位

目前，除崇明以外，上海各个行政区均有芯片相关企业分布。根据已有统计，2019年在全市632家芯片相关企业中，超过一半分布在浦东新区，如张江科学城、临港新片区、金桥出口加工区、外高桥保税区等地。其中分布在张江科学城的芯片类企业达232家，占全市相关企业数量的36.71%。从这个意义上看，张江科学城不仅是浦东新区芯片产业核心区，而且也是上海芯片产业的象征。从细分行业来看，芯片制造业在浦东新区最为集中，共有 85.2% 的销售收入集中在浦东，且均集中于张江科学城。紧随其后的是芯片设计业，全市有 68.4% 的芯片设计业销售收入产生于浦东新区，也几乎均集中在张江科学城。全市芯片设备材料业的销售收入有近 60% 在浦东新区实现，浦东新区中又有 87% 集中在张江科学城。

而从上海市整体范围来看，芯片产业在浦东和张江的集中程度近年来总体呈现上升趋势，其中在浦东新区的销售收入占比从 2014 年的 62.5% 上升至 2019 年的 71.5%，增加了 9 个百分点。在张江科学城的销售收入占比从 2014 年的 50.5% 上升至 2019 年的 61.3%，增加了 10.8 个百分点（见图 4）。这表明浦东芯片产业在上海整体范围内保持了较好的集聚发展态势。

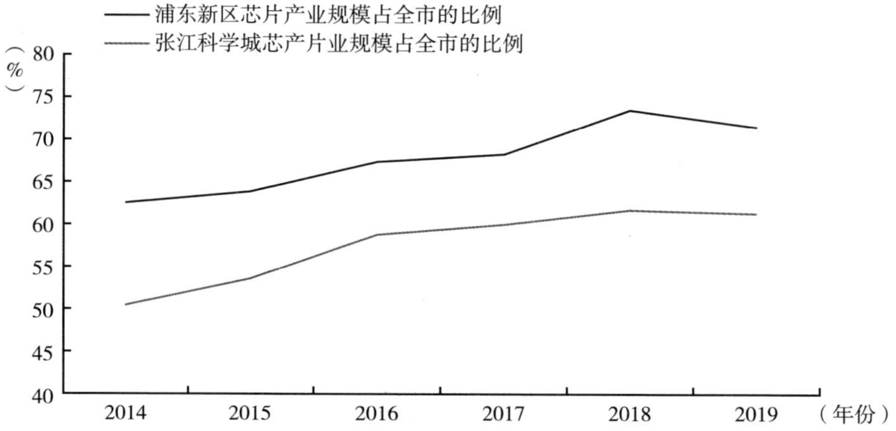

图 4　2014～2019 上海芯片产业在浦东新区和张江科学城的集中趋势

资料来源：上海市集成电路行业协会网站。

表 3 中，芯片设计业是浦东芯片产业中规模最大的细分行业，2019 年销售额达 489.02 亿元，占浦东整体芯片产业的 40%。而且，芯片设计业 2019 年在浦东的销售规模增幅高达 40.8%，为所有细分行业中增长最快者。相较于芯片设计业，之前在细分行业中规模最大的芯片制造业销售规模在 2019 年出现了微幅下降。表 3 还显示了芯片细分行业在张江科学城的销售收入分布情况。芯片设计业、芯片制造业和芯片设备材料业这三个细分行业

的绝大部分销售收入均在张江科学城实现，这表明这几个细分行业均集中在张江科学城。唯一例外的是芯片封装测试业，2019 年在浦东新区的销售收入为 268.88 亿元，但其中仅有不到一半分布在张江科学城。

表 3　2019 年浦东和张江的芯片产业细分行业规模及占比情况

单位：亿元，%

子行业	浦东新区		张江科学城	
	销售规模	增长率	销售规模	增长率
芯片设计业	489.02	40.8	473.35	39.4
芯片制造业	331.89	-1.5	331.89	-1.5
芯片封装测试业	268.88	4.8	126.73	12.5
芯片设备材料业	131	4.0	113.9	7.9
合计	1220.79	14.5	1045.87	16.9

资料来源：上海市集成电路行业协会网站。

除了张江科学城之外，临港新片区正在打造东方芯港，形成新的芯片企业集聚区，致力于打造涵盖芯片产业链各环节的国家集成电路综合产业基地。自 2019 年 8 月 20 日挂牌以来，截至 2020 年 6 月底，落地于临港新片区的芯片制造项目总投资超 1600 亿元，芯片企业数约占企业总数的 1/4。集聚于临港新片区的主要芯片企业包括新昇半导体、积塔半导体、盛美半导体、国微思尔芯等，主要项目有总投资 350 亿元的图宏内存芯片项目、总投资 80 亿元的新微半导体第三代化合物半导体制造平台项目、总投资 10 亿元的国科微固态硬盘项目，还将积极推动芯片设备材料业的发展，如新昇半导体大硅片二期、中微蚀刻机、盛美半导体清洗设备、理想万里晖 PECVD 项目、华润微光掩膜、山东天岳碳化硅材料等。落地临港新片区的芯片设计企业包括寒武纪、中国科学院 EDA、翱捷科技等。临港新片区将超前发展智能芯片、嵌入式闪存、模拟及功率器件、先进数模混合电路等产业，引领我国芯片产业攀升高端领域。

3. 近年来上海出台的支持芯片产业发展的相关政策

浦东芯片产业的发展壮大在很大程度上得益于上海市给予的产业政策扶

持。与早期政策相比，近年来上海支持芯片产业发展的相关政策越发成熟而切实。自2011年《国务院关于印发进一步鼓励软件产业和集成电路产业发展若干政策的通知》印发后，上海市于2012年3月出台了《关于本市进一步鼓励软件产业和集成电路产业发展的若干政策》，并在诸如资金、人才及核心团队等多个方面出台了专项管理办法予以配套支持。表4对《关于本市进一步鼓励软件产业和集成电路产业发展的若干政策》及其配套政策要点做了总结。

表4所列举的政策措施成为支撑近年来上海芯片产业发展的重要政策依据。在此后具体实施过程中，上述政策条款有过局部调整和补充。例如在2017年，上海出台了《上海市集成电路设计企业工程产品首轮流片专项支持办法》，对首次在本市集成电路生产线上完成流片并获得集成电路布图设计登记证书或发明专利授权的工程产品进行专项支持。除了市级层面以外，上海的部分区级层面也出台了专门支持芯片产业发展的政策，其中包括嘉定区2019年12月出台的《嘉定区进一步鼓励智能传感器产业发展的有关意见》和临港新片区2020年1月出台的《中国（上海）自由贸易试验区临港新片区集聚发展集成电路产业若干措施》。

表4　《关于本市进一步鼓励软件产业和集成电路产业发展的若干政策》及其配套政策要点

政策名称	出台时间	主要内容
关于本市进一步鼓励软件产业和集成电路产业发展的若干政策	2012年3月	涵盖投融资政策、企业培育政策、研发政策、人才政策、知识产权政策、进出口政策和产业布局与管理政策等，明确将软件产业、集成电路产业作为上海加快培育和发展战略性新兴产业的战略重点
上海市软件和集成电路企业设计人员专项奖励办法	2012年8月	对软件企业、集成电路设计企业和集成电路高端装备制造业企业中的设计人员实施专项奖励的范围、申请条件及具体实施办法等进行规定
上海市软件和集成电路企业核心团队专项奖励办法	2012年9月	对软件企业、集成电路设计企业和集成电路高端装备制造业企业核心团队认定的企业层次、经营条件、经营规模及具体实施办法等进行规定

续表

政策名称	出台时间	主要内容
上海市软件和集成电路产业发展专项资金管理办法	2013 年 4 月	对专项资金的支持对象和使用范围、支持方式和标准等进行规定

资料来源：上海市集成电路行业协会网站。

二　浦东芯片产业未来发展面临的瓶颈约束

（一）浦东芯片产业未来发展面临的不足和短板

1. 与芯片产业各领域的尖端技术尚存在差距

目前，我国芯片产业的中低端领域技术已经得到非常广泛的应用，且市场占有率也很高。尤其是上海芯片产业，在芯片设计方面具有全球领先的水平，不仅拥有全国数量最多的芯片设计公司，而且水平达到了相当高度，设计出不少优秀产品。比如，连续几年位居世界第一的“神威 · 太湖之光”超级计算机用的芯片“申威 26010 +”，就是由江南计算技术研究所研发而成的。但总体而言，相当一部分芯片企业基础能力较低，且芯片的架构设计能力也较落后，一些核心的 IP 更是依赖进口。尤其是在移动通信基带芯片、应用处理器芯片等主流平台上，我国芯片企业的核心竞争力还明显不足，与国际巨头之间的差距还是很大。上海芯片产业在国内占据明显的领先地位，但是在全球范围内并不占优。以浦东著名芯片企业上海贝岭为例，根据 2019 年 7 月 3 日发布的产品名录表，上海贝岭的产品门类包括电表类、电源管理类、接口类、MCU、E2PROM 和 MOSFET，其生产的芯片应用场景主要是工控类、计量类以及消费电子类，多为通用型和仿制型产品，技术领先性不够强。

此外，浦东在芯片设计领域还存在设计工具方面的短板。以芯片设计所需的软件为例，EDA 软件在芯片设计中的地位十分重要，环节繁多、复杂精细的芯片设计需要基于这款软件进行逻辑编译、化简、分割、综合、优化、布局、布线和仿真等来完成，因此对 EDA 软件依赖性很强。随着未来芯片的复杂程度和集成度不断提升，芯片设计对 EDA 软件要求将不断提高。目前主流的电子设计自动化工具——EDA 软件平台仍由外国企业提供，其中美国 Synopsys 公司、美国 Cadence 公司和德国 Mentor Graphics 公司这三家占据了国内约 90% 的 EDA 市场份额，在全球的市场份额达到 70%。据统计，2019 年中国 EDA 市场规模约为 5.8 亿美元，仅占全球市场的 5.6%。中国 EDA 厂商总营收不到 4.2 亿元，只占全球市场的 0.6%，同比增长 14.3%，国产化率约为 10%。中国的 EDA 厂商主要分布在北京、杭州、苏州等地，浦东仅有的一家企业为概伦电子，规模较小，短板非常明显。

在芯片制造工艺和制造装备等领域，浦东芯片产业的能力也亟待提高。芯片制造工艺的精密程度、繁杂程度远超传统制造，包括光刻、刻蚀、离子注入、薄膜生长、抛光、金属化、扩散、氧化等。而与制造工艺相对应，芯片制造的关键装备超过 200 种，其中包括光刻机、刻蚀机、清洗机、切割减薄设备、分选机以及其他工序所需的扩散、氧化、清洗设备等。其中每一种装备都要求具备很高的制造技术，制造难度极大，造价十分高昂。以光刻机为例，目前上海微电子具备了生产 28 纳米晶圆的光刻机的技术，在国内处于领先水平，2021 年即可交付芯片制造企业投入 28 纳米晶圆生产。但是，这一技术距荷兰光刻机生产企业 ASML 尚有很大的差距。ASML 在 2019 年已经投产 7 纳米光刻机并交付台积电使用。造成这一差距的重要原因是光刻机的生产需要集成全球各国的顶尖技术，而这些先进技术的研发和集成本来就不可以一蹴而就，需要长期的积累。

2. 产业整体投资不足，高端人才缺乏

芯片产业是典型的资本和技术密集型行业，在其子行业中，芯片设计业更加偏重于技术密集型行业，而芯片制造业则偏重于资本密集型行业。因此，不同国家在芯片产业上的竞争从本质上说就是在投资和人才方面的竞争。由于数十年来一直处于试验和摸索阶段，浦东芯片产业在这两个方面都还存在不足之处。

在较长的一段时期内，全球在芯片产业上的年投资额都在 400 亿美元以上，最近几年甚至在600亿美元以上。近几年来，我国把芯片产业作为战略性产业，给予的资金支持力度非常大。2014年成立以公司制的形式运营的国家集成电路产业投资基金，募集资金1400亿元，此后，各地地方政府纷纷成立各类集成电路产业投资基金。目前，国家和地方政府基金合计高达4000亿元，如果按照总计带动5～8倍的社会投资计算，则芯片产业的总资金投入将达到2万～4万亿元。但即便如此，如果将技术升级换代考虑在内，这笔资金相对于芯片产业所需的巨额资金而言可能也并不宽裕。以芯片制造业为例，随着技术升级，芯片制造投资金额将成倍甚至数十倍增加。目前一条12英寸32/28纳米的生产线投资额高达50亿美元，14纳米的生产线投资额高达100亿美元，技术研发费用同理，从20纳米升级到16纳米，引领者研发费用从12亿美元上升到22亿美元，上升83%。考虑到需要持续投入建设生产线以形成规模优势，芯片制造仅依赖一条生产线难以形成规模效应，因此需要持续巨大的资金投入。截至2019年底，浦东的芯片制造业累计投资额仅为159.8亿美元，与形成生产规模和持续升级的需要相比，这一资金投入显然是远远不够的。

除了资金投入外，芯片产业的发展还在很大程度上有赖于大量芯片相关专业人才的参与。近几年芯片产业的发展对人才的需求量不断增大，但行业却总体呈现人才薪资低、缺口逐年扩大的趋势。根据BOSS直聘基于大数据发布的《2019年芯片人才数据洞察》专题报告披露的数据，2019年芯片行业人才平均招聘薪资为10420元，十年工作经验的芯片行业人才平均招聘薪资为19550元，仅为同等工作年限的软件类人才薪资水平的一半。可以预计，在未来一段时期，人才匮乏将是制约集成电路设计行业快速发展的瓶颈之一。导致这一现象的原因在于，相较于其他行业，芯片行业人才的成长速度较慢，迭代周期长。通常相关专业的应届生在入职后需要经历四五个芯片项目周期才能步入职业成熟期，每个项目的周期长达半年到两年。考虑到芯片行业的敏感性，企业通常不愿意接收学生实习，更倾向于招收能够直接上岗工作的熟练技术人员，这使得学生难以获得提前锻炼的机会。此外，除了人才缺失，集成电路行业人才流失率较高也成为业内普遍存在的问题。多年来的低薪环境导致芯片从业人员对自身岗位薪资预期普遍偏低，大部分集成电路专业高校毕业生更愿意去互联网、计算机软件、IT 服务、通信和房地产等行业。在芯片研发领域，由于芯片领域发表论文和获得项目资助的难度较大，该领域的研究人才被迫转向其他领域，这也导致了芯片领域难以积累足够的研发力量。经过多年的积累，浦东芯片产业已经培养和引进了一大批专业人才，但由于行业发展时间较短、技术水平较低且专业人才培养周期较长等问题同样存在，和国际顶尖集成电路企业相比，浦东芯片产业的高端专业人才仍十分紧缺。

（二）浦东芯片产业发展面临的内外部约束

1. 行业竞争日趋激烈

近年来，我国芯片市场的需求居高不下，国内外相关企业纷纷在中国投资建厂，各个地方政府也将与芯片相关的产业作为地方经济转型和产业升级的重要方向之一。我国芯片产业一方面存在巨大的供给不足，另一方面出现芯片产业主体较为分散的分布趋势。根据企查查数据，截至 2020 年 8 月 5 日，全国共有 210694 家处于“在业”或“存续”状态的企业名称或产品品牌名称中含有“集成电路”。根据企业的成立时间，芯片相关企业的新成立数量也呈上升趋势，2019 年成立了 48985 家，2020 年截至 8 月 5 日成立了 34106 家。

近年来，中国大陆地区芯片相关企业数量增幅远高于产值增幅。这表明大量新成立的企业规模较小，并未形成和释放充分的产能，导致增速相对较缓的产值与爆发式增加的企业数量极不相称。尽管我们并不清楚这些新增企业分别属于哪些芯片子行业，但是其中必定有一部分新成立的企业是为了享受政策红利而跟风进入该行业的。与国际芯片产业通过并购实现规模效应不同，国内企业还处于各自为政甚至分拆经营的状态。其中一个典型的案例是原本拥有数百名员工的锐迪科微电子分拆成近十家企业。再以芯片制造企业为例，如前所述，随着技术的升级，芯片制造生产线所需投资额越来越大，要形成具有盈利能力的生产规模则需要更多的投资，同时还要不断加大研发投入和产能扩充力度，这就亟须在芯片生产领域集中投资，避免多头出击造成的资源浪费。

2. 国际技术封锁形成的压力日趋严峻

近年来，包括芯片产业在内的中国高科技产业生存环境日益严峻，来自美国等发达国家方面的压力日益加大。自1949年至今，西方国家对中国技术输出的限制一直存在。1949年，美国、日本、澳大利亚和部分欧洲国家等共计17个国家成立了输出管制统筹委员会，也被称作巴黎统筹委员会，针对社会主义阵营国家实行禁运和贸易限制，列入禁运清单的内容主要包括军事武器装备、尖端技术产品和稀有物资等三类，产品达上万种。东欧剧变后，巴黎统筹委员会于1994年4月1日宣告解散。此后，这些国家又于1996年7月签订了旨在限制向相关国家出口敏感产品和技术的《瓦森纳协定》，1997年11月1日起实施两份控制清单，一份是军民两用商品和技术清单，另一份是军品清单，有关集成电路高端产品和制造集成电路的关键工艺设备也包含在清单中。

自2018年4月以来，中兴、华为等中国企业先后遭遇美国制裁和封锁。为了制裁中国高科技企业，特朗普政府采取了“实体清单”，将认为会造成威胁的中国企业列入其中。目前，被美国列入该名单的中国企业已超过275家，包括华为、中兴、海康威视等。根据2020年9月4日英国路透社的报道，美国政府正在考虑将为华为生产芯片的中芯国际也纳入“实体清单”。尽管中芯国际是上海芯片制造业中的领军企业，其14纳米的晶圆制程已经量产，但是其产能和良率还不足以作军事用途，因此并不会如美国国防部声称的那样对美国国家安全形成威胁，更何况中芯国际与台积电5纳米的晶圆制程相差两代，对全球领先的芯片制造技术也未构成威胁。如果美国方面对中芯国际等芯片企业执意采取制裁措施的话，浦东芯片产业发展空间必将受到压缩。

三　浦东芯片产业的前景展望与发展路径

（一）浦东芯片产业的发展前景展望

未来一个时期，中国芯片产业将经历前所未有的关键发展阶段。在外部环境发生剧烈变化、国内生产能力尚未充分形成的情况下，如何优化资源配置和产业布局，并有效应对国内外市场环境变化，实现我国芯片产业跨越式发展和赶超世界先进水平，将是这个时期面临的首要任务。在这一过程中，作为中国芯片产业的重镇之一，浦东将担负非常重要的角色。2019 年 10 月 18 日，在上海举办的 2019 中国（上海）集成电路创新峰会上，与会者透露上海市将牵头制定“中国集成电路技术路线图”，具体将由 2018 年在浦东揭牌的国家集成电路创新中心负责实施。这一路线图将针对当前中国芯片产业发展面临的瓶颈和短板，从以下六个部分，即集成电路制造技术现状和发展趋势、先进光刻工艺发展趋势、逻辑工艺技术、存储器技术、超越摩尔特制化技术、第三代功率半导体技术等着手，明确未来我国芯片产业技术发展的目标（主要目标包括降低成本、系统小型化、提升效率等）、方向、重点、关键问题和时间节点等。

具体到浦东芯片产业的发展，当前浦东已建成包括芯片开发、设计、制造、封装测试以及包括服务业在内的产业链完备的芯片制造基地，产业生态正在逐步形成。加上上海地处长江经济带核心，周边地区的产业集聚效应十分突出，是我国芯片产业发展的前沿高地。未来，浦东芯片产业的发展应立足“四大中心”的建设目标，结合建成国际大都市和新兴制造业中心，重点放在补足短板、加强优势上，把已有产业体系做实做强，通过持续稳定的投入进一步合理化芯片产业的生态布局，结合上海其他区域和长三角经济区域及其他经济腹地的优势资源，通过内外联合，继续做大做强芯片产业，发挥浦东在这一领域的龙头作用。

（二）未来浦东芯片产业的发展路径

在“十四五”乃至更长的一段时期内，浦东芯片产业应遵循以下发展原则。

第一，浦东芯片产业的发展应有利于本市乃至全国经济健康发展和产业安全，服务于全局发展战略，以建设具有世界影响力的科技创新中心为总目标，在浦东已有基础和优势的芯片产业领域率先实现突破，力求填补国家层面的技术空白和短板，实现浦东芯片产业的跨越式发展。

第二，浦东芯片产业的发展应遵循政府引导和市场驱动相结合的原则。我国发展芯片产业发展的历史经验告诉我们，芯片产业的发展一方面需要依靠政府的政策引导，统筹优势资源，集中优势力量重点突破，持续优化芯片产业的发展环境；另一方面还要根据芯片产业的发展趋势和客观规律，激发浦东芯片产业主体的市场活力，发挥市场对要素的优化配置作用。

第三，浦东芯片产业的发展应立足于自主创新和开放合作相结合。浦东芯片产业的发展应首先立足于核心技术的自主创新，在全国范围内率先突破“卡脖子”的关键领域，在先进技术方面追赶并保持领先地位。同时，还需要继续深入开放，充分运用全球优质资源，广泛合作、联合攻关，引进国外行业领军人才，选择性、策略性地进行关键性海外并购。

在这个时期内，浦东芯片产业需要在以下几个方面获得突破性进展。

首先，发挥上海芯片产业现有优势，持续扩大产业规模，做大做强龙头企业，着力提升产业的核心竞争力。到 2025 年，浦东的芯片产业实现跨越式发展，实现“十四五”期间年均复合增长率在 20% 以上。到 2025 年，浦东芯片产业设计领域有 2 ~3 家企业位列全球前 10 名，中芯国际、华力微电子进入全球芯片制造企业前 5 名，在特色工艺领域形成 2 ~3 家具有国际竞争力的综合性企业。

其次，追踪国际领先技术，在关键性领域取得突破，实现核心技术的自主可控。到 2025 年，浦东芯片产业骨干设计企业的设计技术达到世界先进水平并实现同步发展，制造业水平和工艺技术与世界先进水平之间的差距持续缩小到一代之内。极紫外光刻机制造技术实现关键性突破，刻蚀机、清洗剂等关键装备和材料赶超国际先进水平。

最后，优化浦东整体区域的产业布局，加强芯片产业的产业集聚，充分发挥集聚的正外部性效应。继续完善张江、临港、金桥等芯片产业园区，支持其他园区转型发展，逐步形成新的芯片产业集聚园区。充分利用上海的科研院所及人才资源，加上国家政策和资本的支持，统筹资金和研发资源，加强产学研合作，做出具有浦东特色的芯片产业集群项目。

参考文献

梁辰：《芯片业再过坎：中芯国际面临美国制裁股价大跌 厂商如何自救?》，《新京报》2020 年 9 月 7 日。

林倩：《部分地方集成电路投资过热？苗圩：克服盲目低水平重复建设》，澎湃新闻，2020 年 1 月 20 日。

上海市集成电路行业协会：《2019 年上海集成电路产业发展研究报告》，2019。

上海市集成电路行业协会：《2020 年上海集成电路产业发展研究报告》，2020。

杨健楷：《上海滩造芯往事》，CV 智识，2019 年 6 月 21 日。

朱邦凌：《“大陆晶圆代工双巨头” 华虹和中芯哪家强？能否追赶台积电?》，新浪财经，2020 年 3 月 17 日。

B.3

"创新药"夯实生物医药产业创新高地：进展、动力与展望

张　申*

摘　要：　浦东新区是上海生物医药产业发展的核心基地，近年来产业增长势头强劲，支柱地位日益凸显，创新策源能力不断提升，重大新药创制取得重要突破，产业空间布局大幅度扩容。浦东新区生物医药的产业发展以实现技术创新与产业化对接、构建完整产业生态链以及面向国家抗疫防控需求为主要动力。在未来进一步打造成国际知名的生物医药产业创新策源地，对标国际领先地区，打造全球卓越制造基地的发展愿景下，浦东新区应通过机制创新、重点聚焦、政策引导和环境建设，进一步加强研发创新资源和产业发展资源集聚，鼓励龙头企业和骨干企业做大做强，促进新药研发成果转化和产业化，优化生物医药企业营商环境，加快推进生物医药产业高端化、智能化、国际化发展。

关键词：　生物医药　产业创新　浦东新区

生物医药产业是支撑发展医疗卫生事业和健康服务业的关键基础，是上海市战略性新兴产业的重要支柱。浦东新区是上海生物医药产业发展的核心

* 张申，经济学博士，上海社会科学院经济研究所助理研究员，主要研究方向为产业发展与产业政策。

基地，经过二十余年的发展积累，已成为全国公认的生物医药领域创新能力最强、产业集群优势最集中、人才资源最富集的地区，产业涵盖化学药、医疗器械以及生物药三大子行业。2018 年，上海市出台《促进上海市生物医药产业高质量发展行动方案（2018～2020 年）》，将张江确立为“一核多点”的核心。其间，浦东新区生物医药产业在重大新药创制上取得重要突破，在“互联网＋”、人工智能和大数据与生物医药结合应用中表现出色，在医疗器械领域逐步形成产业集群，在科技创新与制度创新中坚持改革，并在 2020 年新冠肺炎疫情防控中贡献了上海力量。由此，在进一步打造成国际知名的生物医药产业创新策源地，对标国际领先地区，打造全球卓越制造基地的发展愿景下，本文考察了浦东新区生物医药产业的发展情况和发展动力，同时对进一步巩固其生物医药研发优势和提升产业能级提出了发展建议。

一　浦东新区生物医药产业的创新进展

（一）产业增长势头强劲，支柱地位日益凸显

2019 年，上海市生物医药产业经济总量 3833.3 亿元，比上年增长 11.6%，其中生物医药制造业实现工业总产值 1319.9 亿元，增长 7.3%；生物医药商业实现商品销售总额 2113.1 亿元，增长 7.0%；生物医药服务业完成总产出 400.3 亿元，增长 17.9%。上海生物医药制造业增速位列本市战略性新兴产业之首，拉动全市工业增长 0.2 个百分点。浦东新区、闵行区、奉贤区三个产业基地产值占全市生物医药制造业工业总产值的比例超过 70%。近年来，上海生物医药产业表现出良好的发展势头。2015～2019 年数据显示，上海生物医药制造业的主营业务收入增速稳定提高，如表 1 所示，2015～2019 年分别为 6.7%、8.0%、9.4%、9.6% 和 14.9%。生物医药制造业主营业务收入占全市比重，2015～2018 年分别为 4.02%、4.30%、3.97% 和 4.48%。

表 1 2015～2019 年上海生物医药制造业主营业务收入及增速

单位：亿元，%

年份	主营业务收入	增速
2015	925.4	6.7
2016	999.8	8.0
2017	1093.3	9.4
2018	1198.3	9.6
2019	1377.0	14.9

浦东新区生物医药产业的增长规模和发展势头尤为突出。2019 年，浦东新区生物医药制造业规模以上企业工业产值突破 600 亿元，达到 606 亿元，同比增长 8.3%。上海生物医药产业"一核多点"以浦东新区张江高新区为核心。在 2019 年上海生物医药制造业主营业务收入排名前 20 位的企业中，浦东新区有 10 家企业位列其中（见表 2），特别是上海罗氏制药有限公司，名列第一位，其全年工业总产值超过 150 亿元，并保持稳定增长。工信部发布的"2019 年度中国医药工业百强榜"显示，上海医药集团股份有限公司、上海罗氏制药有限公司、上海创诺医药集团有限公司、上海勃林格殷格翰药业有限公司榜上有名。

表 2 2019 年上海生物医药制造业主营业务收入前 20 位的企业中上榜的浦东新区企业

排序	公司名称	注册年份	公司类型	排名
1	上海罗氏制药有限公司	1994	中外合资	1
2	上海勃林格殷格翰药业有限公司	2002	外国法人独资	4
3	扬子江药业集团上海海尼药业有限公司	2001	自然人投资或控股的法人独资	5
4	上海西门子医疗器械有限公司	1992	外国法人独资	6
5	上海合全药业股份有限公司	2003	中外合资	9
6	上海微创医疗器械(集团)有限公司	1998	外商合资、上市	10
7	通用电气药业(上海)有限公司	1994	外国法人独资	13
8	上海上药新亚药业有限公司	1993	其他有限责任公司	14
9	第一三共制药(上海)有限公司	1999	外国法人独资	15
10	上海杜邦农化有限公司	1990	中外合资	18

浦东新区现集聚了一批医疗器械领域的领头企业。上海微创医疗器械（集团）有限公司的 Firehawk®（火鹰）冠脉雷帕霉素靶向洗脱支架系统显示出针对皮冠状动脉介入高出血风险这一世界难题的长期安全性和有效性。上海奕瑞光电子科技股份有限公司在数字化 X 线摄影（Digital Radiography，DR）平板探测器市场上取得国内市场占有率第一、全球市场占有率前五的成绩，打破了完全由国外垄断的局面。汇智赢华医疗科技研发（上海）有限公司拥有国内目前唯一符合药物非临床研究质量管理规范（Good Laboratory Practice，GLP）国际标准医疗器械大动物模型临床前实验研究创新平台。此外，上海西门子医疗器械有限公司和上海微创医疗器械（集团）有限公司等重点企业都取得大幅度增长，尤其是龙头企业的高速增长，带动了一批上下游配套企业快速成长。在委托研究机构（Contract Research Organization，CRO）这一高技术服务领域上，浦东新区 2019 年营业收入为 164 亿元。2019 年度中国 CRO（含 CDMO）医药研发企业 Top 20 排行榜显示，凯莱英医药集团、上海睿智化学研究有限公司、维亚生物科技（上海）有限公司、上海美迪西生物医药股份有限公司、上海博志研新药物技术有限公司上榜。此类企业有助于在药品临床期实现由实验室向工厂车间的转化，在药品上市后实现降低制造成本、提升生产效率。同时，以药明康德新药开发有限公司、上海睿智化学研究有限公司、国家上海新药安全评价研究中心等为代表的企业所涉及的业务基本覆盖了生物医药产业链的全过程，共同构成了完整的外包服务链条和国内最大的外包服务产业集群，并发展成为全国甚至世界领先的研发外包企业。

（二）创新能力持续提升，创新成果不断涌现

近年来，上海浦东新区生物医药产业的创新策源能力不断提升。张江药物实验室建设不断推进，加速形成具有全球影响力的原创新药研发平台。市级科技重大专项“人类表型组”“脑与类脑智能”“认知、衰老、肠道稳态的生命调控机理及药物靶标结构与功能研究”等推进顺利，中国科学院上海药物研究所承担的市级重大专项“糖类药物”开启研究。上海市生物医

药产业技术功能型平台以及活细胞成像市级科技重大专项平台建设顺利。上海脑科学与类脑研究中心、国际灵长类脑研究中心等一批创新载体加快建设。张江创新药产业基地积极推动复星凯特细胞产品产业化基地等项目建设，推进和记黄埔项目、西比曼项目落地。

2019年浦东新区在重大新药创制上取得重要突破。从药品批准上市情况来看，《上海市药品监督管理局年报（2019）》统计显示，2019年本市企业共有Ⅰ类创新药4个，其中浦东新区有3个，占全国的25%。这3个新药分别是：抗肿瘤新药甲苯磺酸尼拉帕利胶囊、治疗阿尔茨海默病创新药甘露特钠胶囊以及PD-1药物替雷利珠单抗注射液（见表3）。此外，再鼎医药首款肿瘤电场治疗产品Optune在中国香港正式上市，成为全球首个经美国FDA批准的肿瘤电场治疗产品。上海微创心通自主研发的Vita Flow® 经导管主动脉瓣膜系统获批注册证。上海傅利叶智能科技有限公司推出了具有触觉的下肢康复机器人Fourier X1，其推出的上肢康复机器人Fourier M2也成为中国首个批量出口欧美的康复机器人产品。上海电气中央研究院在康复机器人、手术机器人等关键技术突破、产品示范应用和临床研究方面取得了诸多进展。核心基础零部件方面，上海奕瑞生产的关键部件"非晶硅平板探测器"已有一定的市场占有率，销量中国排名第一。

表3　2019年上海市浦东新区获批上市的3个Ⅰ类创新药

药品名称	机构名称	药品简介
甲苯磺酸尼拉帕利胶囊	再鼎医药（上海）有限公司	2019年12月27日，在美国纳斯达克上市的再鼎医药宣布国家药品监督管理局已经批准则乐®（尼拉帕利）作为对含铂化疗完全或部分缓解的复发性上皮性卵巢癌、输卵管癌或原发性腹膜癌成人患者维持治疗的新药上市申请。则乐® 是全球第一个获批的适用于所有铂敏感复发卵巢癌患者、无论其BRCA基因是否突变的PARP抑制剂。临床研究表明，它能显著延长患者中位无进展生存期。在中国香港地区已获批的PARP抑制剂中，则乐® 是首个在用药之前不需进行BRCA或其他生物标志物检测的PARP抑制剂，能让更多卵巢癌患者获益

续表

药品名称	机构名称	药品简介
甘露特钠胶囊	上海绿谷制药有限公司、中国海洋大学、中国科学院上海药物研究所	2019年11月2日，国家药品监督管理局批准了甘露特钠胶囊（商品名：九期一®，代号：GV－971）上市申请，用于轻度至中度阿尔茨海默病，改善患者认知功能。这是全球首个靶向脑－肠轴的阿尔茨海默病治疗新药。该药是以海洋褐藻提取物为原料，制备获得的低分子酸性寡糖化合物，由中国科学院上海药物研究所耿美玉研究员领导研究团队，在中国海洋大学、中国科学院上海药物研究所与上海绿谷制药有限公司接续努力下研发成功并拥有自主知识产权的创新药。该药拟于2020年开展国际多中心3期临床研究，并争取5年内进行新药全球注册申报
替雷利珠单抗注射液	百济神州（上海）生物科技有限公司、勃林格殷格翰生物药业（中国）有限公司	2019年12月28日，百济神州首款在国内获批的自主研发抗癌新药PD－1抗体药物百泽安®（通用名：替雷利珠单抗注射液）获批上市，用于治疗至少经过二线系统化疗的复发或难治性经典型霍奇金淋巴瘤（R/R cHL）患者，此前该新药上市申请已被NMPA纳入优先审评。2019年11月5日，百济神州7年研发的抗癌新药新型强效BTK抑制剂，针对细胞淋巴瘤药物BRUKINSA™（通用名：泽布替尼），以“突破性疗法”身份“优先审评”，获得FDA加速批准用于治疗既往接受过至少一项疗法的成年套细胞淋巴瘤（MCL）患者。这是来自中国的原创新药近年来首次在美国获批上市

（三）发布产业地图，打造全球卓越制造基地

张江生物医药基地是浦东新区生物医药产业的重要阵地，历经二十余年的发展，已实现了从全球集聚到创新引领的快速发展，在创新企业数量、在研药物品种、国家级研发机构、专利授权等方面均有突出表现。在未来进一步从“张江研发”转向“张江智造”的发展中，2019年浦东新区发布生物医药产业地图，重点为新增四大产业基地（见图1），应对张江医药和器械的爆发式增长需求，为张江生物医药产业化成果落地提供重要载体，从而促

进生物医药产业向集群化、高端化发展。根据规划，至 2025 年，基本建成具有国际影响力的生物医药创新策源地和产业集群，推动生物医药产业迈向全球价值链高端。①

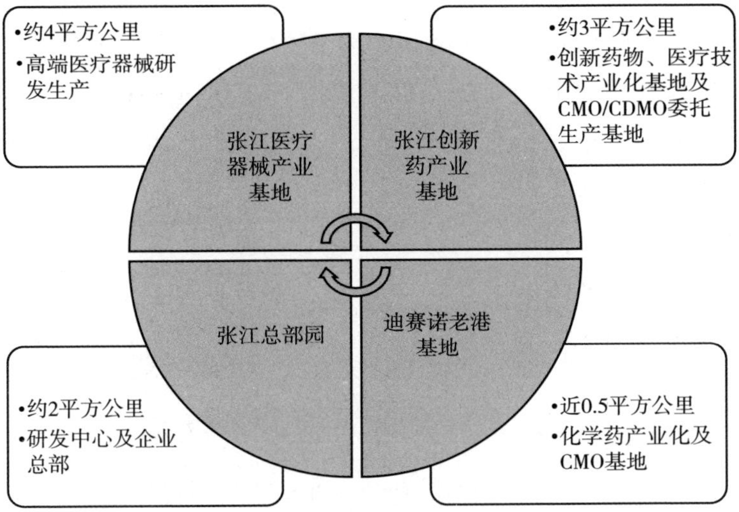

图 1　上海市浦东新区张江高新区生物医药新增四大产业基地

张江医疗器械产业基地（张江东区）：定位为高端医疗器械研发生产，聚焦体外诊断、影像诊断、微创介入与植入医疗器械等细分领域，致力于解决医疗器械产业化项目落地需求。该基地是以张江医疗器械园为基础而就地扩容的。张江医疗器械园于 2006 年成立，是国内最早的医疗器械产业专业园区之一，目前已形成了相对完整的医疗器械产业链，是市支柱产业重点发展区域之一。张江医疗器械产业基地面积约 4 平方公里，中期将逐步释放批量工业用地，从而应对生物医药产业扩容需求。

张江创新药产业基地（张江南区）：定位为创新药物、医疗技术产业

① 该部分相关资料来自调研以及《浦东推出生物医药产业基地规划》，《解放日报》2019 年 4 月 3 日；黄祺：《张江生物医药迎来成果爆发期》，《新民周刊》2019 年第 15 期；《张江总部园》，《张江科技评论》2020 年第 4 期。

化基地及 CMO/CDMO 委托生产基地，重点承接张江科学城内创新药物科技成果转化及高端制造。生物医药产业的发展不仅需要领军企业和拳头产品，更需要作为核心之一的制造生产的产业链的支持。张江生物医药产业在医药研发领域已经取得突出成就，生物医药研发服务能力也得到了显著提升，然而仍需在药物和医疗器械的生产制造服务环节实现更大发展。建设高水平的生产基地，实现就地产业化，是诸多张江生物医药企业发展的内在需求。打通研发、生产、办公配套等全链条，也将为企业长期的可持续发展提供坚实基础。目前，张江创新药产业基地已有上海天慈国际药业有限公司的生物医药生产基地成功落户，该平台可为优质原创新药提供成果转化“最后一公里”的专业服务，上海绿谷制药有限公司的 GV971 项目、复星凯特生物科技有限公司的 CAR－T 项目已签约入驻天慈基地。

迪赛诺老港基地：定位为化学药产业化及 CMO 基地，重点布局化学药物的高端生产以及化学药物创新品种的产业化平台建设。该基地的开发主体为上海迪赛诺药业股份有限公司，研发中心位于上海，是国家企业技术中心、国家抗艾滋病药物工程技术研究中心和国家博士后科研工作站。研发中心拥有工艺研发和工艺优化、分析方法开发的强大研发创新能力。迪赛诺是中国首批从事抗艾滋病病毒药物开发并获得该类药物生产批文的企业之一，公司多个抗艾滋病药物品种通过美国 FDA、英国 MHRA、欧洲 EMA 和 EDQM、澳大利亚 TGA 现场检查、世界卫生组织 WHO－PQ 认证。在将迪赛诺老港基地纳入张江生物医药产业地图后，2019 年上海市政府批准《浦东新区老港镇滨海单元零星工业点专项规划》，为该基地的发展进一步奠定了基础。

张江总部园：定位为研发中心及企业总部，承担创新药械企业的研发中心和总部功能。张江总部园将设立“头部企业及上市公司总部区”“潜质企业集聚引领区”“研发及高端制造区”，开发前端研发、高端制造、商业服务办公、人才公寓等功能。

二　浦东新区生物医药产业的创新动力

（一）推进生物医药合同生产试点，实现技术创新与产业化对接

药品上市许可持有人制度（Marketing Authorization Holder，MAH）是上海推进科创中心建设、打造生物医药产业创新竞争力的一项重要举措。生物医药产业中的创新药具有研发周期长、资金投入大、对资金稳定性需求高等特征，当前面临产业化成功率低的问题，一个核心原因就是制度上存在产权归属、分割、赋予等的障碍，造成了研发单位和科研人员科技成果转化动力不足。因此，上海主动与国际对接，引入药品上市许可持有人制度，该制度将药品上市许可与生产许可分离，不仅使得来自高校、科研院所的研发单位和科研人员可以药品批准文号持有人的身份，通过委托生产将产品迅速产业化，得到较好的投资回报，从而调动其研发积极性，而且可以将原有固定生产模式改造成为平台经济模式，使得研发、生产等不同产业环节均由专业企业分工协作，强强联合，突破土地资源和环境资源的约束，提高生产效率。

生物医药合同生产（Contract Manufacture Organization，CMO）则是上海药品上市许可持有人制度试点工作的重要内容之一。根据药品上市许可持有人制度，药品批准文号的持有人可以自行生产或者委托生产，而自行生产往往存在诸多现实制约，因此很多持有人选择通过委托合同生产，无须自己搭建厂房，也能将新药推向生产阶段，实现量产上市。从这一角度，CMO 在激发医药研究机构活力、促进医药原始创新、调整生物医药产业结构、探索创新产品本地产业化途径方面具有积极的作用。

浦东新区作为国内生物医药研发机构最集中、创新实力最强、新药创制成果最多的标志性区域，在推进 CMO 试点方面，具有一定的资源和优势。2016 年，德国制药巨头勃林格殷格翰与上海张江生物医药基地开发有限公司合作建设了勃林格殷格翰中国生物制药生产基地。此基地将为不同

规模的生物医药企业提供从生产工艺开发、临床研究样品到商业供应的服务，不仅有助于为中国引入与国际接轨的专业工业、技术、标准和经验，而且有助于打破传统生物医药制造产业链中的生产瓶颈，使得药物研发型企业只需专注于创新药物本身的开发。同年，勃林格殷格翰与生物医药创新企业再鼎医药签署战略合作协议，为其用于治疗自身免疫性疾病的新型单克隆抗体提供工艺优化及生产制造服务，这是该基地首次与浦东张江本土企业开展合作。自药品上市许可持有人（MAH）制度在上海试点以来，有多款新药借助其实现上市。2019 年 12 月，百济神州（上海）生物科技有限公司的百泽安® 获批，这款肿瘤免疫新药也将由勃林格殷格翰中国生物制药生产基地投入商业化生产，因此不仅是“浦东研发”，同时还是“浦东制造”。

（二）发展专业技术服务平台，构建完整生物医药产业链生态

为了实现生物医药高科技产业集群和体系创新，近年来浦东新区着力发展专业技术服务平台，目前已建成近 40 家，服务范围涵盖生物医药服务、现代中药与民族药服务、化学药品与原料药制造、生物技术药物、先进治疗设备等领域，并形成了一批有行业影响力的平台（见表 4）。

上海市生物医药产业技术创新服务平台以上海市生物医药科技产业促进中心为依托单位，整合了上海 12 家优势单位和特色服务资源，在国内率先建立了生物医药领域的专业技术服务平台联盟。2010 年 7 月，经市科委批准，成为上海首批 12 家“产业技术创新服务平台”之一，也是国家科技部生物医药创新公共服务平台的重点培育基地。该平台提供靶点发现、药物设计、合成筛选、动物模型、药效研究、安全评价、药代研究、药物制剂、质量控制、中试与产业化、临床研究等涵盖新药创制全过程各个环节的专业技术服务。

上海市新药安全评价专业技术服务平台依托国家上海新药安全评价研究中心（以下简称“安评中心”）。安评中心是在国家科技部“九五”攻关重点建设项目“新药研究与产业化开发（1035 工程）项目”资助下建立起来

的5个国家级GLP中心之一，面向国内外制药机构提供药物临床前安全评价研究服务，包括单次给药毒性试验、多次给药毒性试验、生殖毒性试验、遗传毒性试验（包括Ames、微核、染色体畸变、小鼠淋巴瘤试验）、致癌试验、局部毒性试验、免疫原性试验、安全性药理、毒代动力学试验等方面的药物安全评价研究。

上海市生物技术药物非人灵长类安全评价专业技术服务平台是根据国外新药开发前沿的研究技术和趋势建立的非人灵长类动物实验研究公共技术服务平台，可为新药开发项目提供在猴子体内的药物代谢、药效学和毒理学研究。该平台的实验设施和设备达到FDA新药研发标准并遵循AAALAC的要求，拥有健全和先进的药物代谢动力学技术、药效学评价技术、安全性评价技术和生物分析技术，可构建适应的动物疾病模型，使实验结果更具科学性和可重复性。

表4　浦东新区生物医药相关专业技术服务平台

序号	基地名称	依托单位
1	上海市生物医药产业技术创新服务平台	上海市生物医药科技产业促进中心
2	上海市新药安全评价专业技术服务平台	上海益诺思生物技术有限公司/国家上海新药安全评价研究中心
3	上海市生物医药产品中试孵化专业技术服务平台	上海乔源生物制药有限公司
4	上海市新药筛选专业技术服务平台	国家新药筛选中心
5	上海市药物制剂与工程化专业技术服务平台	上海现代药物制剂工程研究中心有限公司
6	上海市药物代谢专业技术服务平台	上海药物代谢研究中心
7	上海市模式生物技术专业服务平台	上海南方模式生物科技股份有限公司
8	上海市基因芯片专业技术服务平台	上海生物芯片有限公司
9	上海市中药标准物质专业技术服务平台	上海诗丹德生物技术有限公司
10	上海市生物医药特种合成工艺专业技术服务平台	上海药谷药业有限公司
11	上海市新药临床前药效学与安全性评价专业技术服务平台	中国科学院上海药物研究所
12	上海市基因测序与分析专业技术服务平台	上海人类基因组研究中心

续表

序号	基地名称	依托单位
13	上海市药物结构与成分分析专业技术服务平台	上海张江药谷公共服务平台有限公司
14	上海市同位素药物代谢研究专业技术服务平台	上海美迪西生物医药股份有限公司
15	上海市疾病基因检测专业技术服务平台	上海基康生物技术有限公司
16	上海市核糖核酸(RNA)研究分析专业技术服务平台	上海吉凯基因化学技术有限公司
17	上海市生物信息数据共享服务平台	上海生物信息技术研究中心
18	上海市实验动物资源共享服务平台	上海实验动物研究中心
19	上海市功能糖和糖组学分析专业技术服务平台	中国科学院上海药物研究所
20	上海市中药固体制剂专业技术服务平台	上海中医药大学
21	上海市中药中试孵化专业技术服务平台	上海中药制药技术有限公司
22	上海市中医方证研究专业技术服务平台	上海中医药大学
23	上海市比较医学专业技术服务平台	上海南方模式生物科技股份有限公司
24	上海市药物化学和药性评价专业技术服务平台	上海药明康德新药开发有限公司
25	上海市呼吸系统药物递送专业技术服务平台	上海方予健康医药科技有限公司
26	上海市包装材料与药品相容性研究专业技术服务平台	上海市食品药品包装材料测试所
27	上海市生物技术药物非人灵长类安全评价专业技术服务平台	美迪西普亚医药科技(上海)有限公司
28	上海市临床试验质量控制专业技术服务平台	上海生物医药公共技术服务公司
29	上海市介入类医疗器械临床前专业技术服务平台	汇智赢华医疗科技研发(上海)有限公司
30	上海市中药和保健食品品质与安全检测专业技术服务平台	上海市食品药品检验所
31	上海市抗肿瘤创新药物药效评价专业技术平台	中国科学院上海药物研究所
32	上海市抗体药物研发公共服务平台	上海张江生物技术有限公司
33	上海市医用电气设备通用安全研究技术服务平台	上海市医疗器械检测所
34	上海市高通量疾病标志物筛选、验证和数据分析研发公共服务平台	上海伯豪生物技术有限公司
35	上海市干细胞制备与质检技术服务平台	上海市东方医院(同济大学附属东方医院)
36	上海诱导多功能干细胞转化及应用生物服务平台	上海爱萨尔生物科技有限公司

（三）针对新冠肺炎疫情加大创新投入，积极贡献上海防控力量

自2020年新冠肺炎疫情发生以来，浦东新区生物医药企业充分发挥产业集群优势，按照国家和上海市要求，积极参与新冠病毒防控，不仅保障防疫紧急物资生产，而且加大创新药物研发投入，在为全国抗击疫情贡献上海科技力量的同时，也进一步提升了创新能力和产业影响力。

浦东生物医药科技企业根据当前疫情防控急需，依托各自特色优势，迅速启动应急科研攻关，着力突破病毒快速检测与防护难题，全力开展疫苗研制与药品筛选研发。2020年1月25日，上海之江生物科技股份有限公司、上海辉睿生物科技有限公司的新冠病毒核酸检测试剂盒成为国内首批通过国家药监局快速审批通道的上市产品，产品获批后大量发往武汉及全国各地医院、疾控中心。同时，上海芯超生物科技有限公司、上海五色石医学研究股份有限公司、奥然生物科技（上海）有限公司、上海透景生命科技股份有限公司等多家企业成功研发核酸/抗体检测试剂盒，目前已进入快速审批通道。斯微（上海）生物科技有限公司与东方医院转化医学平台合作，快速推动新型冠状病毒mRNA疫苗研发，利用相关平台技术，快速合成针对本次新型冠状病毒关键靶点的多种不同抗原序列的mRNA，并通过纳米脂质（LPP）载药技术制备成制剂，目前已开展动物验证。上海药明生物技术有限公司通过一体化生物制药能力和技术赋能平台，全力投入多个新型冠状病毒中和抗体的开发和生产，目前和Vir Biotechnology等多家企业开展针对治疗新型冠状病毒肺炎（COVID－19）的全人单克隆抗体开发和生产合作。

与此同时，一批应用于医疗服务的人工智能企业加速产品升级，并踊跃援助一线。上海森亿医疗科技有限公司提供“疫情相关医疗大数据与人工智能服务”，为在研企业和机构提供疫情相关真实世界数据治理及分析服务，助力研究疾病的临床特点、诊疗规律和疾病转归，为疫情控制提供循证医学数据。上海昕健医疗技术有限公司提供“新冠肺炎三维识别与诊断系统”，帮助一线医务工作者识别病变部位并进行三维显示，快速定位、计算、量化关键参数，提高临床诊断、跟踪病情变化的效率和精度。此外，还

有上海钛米机器人股份有限公司、领星医学等企业的人工智能产品均应用在一线疫情防控中。

三　进一步提升浦东新区生物医药产业创新能级的发展方向

2020年是《促进上海市生物医药产业高质量发展行动方案（2018～2020年）》的收官之年。作为上海加快构建现代化经济体系、巩固提升实体经济能级的重要抓手，浦东新区在进一步加快“建成具有国际影响力的生物医药创新策源地和生物医药产业集群”的过程中，应通过机制创新、重点聚焦、政策引导和环境建设，进一步加强创新资源研发和产业发展资源集聚，着力培育具有较高品牌度和较强竞争力的优势产品，鼓励龙头企业和骨干企业做大做强，促进新药研发成果转化和产业化，优化生物医药产业营商环境，加快推进浦东新区生物医药产业高端化、智能化、国际化发展。

（一）进一步培育龙头企业，促进产业高质量能级提升

浦东新区应积极培育生物医药龙头和重点企业，支持生物医药行业内骨干企业开展产品研发和临床研究，鼓励企业通过市场化投资等方式兼并收购产业链上下游企业，培育行业龙头企业；鼓励浦东新区生物医药产业园区、生物医药企业和生物医药研发机构开展国内外合作，共同开展新药研究、市场拓展和产业基地建设。同时，浦东新区生物医药产业应按照其发展的基本定位，引进和培育一批具有较大投资规模和较大发展潜力的重点产业项目，鼓励和引导企业实施大品种战略，加快产业高地建设。推进生物医药产业重大项目建设，建立重点产业化项目推进落地的统筹机制，促进产业化项目尽快落地开工建设。

（二）进一步发展公共服务平台，打造产业创新策源地

浦东新区生物医药产业应进一步突出生物医药协同创新平台优势，整合

医疗机构、创新型研发企业、第三方医学检验及科研功能性平台等资源，打造产业创新策源地。以此为基础，关注和引导生物医药产业发展趋势，在化学药物制剂领域，注重小分子化学药物研发；在生物制药领域，推动免疫类药物、抗肿瘤药物等创新药物开发和服务；在现代中药领域，发展中医药服务平台，加强中医药产品研发；在医疗器械领域，促进临床诊断设备、心脑血管介入设备、生物光学设备等医疗器械的发展；在医疗服务领域，在新药研发和临床应用之间架起快速通道；在智能穿戴和远程医疗领域，关注“互联网 +”在医疗行业的应用。

（三）进一步推行制度创新，营造优质产业发展大环境

浦东新区应进一步推行营商环境领域制度创新，凭借 2020 年获国家批复的国家药品监督管理局药品审评检查长三角分中心、医疗器械技术审评检查长三角分中心（以下简称“两个审评中心”），提升生物医药产业创新动能和行业影响力。两个审评中心的设立，可提供药品审评包括资料审核、现场审评，有助于大量的受理前沟通等药品审评事项的就近解决，极大地为长三角生物医药企业的新药审评节约时间、降低成本，从而提升新药审批速度。近年来，中国创新药领域逐步进入产业化阶段。随着创新市场的活跃，加快药物市场上市前的审评就变得尤为关键。因此，未来浦东新区应进一步开发并扩大两个审评中心的制度优势，一方面服务于上海本地药品和器械审评，提升上海生物医药产业的市场竞争力，为企业集聚和创新发展提供新动能；另一方面以“人才可及、资本可及、专业服务可及、政策可及”的上海生物医药创新创业环境，对周围企业形成虹吸效应，使得上海得以更好地发挥长三角生物医药产业的龙头集聚作用。

参考文献

单蒙蒙、尤建新、邵鲁宁：《产业创新生态系统的协同演化与优化模式：基于张江

生物医药产业的案例研究》,《上海管理科学》2017 年第 3 期。

毛睿奕、曾刚:《基于集体学习机制的创新网络模式研究——以浦东新区生物医药产业创新网络为例》,《经济地理》2010 年第 9 期。

司春杰、陶毅雯:《“创新药”芬芳满浦东》,《浦东开发》2019 年第 4 期。

B.4

“智能造”推动浦东产业转型升级：新格局下的危与机

时炳臣 *

摘　要：当前，全球经济和政治形势呈现多边动荡态势，贸易保护和经济逆全球化的出现进一步印证了以制造业为主体的实体经济安全发展的重要意义，特别是以制造业与新互联网技术的有机融合为特征的智能制造成为浦东新区在百年未有之大变局中，抓住历史发展机遇，在危机中育先机、于变局中开新局的有力抓手。浦东新区具有智能制造发展的新机遇，同时也具有对标国外发展不足的新挑战，本文通过对浦东智能制造发展现状和发展趋势进行研判，建设性地提出未来浦东新区构建“四区联动”的智能制造发展新阵式，培育智能制造产业园区“多支点”集聚发展的新空间，通过智能制造不断推动产业转型升级，实现经济高质量发展。

关键词：智能制造　数字转型　高质量发展

* 时炳臣，上海社会科学院研究生院博士研究生，主要研究方向为政治经济学。

一　智能制造发展新变局

（一）全球经济增长低迷、产业格局结构性调整，以智能制造为代表的先进制造业回流进一步加速资源配置的全球化竞争

据国务院发展研究中心预测，2020～2035 年全球经济平均增速约为 2.6%，发达经济体经济增速将进一步放缓至 1.7% 左右。全球经济格局多极化趋势将更加明显，全球分工效应持续减弱，引发经济和产业格局的结构性调整。特别是 2019 年以来欧美日等发达经济体的全球先进制造业回流事件的发生，智能制造成为各国发展实体经济的重要堡垒。全球科技创新将进入空前密集活跃期，具有全局性影响的颠覆性、革命性、主导性技术将进一步引发传统制造业的革命性升级，5G、物联网、云计算等新兴技术带来的创新资源逐步向智能制造领域集聚，进一步加剧全球资源的竞争态势。

（二）构建“以国内大循环为主体，国内国际双循环相互促进的新发展格局”对智能制造发展提出了更高层次的要求

构建“以国内大循环为主体，国内国际双循环相互促进的新发展格局”是党中央基于当前全球政治经济形势判断做出的战略性发展导向。目前，我国仍处于“工业 2.0”的后期阶段，产业基础能力相对薄弱，产业结构有待进一步完善，资源利用率低、信息化水平不高、劳动力成本上升等不利因素成为加快制造业向信息化的“工业 3.0”和智能化的“工业 4.0”方向迈进的内驱动力。加快推进我国先进制造业发展，提升制造业智能化水平，打造智能制造全球高地成为当前极为紧迫的发展任务。从产业链角度来看，只有掌握了核心技术的高附加值产业链环节，智能制造发展才能具有全球竞争力，国家才能在国际舞台上站稳脚跟。

（三）四大功能引领上海新的发展方向，创新发展思维和改革再出发是未来智能制造发展的重要使命

"全球资源配置、科技创新策源、高端产业引领、开放枢纽门户"是习近平总书记对上海打造全球影响力科创中心城市提出的要求和定位，也为上海经济未来发展指明了新方向。改革开放 40 多年来，浦东作为全国改革创新的排头兵和先行者，在制度创新、科技创新、管理创新等方面先行先试，积累了丰富的可复制经验和做法。审时度势、创新发展依旧是浦东"十四五"发展的主旋律，智能制造必须坚持创新发展思维，敢于打破传统思维束缚，敢于创新，敢于应用。未来智能制造的发展无论是在模式、管理还是在技术等方面都将会有大的突破和创新。

二　智能制造发展新使命

（一）智能制造定义和范畴

智能制造是指具有信息自感知、自决策、自执行等功能的先进制造过程、系统与模式的总称。具体体现在制造过程的各个环节与新一代信息技术的深度融合。智能制造以传感器和智能仪表等智能控制和功能部件为基础，以工业机器人、数控机床、增材制造、智能物流等制造过程智能化装备为要素，以智能制造系统集成为实现路径，以智能工厂为重要载体。从智能制造发展范畴来看，具体包括智能制造系统集成、工业机器人、数控机床、增材制造、智能物流、智能传感、智能检测等相关领域。从智能制造产业链角度来看，包括上游的原材料与核心零部件、中游的自动化加工设备以及下游的自动化集成。从物理架构层面来看，包含感知层、网络层、执行层和应用层，从最基础的信息采集到最终的系统集成及自动化生产解决方案，构成了智能制造完整的产业链条（见图 1）。

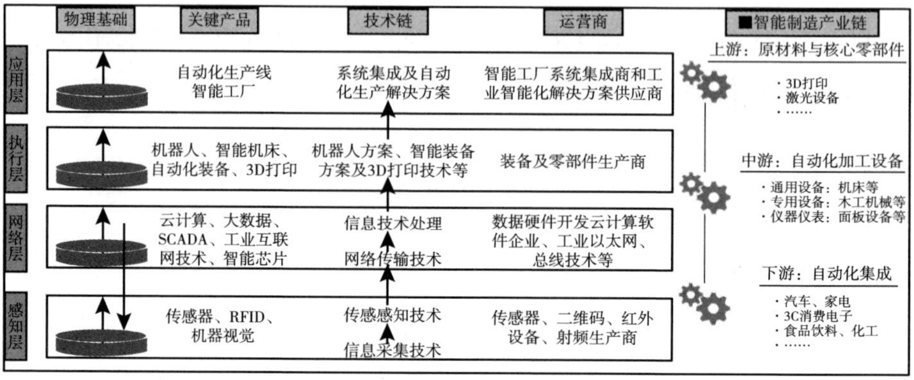

图1　智能制造产业链

（二）国内外智能制造发展情况

1. 全球智能制造市场稳步增长，生产智能化水平呈现梯队式分布

随着科技的不断发展，生产制造对生产效率、生产质量、生产成本及资源利用率的要求越来越高，对生产智能化水平的要求也大幅提升，特别是欧美主要发达国家技术迭代的不断升级，中国等发展中国家不断加快传统制造业的转型升级，近年来全球智能制造市场呈现稳步增长态势。相关研究显示，目前全球智能制造领域呈现“四个梯队”特征：美国、日本和德国为第一梯队，是智能制造发展的“引领型”国家；英国、韩国、中国、瑞士、瑞典、法国、芬兰、加拿大和以色列为第二梯队，是智能制造发展的“先进型”国家；奥地利、比利时、意大利、俄罗斯和西班牙等为第三梯队，是智能制造发展的“潜力型”国家；土耳其、印度、南非、巴西和尼日利亚等为第四梯队，是智能制造发展的“滞后型”国家。从发展格局来看，欧美传统制造业强国拥有较多技术与经验积累，转型升级难度较小，具备较强竞争实力；基于世界工厂时代的积累，亚洲等新兴经济体在智能制造方面也呈现较大竞争优势。

2. 智能制造系统集成发展迅猛，工业大数据、边缘智能引领相关细分市场快速发展

随着数字经济的不断兴起，企业用户数字化建设持续推进，同时研发、

物流、服务等环节的智能制造系统解决方案也在完善，相关环节智能制造系统解决方案的应用比例有所提升。特别是随着欧美日等发达经济体实施高端制造业回归战略，高度智能化的数字工厂建设数量增加，助力智能制造系统集成市场规模持续增长。中国智能制造的快速发展，以及传统制造业提质增效的快速推进，持续助推全球智能制造系统集成商将市场重点聚焦在亚洲，同时随着越南、印度、缅甸等国家加速抢夺中低端制造市场，众多劳动密集型加工厂向该地区迁移，在此背景下，智能制造系统解决方案的市场需求快速增长。从目前系统集成解决方案市场份额来看，局部解决方案依旧是市场主流。同时，随着边缘智能技术的应用范围不断延伸，其低延迟、高效率、节省流量的特点，使得众多工业场景中边缘端的智能化改造需求被激发，进而激发了相关细分市场的快速增长。

3. 智能制造装备依旧是主要竞争焦点，技术和市场垄断局势仍未打破

智能制造装备是先进制造技术、信息技术和智能技术在装备产品上的集成和融合，体现了制造业的智能化、数字化和网络化的发展要求，是制造业转型升级的关键，智能制造装备系统的主要特征体现了制造业生产的智能化，从本质上提高生产效率。世界工业发达国家在发展先进制造业过程中，装备智能化是重点发力方向之一。例如，机器人领域，信息技术、传感器技术成为机器人发展的重要推力。信息技术推动机器人向系统化、智能化方向发展；传感器与机器人日益融合推动机器人机械结构向模块化、可重构化发展。数控机床领域，德、日两国主导世界机床发展，两国生产了世界上33%的机床，且以高端数控机床为主，成为世界机床行业发展的主导力量。而相比之下，中国是世界最大的机床消费市场，占全球消费额的34%，其中高端数控机床消费额占全球的比例达50%。①

4. 智能制造关键基础领域呈现两极分化态势，高端传感器和工业基础软件成为后发国家的发展软肋

从世界工业发展历史角度来看，欧美日等主要工业发达经济体工业化启

① 《我国机床行业消费数据分析：2017 年近 300 亿美元》，中商产业研究院，2018 年 11 月12 日。

动早，无论是在理论基础研究还是在基础零部件和软件等领域相比后发国家具有领先优势，核心技术和工艺的掌握决定了市场的垄断和话语权，特别是在智能制造关键基础领域呈现两极分化的特征。中国在智能制造装备产业基础领域发展相对薄弱，行业内的配套企业整体实力较弱。一些优势企业在系统的整体技术与集成能力上有所突破，但一些核心部件的制造仍缺乏国内企业的配套支持，仍受制于国外企业。例如工业机器人关节使用的 RV 减速机，国内 90% 以上市场由日本帝人精机公司占据。例如，目前我国高档数控机床所需的核心零部件（如主轴、丝杆、轴承）主要从日本、德国进口，数控系统长期依赖日本产品。此外，智能制造的发展离不开高端传感器和工业基础软件，例如，在 5G 通信和汽车电子等应用的强势带动下，MEMS 深入应用于汽车电子、5G 通信、智能手机和医疗电子等领域，特别是智能网联汽车市场的快速发展，MEMS 传感器的市场需求大增，同时，5G 通信技术日趋成熟促使射频 MEMS 成为增长点。例如，国产工业软件在低端领域的竞争力相对较强，高端领域很多还是空白。研发设计类软件市场中，外资企业占据主导地位；在生产控制软件领域，西门子继续保持行业龙头地位；中国等发展中国家只能跟随发达经济体发展步伐，形成长期依赖效应（见图 2）。

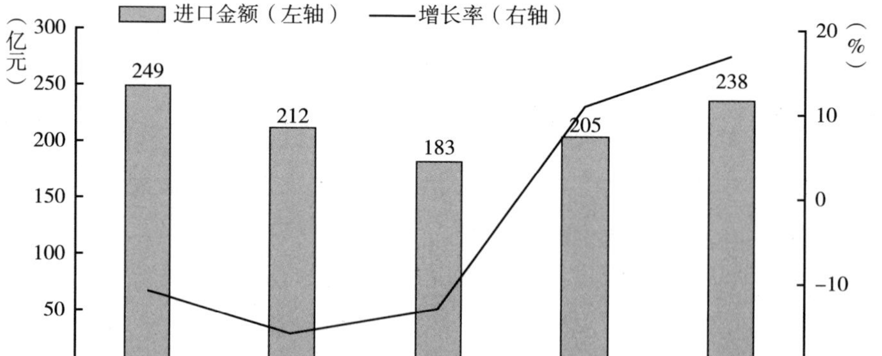

a.数控机床进口金额及增长率

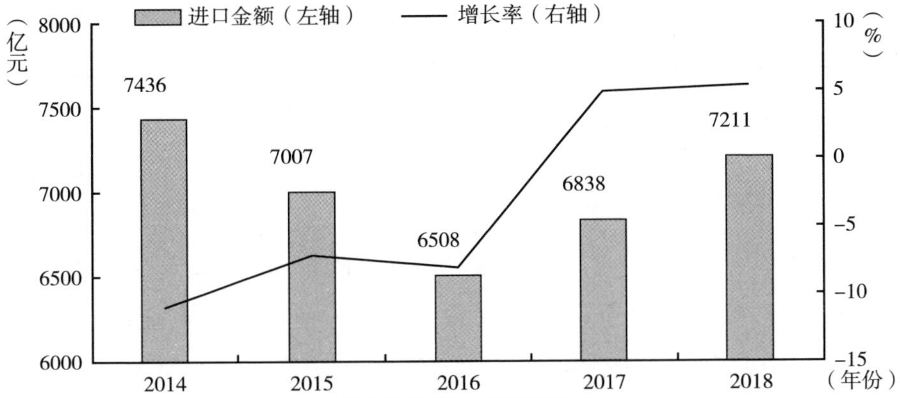

b.仪器仪表进口金额及增长率

图 2　部分工业装备基础件进口情况

资料来源：中国海关、华夏幸福产业研究院、Wind 数据库。

（三）浦东智能制造发展情况

1. 智能制造规模效应不断凸显，产业集聚成为新标杆

浦东是上海装备制造业发展的重要承载地，作为全国改革开放的第一窗口，近年来，浦东加快落实国家战略，推动“上海制造”成为引领制造强国建设的新标杆。浦东智能制造产业呈现船舶和海工等产业基础雄厚、自主创新先行特征。近年来，浦东装备产业产值占规模以上工业总产值比重一直稳定在 12% 左右。新区以康桥、金桥、祝桥等区域为重点，积极发挥装备资源优势服务浦东产业发展，几大区域各有分工又相互联动，形成了产业链上下游整体完备、协作配套的高端装备制造集群。2019 年，浦东成套设备产值 1313 亿元，增长 5.7%。“蓝天梦”进入起步阶段，2019 年浦东航空航天产值 85.6 亿元，增长 17.8%。浦东生产线首架 ARJ21 总装下线，C919 共 6 架试飞机已全部试飞成功。临港特殊经济功能区的建设推进了浦东先进制造业的快速发展，中芯国际 14 纳米芯片实现大规模量产，华力二期 12 英寸先进生产线正式建成投片，新昇 12 英寸大硅片实现批量供货，积塔半导体特色工艺生产线一期建成投片，集成电路先进封装刻蚀机等销往海外，中

芯国际和华虹集团参与发起的国家集成电路创新中心揭牌成立，特别是一批重大项目在临港的落地，进一步加快了浦东智能制造产业发展的步伐。

2. 智能制造产业发展空间广阔，创新载体发展活力足

“十三五”期间，浦东新区深化产业转型升级，出台了《浦东新区促进重点优势产业高质量发展若干政策措施（试行）》，把发展着力点放在建设具有国际竞争力的制造业新高地，优化产业空间布局，为智能制造产业提供了广阔的发展空间。从全市层面来看，上海工业机器人产业已经形成了“3+X”的空间布局，按空间集中度来看，主要分布在浦东新区。其中，从机器人企业分布来看，浦东新区以19家位居第一，其次是嘉定区7家、松江区6家、宝山区5家。同时，在推进智能制造产业创新发展过程中，浦东加快推进企业创新创业孵化全链条建设。在初创阶段，截至2019年底，浦东新区有164家创新型孵化器，其中国家级科技企业孵化器及众创空间34家，引进微软人工智能和物联网实验室、强生JLAB，以及IBM、默克、罗氏等大企业创新中心。在高成长阶段，新区制定出台浦东新区科技企业加速器备案登记管理办法，截至目前，浦东有2个经登记的科技企业加速器。在产业化阶段，浦东有24个专业化的产业园区，规划总面积243平方公里，为企业提供了广阔的产业化发展空间。

3. 智能制造示范应用成效明显，创新主体引领行业高质量发展

浦东在推进智能制造示范应用方面成效明显，成功举办了以“智联世界无限可能”为主题的2019世界人工智能大会，将人工智能新技术与先进制造业进行了高层次的融合。2019年，工信部批复创建上海（浦东新区）人工智能创新应用先导区，全国首个人工智能创新应用先导区获批建设。智能制造示范应用带动了全区智能制造行业整体水平的提升，从中国智能制造中心城市智能制造指数排行来看，浦东新区居于首位（见图3）。同时，智能制造创新主体方面也集聚了一大批精英企业，如在智能检测领域集聚了爱德万、泰瑞达、罗德与施瓦茨、欧可电子、泰克科技；智能物流装备领域集聚了霍尼韦尔、特格威（TGW）、瑞仕格、新松机器人；智能传感器、智能网联汽车等领域也集聚了一大批创新活力足的企业。

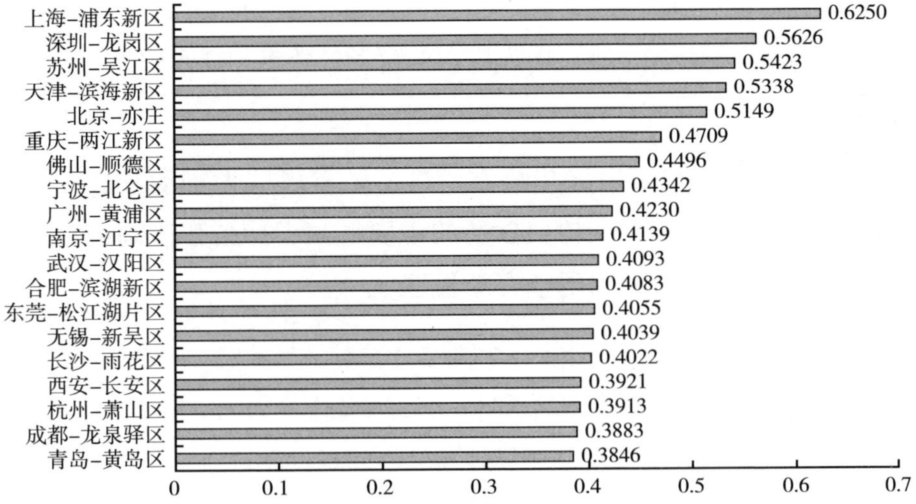

图 3　2019 年中国智能制造中心城市智能制造指数排行

资料来源：《世界智能制造中心发展趋势报告（2019）》。

三　浦东智能制造发展新机遇

（一）从国际经贸新趋势看，全球产业结构和供应链布局将加速重塑，浦东新区智能制造将面临抢占产业链高端和确保产业经济安全可控的发展新机遇

新冠肺炎疫情全球大流行，在引发国际经济大衰退的同时，也严重冲击了国际秩序，导致国家间竞合关系发生变化。逆全球化和贸易保护主义暗流涌动，贸易摩擦快速升级。美国及其盟国利用政策力促制造业回归本土，意欲遏制中国制造业高端化发展。各大经济体对产业链的配置，也从以前主要考虑生产效率转向兼顾效率和产业安全，引发全球产业链呈现分散化、多中心化态势，这也为浦东智能制造未来发展提供了机遇。在 5G、量子计算等一批前沿技术上浦东具有绝对的发展优势，依托现有的制造业发展基础，提前抢占高端智能制造发展的战略制高点，将有助于浦东形成深度嵌入全球产

业链的独特竞争优势。同时，在“以国内大循环为主体，国内国际双循环相互促进的新发展格局”下，国内广阔的市场优势也为浦东智能制造“内循环”奠定了坚实基础。

（二）从生产要素发展趋势看，数据要素已成为推动社会经济高质量发展的重要生产力和价值创造的重要源泉，浦东智能制造将面临生产要素全球化配置能力的争夺新机遇

随着“智能制造”“互联网+”等数字经济新模式新业态的快速发展，数据要素已成为推动社会经济高质量发展的重要生产力和价值创造的重要源泉。上海出台的《关于本市促进资源高效率配置推动产业高质量发展的若干意见》等文件已经明确，在资源环境紧约束的条件下，制造业必须“以亩产论英雄、以效益论英雄、以能耗论英雄、以环境论英雄”，提高土地、资金、能源、人才、数据等生产要素配置效率。未来制造业发展的方向将趋向于高效率、高智能、高质量，在经济全球化合作中，无论是土地要素、劳动力要素、技术要素、资本要素还是数据要素，掌握生产要素的全球化配置能力将直接决定未来浦东智能制造产业发展的核心竞争力。特别是5G、大数据等技术的不断成熟和应用，新基建国家战略的布局为数据要素价值的开发和扩大提供了重要机遇。未来数据要素将成为土地、劳动力、资本、技术等传统生产要素的高效链接点，提升和催化生产要素在智能制造产业价值链中的流转效率和价值释放。

（三）从产业技术新变革看，新科技产业革命将催生新的组织模式、生产模式，数字经济的快速发展将赋予浦东智能制造“弯道超车”新机遇

新科技产业革命将带来生产要素、组织模式、市场供给与需求的重大变化。特别是随着国家新基建重大战略的实施，数字经济的快速发展将重新定义传统制造业的发展模式，数字化、网络化和智能化特征将更加凸显，信息技术与制造技术融合、制造业与服务业融合、实体经济与虚拟经济融

合、生产者与消费者融合的趋势，将衍生出在线经济、数字经济、研发经济、共享经济、智能经济等新业态和新模式。浦东在5G、物联网技术等方面具有一定基础优势，抓好数字新基建，推动新一代信息技术赋能汽车、制造、医疗等领域，应用机器人、工业互联网等实现企业智能化改造，促进制造业转型发展和整体跃升，将是未来浦东智能制造进入全球竞争的重要渠道。

（四）从建设产业新生态看，浦东进一步扩大改革开放有利于更具吸引力的创新生态建设，自贸试验区新片区的“磁吸效应”为浦东智能制造发展提供了改革创新的蓝海机遇

下一轮全球先进制造业的竞争态势，将促进产业发展、科技创新、金融服务等深度融合的新制度供给体系构建。浦东新区自贸试验区新片区的“磁吸效应”正逐步显现，长三角打造世界级制造业集群的发展机遇也为浦东智能制造龙头企业提供了发展空间。自贸试验区的改革发展催生了产业链、供应链、价值链等有效衔接的制造业配套体系，以及集人才、技术、数据、产品及行业应用场景于一体的产业生态平台。如何联动长三角产业要素资源，共同打造更高层次开放合作的新型产业生态，是浦东智能制造未来发展需要着重考量的问题。

四　浦东智能制造发展新挑战

（一）智能制造的高端引领功能没有充分发挥，大部分传统制造的智能化升级有待进一步提升

近年来，浦东新区制造业所形成的规模效应，主要依赖电子信息、汽车、成套设备等三大千亿元级产业，面向国际高端引领的产业显示度不够，重大项目建设和储备不足（临港除外）。重大项目的龙头带动效应还没有充分发挥，全区工业产值对重点项目、重点企业的依赖程度较高，大企业示范

带动还不明显，独角兽、细分领域隐形冠军还不够多。目前，重大项目的智能化配套建设基本依赖国外进口的装备和软件等，智能制造产业链的本土化配套水平还有很大的发展和提升空间。

（二）“两化融合”水平有待进一步提升，信息化建设项目、企业主体储备不足

浦东新区拥有5G技术研发优势，大数据、人工智能等技术也处于并跑地位，但5G赋能、“人工智能+”等新兴领域还处于酝酿阶段或产能爆发前期，以工业化和信息化为代表的“两化融合”水平与世界主要发达经济体相比还有很大差距。例如，低端CAD软件和企业管理软件得到很好普及，但应用于各类复杂产品设计和企业管理的智能化高端软件产品缺失，在计算机辅助设计、资源计划软件、电子商务等关键技术领域与国外差距依然较大。5G通信基站设备等基础设施需求量极大，但浦东现有的重点信息化建设项目及企业主体储备不足，大部分都是小型企业单打独斗式发展，无法参与市级重大项目建设。

（三）智能制造基础能力和产业链现代化水平有待进一步巩固和提升

从浦东智能制造产业基础能力和产业链发展现状来看，基础能力尚不够强大，集成电路、生物医药、民用航空、机器人、新能源汽车等产业的核心关键环节（包括“工业四基”及工业软件、高端加工中心、检验测试设备等）仍存在缺失。集成电路的EDA工具、车规级芯片和工业级芯片、高端光刻机、薄膜和离子注入等设备完全依赖进口；原创药、高端试剂耗材、高端医疗器械及装备的基础材料短期内尚无可替代产品；机器人关键零部件、新能源汽车的“三电”（电池、电机、电控）、民用航空发动机和航空材料等掌控在外国公司手里。积极应对全球经济形势发展不确定的影响，强化关键环节与核心技术攻关的系统布局，实施颠覆性技术创新支持政策，增强产业链韧性，是当前浦东新区智能制造发展的迫切需求。

五　浦东智能制造发展新思路

（一）构建“四区联动”的智能制造发展新阵式

自浦东改革开放以来，全区制造业基本形成了以外高桥保税区、金桥经济技术开发区、张江科学城、临港自贸试验区为主的核心发展区。浦东智能制造未来发展一定要依托已有的制造业发展基础，明晰各重点区域发展路线，构建核心园区引领的“四区联动”发展空间格局。依托张江科学城创新策源优势，张江科学城是科创中心核心承载区，围绕服务国家战略，加速全球创新资源集聚，加快重大项目建设，着力突破智能制造领域的关键核心技术。发挥好临港自贸试验区的特殊经济功能区优势，服务“一带一路”，服务长三角和长江经济带的重要节点，全力推动制度创新，充分发挥重大改革举措，以及重大项目、研发平台和基础设施在临港新片区优先落地的效应。激发金桥经济技术开发区的转型再提升潜力，不断推进转型升级、提质增效，探索“厂区围网”和“街区围网”试点，逐步加快从出口加工产业向智能制造产业的有效转变。以“两园两基地”建设为主线，着力打造智能制造培育区和示范区。充分调动外高桥保税区的国际化竞争能力，发挥保税区片区制度创新的先导模式，扩大招商引资力度，深化“保税研发 + 功能运营”，提高科技创新能力，降低企业运作成本。在智能制造板块，以国际智能制造服务产业园为核心，重点发展精密数控机床、工业自动化、智能机器人、3D 打印等产业，建设汇集企业、协会和专业机构的智能制造服务平台，提供保税展示销售、展品物流、零部件分拨、法定检验等服务功能。依托首创的“分批出区，集中报关”的公共式仓储分拨服务信息系统、首创的进口机床现场法定检验及采信第三方检测报告，打造全球密度最高的智能制造巨头集聚地。

（二）培育智能制造产业园区“多支点”集聚发展新空间

在原国家级产业园区、市级产业园区、镇产业园区等的基础上，结合

"十四五"浦东先进制造业发展需求，挖掘产业空间资源，促进产业融合发展，形成一批经济规模大、创新能力强、产业能级高的智能制造产业园区。例如，重点建设和发展张江（康桥）机器人谷，发挥浦东人工智能、集成电路、5G产业引领优势，全面推动机器人核心技术创新突破、龙头企业高度集聚、产业生态持续完善、赋能效应快速显现，打造成为面向全国乃至全球机器人领域技术创新能级最强、产业链最完整、跨界融合赋能最佳区域之一。重点打造外高桥智能制造服务园，充分利用自贸试验区国际贸易便利化优势，重点发展精密数控机床、工业自动化设备、智能机器人、3D打印、高精密检测等产业和技术，为入驻的智能制造企业提供保税展示与演示、展品物流、零部件分拨、贸易代理、检测认证、专业培训等服务，推动形成更加完整、更有竞争力的产业生态圈。

（三）加快传统制造业的数字化转型升级

顺应先进制造业转型升级的需求，抓住人工智能、5G、工业互联网、物联网、数据中心等数字新基建的历史机遇，加快浦东新区成套设备、汽车、航空航天、生物医药、电子信息等行业智能化转型，全面推动数字赋能制造业。聚焦柔性制造、云制造、共享制造等新制造模式，有系统、有步骤地开展重点产业信息化、数字化和智能化改造提升，鼓励有条件的企业结合自身特点布局和参与无人车间、无人生产线和无人工厂建设，着力营造产业发展新生态。力推工业互联网标杆工厂的引领作用，带动智能制造单元、工业机器人和仓储机器人的研发，加大自主机器人推广应用力度，鼓励系统集成商联合机器人企业、装备制造商、软件开发商，进一步提升浦东新区智能制造系统集成与服务能力。

参考文献

肖静华、毛蕴诗、谢康：《基于互联网及大数据的智能制造体系与中国制造企业转型升级》，《产业经济评论》2016 年第 2 期。

吕铁、韩娜：《智能制造：全球趋势与中国战略》，《人民论坛·学术前沿》2015 年第 11 期。

李廉水、石喜爱、刘军：《中国制造业 40 年：智能化进程与展望》，《中国软科学》2019 年第 1 期。

B.5

“蓝天梦”助力大型民用航空制造业发展：现状与挑战

邓立丽　唐忆文*

摘　要：　作为改革开放排头兵、创新发展先行者的浦东，以中国商飞为龙头，强化自主创新和国际协作，推动安全性、经济性有效融合，全力推动产业创新要素集聚，构建政产学研一体化协作的民用航空制造业高质量发展生态系统。新时代，面对国际发展环境的不确定性和航空工业水平的制约，浦东民用航空制造业必须推动产品向多型号、多状态转变，企业由产品研制向产品经营转变，产业向系统策划、产业体系建设转变，全力推动中国航空工业跨越式发展。

关键词：　大型民用航空制造业　中国商飞　浦东

大型民用航空飞机（以下简称“大飞机”）是航空工业的“王冠”，以国家重大发展专项的方式组织动员全国力量，搭建大飞机创新研究与开发测试平台，完善市场竞争性现代企业组织体系，推动产品开发和产业技术进步，让中国自主创新制造的大飞机翱翔蓝天，最终能在这一高技术、高附加值的制造业领域与欧美比肩，这是中国由来已久的“蓝天梦”。2008 年 5

* 邓立丽，上海社会科学院经济研究所助理研究员，主要研究方向为区域经济、产业发展；唐忆文，上海社会科学院经济研究所副所长、研究员，主要研究方向为区域经济、能源交通。

月，担负"让中国大飞机翱翔蓝天"使命的中国商用飞机有限责任公司（以下简称"中国商飞"）正式落户浦东。

一 浦东发展大飞机制造业的时代背景

大飞机制造业具有投入大、周期长、收益慢、风险高的行业特点。综观全球，只有在现代工业和经济、技术发展水平达到一定阶段的国家才能成功发展大飞机制造业。

（一）中国综合实力奠定了发展大飞机产业的基础

中国的大飞机梦由来已久、艰难曲折。1970 年 8 月，中国第一个大飞机项目"运 -10"启动研制工作。经过 10 年研究探求，到 1980 年 9 月 26 日，"运 -10"成功首飞。此后，先后 7 次飞抵拉萨，成为世界上第一架在试飞阶段货运拉萨的飞机。但受到当时国家综合国力、财政实力、技术储备、工业和信息化水平、人才和对外开放、发展理念等多种因素综合叠加影响，1985 年"运 -10"研制工作难以持续，彻底终止。自主研制大飞机的步伐在"运 -10"下马①之后便彻底停顿下来，国内各民航企业没有国产喷气式客机。

改革开放 40 多年来，中国制造业发展水平不断提升，科技创新投入水平不断提高，综合国力不断增强，为研发设计并组装制造大飞机提供了资金、产业、技术要素等方面的有力支撑。航空行业长期积累也已形成一定的技术、人才、设施、经验等方面的综合基础。各参研单位在设计、制造、试验、试飞等方面发挥各自的独特优势，部分国内航空企业曾为国外民机生产过一些配套部件，工业设计等方面的各种基础材料、设备和配套也已经基本到位。同时，国家对外开放的不断深化，也为积极开展少量关键技术的国际

① 按照中国当时财政状况，继续运行"运 -10"项目相当于让一个月收入 2000 元的人以 3600 元的首付订购一块价值 43200 元的手表，且必须 15 年内付清全款才能取货。

合作，提高研制水平，面向全球择优采购符合设计和适航要求的动力装置、航电设备和必要的原材料，提供了良好的环境。

（二）巨大的航空市场提供了发展大飞机产业的需求空间

近年来，随着居民收入的提升和航运航线的开辟，中国民航运输大幅发展。2019 年，中国民航运输规模已连续 15 年稳居全球第二，全国机队规模达 3800 余架，全年运输总周转量 1292.7 亿吨公里、[①] 旅客周转量约 1.17 亿人公里（年增长 9.3%），运输旅客 6.6 亿人次（年增长 7.9%）。其中，国际航线增长更为迅猛，2019 年国际航线完成旅客运输量 7425.1 万人次，增长 16.6%。[②] 2020 年，受新冠肺炎疫情影响，客运量大幅缩减，8 月民航客运量约为 4617.0 万人次，同比增长率为 –24.6%。但从长期发展来看，中国民航产业发展前景广阔。据预测，到 2030 年中国旅客运输量将达到 15 亿人次，[③] 还需新增数千架民用客机，现役航空机队还将面临更新换代。从世界范围来看，东南亚、南亚、中东地区等新兴市场的航空运输业同样增长迅速，市场需求高涨，成熟的欧美发达国家也面临现役机队的更新换代。市场需求如此庞大，全球大飞机制造供应商却仅有波音和空客两家。有基础有实力的中国大飞机制造产业在发展过程中要打破两巨头争霸的局面，在航空市场竞争中分一杯羹，有压力更有动力。

（三）中国商飞落户浦东

民航大飞机研制成功并取得最终的商业成功，必须充分依靠“举国体制”的优势。在党中央和国家领导人高度重视、悉心部署下，中国成立高层次的领导协调小组并聚合了包括中央政府、地方政府、科研机构、市场企业在内的全社会动能，成立了中国商飞。遵循现代企业体制模式运作的中国商飞是促进产业结构调整和技术升级、提高国家整体实力和国际竞争

---

① 王航海：《新冠肺炎疫情下航空公司生产经营思考》，民航新型智库，2020 年 3 月 13 日。

② 《2019 年交通运输行业发展统计公报》，《交通财会》2020 年第 6 期。

③ 陈姗姗：《“新国家名片”助力中国制造》，《第一财经日报》2017 年 9 月 7 日。

力的必然要求，是国家技术及产业基础日益雄厚、制造业持续向高端迈进的必然结果，是挖掘中国航空市场巨大潜力、满足建设交通强国需求的必然选择，是建设创新型国家、推动中国航空工业高质量发展的重大工程。作为改革开放排头兵、创新发展先行者的浦东，依托独特的区位交通优势，改革开放政策优势，高能级的产业制造基础、产业协作能力，高效能的融资、人才基础，良好的物流条件，以中国商飞为龙头，强化自主创新和国际协作，推动安全性、经济性有效融合，全力推动产业创新要素集聚，构建政产学研一体化协作的大飞机产业高质量发展生态系统，全力推动中国航空工业跨越式发展。①

二　浦东大飞机制造业发展现状

经过十余年的快速发展，浦东业已成为中国大飞机产业发展的主战场，随着新支线飞机（ARJ21）量产、大型客机（C919）首飞，以中国商飞为研制主体，以市场需求应用为发展导向，政产学研联动协作的民用大飞机产业体系业已形成。中国商飞按照中央和上海战略部署，贯彻“自主创新、重点突破、支撑发展、带动产业”发展方针，不断探索完善大飞机的安全性、市场经济性、舒适性、环保性，创立了具有中国特色的“主制造商－供应商”民机发展模式，推动自主创新，广泛利用全球科创资源要素，发挥大国体制机制优势和市场配置作用，集聚科技创新人才和现代企业经营管理人才，推动大飞机联合研制攻关，并最终实现产业化目标。

（一）以中国商飞为核心，创建中国特色民机发展模式

从空客、波音等航空企业发展模式来看，在强化主制造商核心研创能力的基础上以集成商模式链接航空制造产业链，有助于优化整个供应链体系的全数字化广域协同能力，全面提高大飞机的研制质量与效率，全面缩短产品

① 2020 年 6 月 10 日，上海市委书记李强调研中国商飞总装制造中心浦东基地讲话。

的交付周期。航空工业产业链长、辐射面宽、连带效应强且战略意义大，但中国大飞机工业基础较为薄弱，研发和制造基地及相关环节仍需边建设边探索。为此，中国大飞机发展形成以中国商飞为主制造商、联合中航工业、辐射全国、面向全球的供应商模式，全面优化飞机产业链、价值链、创新链体系，提升服务保障响应能力。

1. 以中国商飞为核心制造商

经过多方论证，中国商飞早已明确“中国设计、系统集成、全球招标、逐步提升国产化”的技术路线。[①] 在C919飞机系统中，从机型设计、客机内部结构（如机翼、座位、电气化系统等），到系统集成再到总装制造均由中国商飞自主研发设计完成。在飞机运营管理中，市场营销、客户服务和适航取证等任务也都由中国商飞承担。在飞机首飞期间，公司共突破关键技术难关102项，包括发动机一体化设计、主控制技术、电传飞控系统、控制率设计、气动布局、超临界机翼、新材料、机载设备等。

2. 供应商系统集成

以中国商飞为核心，形成了中国特色的政产学研一体化运作模式。中国商飞与科技部签署一系列合作框架协议，吸引和带动清华大学、上海交通大学、北京航空航天大学、西北工业大学等国内36所高等院校参与大型客机技术攻关和科研课题研究，合力建设国家级大型民机科技创新平台。[②] 由于中航工业在飞机制造领域经验丰富，中国商飞在选择C919机体结构件的供应商时，主要还是选择了中航工业旗下的各大飞机制造公司，西飞、洪都、成飞、沈飞、哈飞等承担了C919飞机大部件的主要制造任务。同时，中国商飞还联合国际重大研究机构、企业，成立合资公司，如推动CFM（法国斯奈克玛公司和通用电气公司合资的发动机研制企业）、GE、Honeywell等16家国际供应商与中航工业、中国电子科技集团等成立航电、飞控、电源、燃油和起落架等机载系统的16家合资公司。中国商飞还进一步强化与大飞

① 刘斌：《中国之翼——C919大型客机纪事》，《时代文学》2017年第9期。

② 《中国商飞运筹创新大棋局：把梦想写在蓝天上》，人民网，2016年6月11日。

机制造龙头波音和空客等制造商的合作交流，如与波音公司共建合作航空节能减排技术中心，与庞巴迪、福克公司成立合作促进委员会等。打开市场，加强与大飞机龙头企业间的合作交流，有助于推动大飞机产业制造集成、创新合作和增强产业溢出效应，全面优化完善我国大飞机产业链的配套体系，推动航空大飞机产业创新研发、制造集成再上一个新台阶。[①]

（二）以三大机型为重点，做好重大专项攻关

从最早的"运－10"立项、下马再到中国商飞成立，经过近十年发展到 C919 成功首飞，中国大飞机发展之路较为曲折。[②] 伴随中国改革开放，在多次国家重大决策调整下，在浦东这一改革开放最前沿、创新实力最高端的空间区域内，以商飞自主研制为核心，以国际标准为方向，围绕 ARJ21、C919、CR929 三条主线集智攻关，以国内外合作为路径，集中精力做好大型飞机重大专项的实施，构建中国大飞机全产业链。

2008 年 11 月 28 日，中国首架拥有完全自主知识产权的 ARJ21－700 新型涡扇支线飞机在上海成功实现首飞。2017 年，ARJ21 飞机取得首张生产许可证（PC 证），进入批量生产，实现产品收入。2017 年 5 月 5 日，C919 实现首飞。2016 年 6 月 25 日，中俄两国企业就研制宽体客机正式确立合作关系。围绕三大机型，中国商飞正着力增强新支线飞机 ARJ21 的规模化生产制造实力，加快向公务机、特种机等多机型系列化方向拓展。引导鼓励支持相关配套生产性服务业集聚发展，打造一批示范运营工程项目，全面增强支线飞机的案例运营保障和服务配套能力。在 C919 首飞成功基础上，做好各项准备试飞测试取证工作，加快适航取证工作，集聚吸引和推动相关配套供应商、服务商落户，协作联合优化供应链匹配，并进一步着力开展中俄 CR929 研制（见表 1）。[③]

---

① 丁秀伟：《十年梦圆，展大国之翼》，《中国妇女报》2018 年 11 月 15 日。

② 金壮龙：《把大型客机项目建成创新型国家标志性工程》，《大飞机》2012 年第 2 期。

③ 《上海市航空制造产业链建设三年行动计划（2018～2020）》，东方网，2018 年 5 月 11 日。

表 1 C919 客机参数比较

项目	C919	A320 系列	B737 系列	C 系列	MS21 系列
国家(地区)	中国	欧洲	美国	加拿大	俄罗斯
首飞时间	2017 年	1988 年	1967 年	2013 年	2014 年
座位数(个)	156/168	150/164/180	162/189	135/150/160	150/162
最大满载航程(千米)	4075/5555	5950	5665	5463	4700
单价(万美元)	5000	9800	9600	6000	6000

（三）以重点项目为牵引，拓展航空产业链

按照“中国设计、系统集成、全球招标，逐步提升国产化”的思路，以中国商飞为主制造商，举全国之力，聚全球之智，打造民机产业“生命共同体”，拓展优化中国航空产业链、供应链体系。[①] 大型客机项目将逐步建立满足适航要求的国产材料、标准件体系，推动民机材料、标准件的自主保障，实现主要机载系统（如航电系统、机电系统等）在国内的产业集聚，全面带动我国基础工程学科、装备制造产业、产品服务贸易整个装备制造产业体系的集成，提升综合竞争力。

上海市浦东新区正以大型客机 C919 和民用航空发动机为产业发展核心，全力构建包括产品研发设计、装备制造、适航认证、运营管理、维修服务在内的大飞机制造产业链体系。据《浦东新区民用航空产业“十二五”及远景规划》，预计到 2035 年，浦东将形成一个产值规模 1500 亿元以上、财政贡献 100 亿元以上的民用航空产业集群，以民用大飞机为核心的航空产业已成为浦东未来发展的重要支柱产业之一。围绕三大机型制造与服务，由中国商飞牵头，汇聚了国内多所高等院校和科研院所参与大飞机科研技术攻关，由制造链向航空器设计、新材料开发、制造装备、试验试飞、备件等延伸，研究团队先后攻克了新技术、新材料等百余项关键技术和工艺难题，推动中国航空产业取得重大进展，推进航空新材料新技术的应用。同时，中国

① 《C919 推动民机产业大升级 项目前景须经受市场检验》，人民网，2015 年 11 月 12 日。

商飞还整合了全球15个国家和地区的200多家一级供应商，会聚了全国22个省份200多家企业20万人参与项目研制，大大提升了我国民机产业配套协作能力，如现已在哈尔滨、沈阳、西安、成都、南昌等地相关产业集聚的基础上，打造一批航空产业协作配套园区，促进区域航空产业集群发展。适应云计算、大数据和人工智能等新技术快速发展应用的时代特色，中国商飞加强数字赋能，优化完善大飞机产业链全生命周期健康管理和航空配套设备、设施远程服务平台建设，释放产业活力，提升产业效率。推动服务链向运输、贸易、物流、金融、维修、培训、咨询、旅游等拓展，丰富航空服务业态，全面提升浦东航空制造服务能力。充分利用上海金融、贸易、创新等政策先行先试体制机制优势，建设航空保税物流仓库，与国家知识产权局等相关部门签署产业发展战略合作协议，优先开展金融服务与金融租赁等战略合作，构建具有国际竞争力的航空产业发展监管模式（见图1）。①

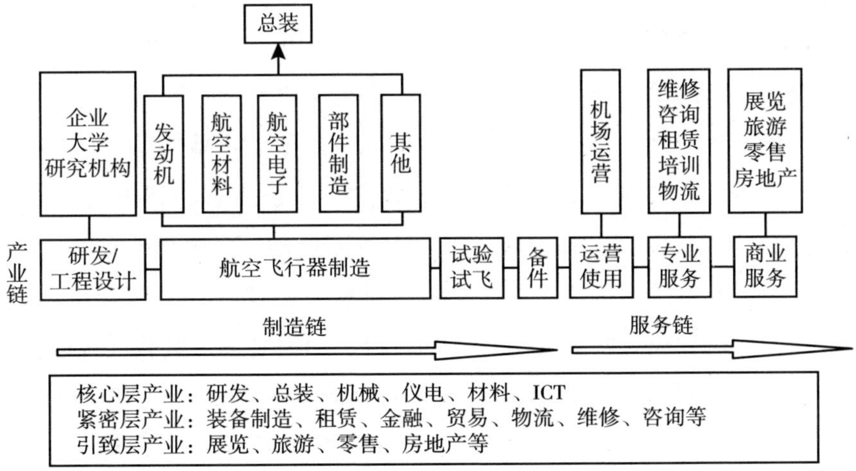

图1　民用航空产业链基本构成

资料来源：上海科学技术情报研究所绘制。

① 《把梦想写在蓝天上》，《大飞机报》2016年5月11日。

（四）加快产业集聚步伐，推进航空产业基地建设

中国商飞立足浦东、深耕上海，紧密对接上海国际航运中心和科创中心建设，构筑“一个总部、六大中心”发展格局，全面提升大飞机设计研发、总装制造、市场营销、客户服务、适航取证和供应商管理六大能力，推动国际一流大飞机创新要素、产业要素集聚上海，积极引导本地企业融入大飞机产业链，全力打造具有核心竞争力的航空产业集群，带动区域经济发展和产业转型升级，促进上海航空产业增量化、集群化和高层次发展。

2018 年 5 月，上海市政府与中国商飞签署战略合作框架协议，合作推进“一谷一园”建设，集聚创新人才、装置、机构、平台等要素资源，加速上下游总装配套企业集聚，形成便利供应链和绿色供应链，大力发展培育本地大飞机相关产业，打造具有全球影响力的民用航空产业基地。[①] 2019 年 12 月 27 日，C919 六架试飞机全部首飞成功，项目正式进入“6 机 4 地”大强度试飞阶段，为整个民航大飞机产业链体系健康发展奠定基础。张江高科技园区中国商用飞机设计研发中心主要负责 C919、ARJ21 两大机型的研制及相关设计技术的研究。祝桥航空产业园和大飞机创新谷则以飞机总装制造为牵引，集聚各类优质要素资源，打造国际一流航空产业园。[②] 临港新片区则以航空发动机总装试车为龙头，建设零部件、加工设备研制等产业集聚区。2020 年 10 月 23 日，临港新片区大飞机园启动，汇聚航空研发、制造、运维、服务等产业链高端业态，着力培育材料及结构件、工装及生产设备、动力安装、飞机物流、管路线缆及内饰内设、动力装备、机载系统以及科技创新和航空文旅“7 + 2”产业集群，预计产业规模 2025 年达到 500 亿元，2035 年突破 2000 亿元，构建起高水平产业生态，成为具有全球影响力与竞争力的大飞机园。[③]

① 张晓鸣：《打造具有全球影响力民航产业基地》，《文汇报》2019 年 12 月 28 日。

② 谈燕：《打造具核心竞争力航空产业集群》，《解放日报》2020 年 6 月 11 日。

③ 《大飞机园“启航”！世界级的航空产业集群将在浦东出现》，澎湃新闻，2020 年 10 月 23 日。

（五）引培并举强化合作，深度参与航空产业链

浦东以中国商飞为核心，围绕 C919 积极引导在沪科研院所、央企、本地大型国企及相关配套企业融入航空制造创新链、产业链，优化提升本土配套承载能力。同时，吸引有市场竞争力的外资和民营企业深度参与大飞机产品项目的研制和生产，积极争取合作研制的国内外企业落户上海，提升浦东航空产业集聚度和综合竞争力，如成立的伊顿上飞（上海）航空管路制造有限公司、中国商飞与法国赛峰集团所属的拉比纳公司合资成立的飞机布线公司。支持鼓励本地企业通过收购兼并、合资合作等模式降低研发和生产成本，提升关键产品技术竞争力，成为优质供应商。

（六）以功能平台为支撑，提升集聚发展能力

以中国商飞为核心，搭建大飞机产业发展功能平台，推动航空制造业产业集聚发展。

1. 民用飞机创新平台

立足中国商飞主制造商头部引领作用，依托张江高科技园区创新要素资源集聚优势，推动民用飞机产学研一体化协作，加大研发与创新力度，攻克了民用飞机关键技术和核心零部件瓶颈，如全时全权限电传飞控系统控制律设计、模块集成化的航电软件架构和设计验证技术等关键技术，以及柔性制孔、大部件自动对接等一系列数字化装配技术，突破了大型客机超临界机翼设计与分析验证、钛合金 3D 打印、蒙皮镜像铣等核心技术，掌握了 5 类 4 级 617 项专业技术、6641 项标准规范，累计申请专利 1055 项，授权专利 538 项，获得国家技术发明奖 1 项，上海市科学技术奖 31 项。①

① 《不忘初心 牢记使命 让中国的大飞机翱翔蓝天》，《大飞机报》2018 年 7 月 4 日。

2. 航空电子和航空发动机研发与转化功能型平台

围绕大飞机核心零部件推进产学研一体化，聚焦关键设备、关键元件，加强主制造商与各供应商间联合研究开发，对接国际标准体系，制定中国行业标准和集成体系，推动国家级航空电子和航空发动机研发与转化功能型平台建立和完善。

3. 民机新材料应用与产品试验验证平台

充分发挥上海拥有较多高校、科研院所高能级实验室和检验平台的优势，推进主制造商及供应商与其建立产学研合作机制，搭建新型技术攻关与试验平台，推进相关试验环境、检验设备及合作研究成果的共享应用，全面提升浦东大飞机制造业相关试验验证能力和水平。

4. 民机适航服务体系

作为主制造商，中国商飞还依托上海适航审定中心、上海航空器适航审定中心，完善技术、管理、设施、人才等领域的民机适航服务体系，提升大飞机产业适航认证能力。以 C919 为核心的浦东大飞机制造项目，集聚了大量科技研发人才、制造装备人才、运营管理人才，因此，中国商飞成为中国民用航空发展的人才摇篮。

三　浦东大飞机制造业面临的挑战

2019 版《中国民用航空市场展望》报告显示，未来 20 年中国将需要 8090 架新飞机，价值 1.3 万亿美元，同时需要价值 1.6 万亿美元的航空服务，以满足中国年均 6% 的航空客流增长。① 庞大的市场需求为公司发展提供了良好的市场机制。然而受国际贸易保护主义、民机产业格局、技术变革等多重因素影响，中国大飞机发展之路任重道远。

（一）国际发展环境不确定

航空科技国际合作面临不确定性。20 世纪 80 年代中国 GDP 占全球

① 《波音预测：未来 20 年中国将需要 8090 架新飞机》，中国新闻网，2019 年 9 月 17 日。

GDP 的比重不足 2%，2019 年 GDP 占比则已超过 16%，对世界经济增长的贡献率预计将在 30% 左右。中国经济的快速增长深刻改变了全球经济格局，全球主要经济体间博弈加剧，经济全球化面临新挑战，中国在贸易、金融、科技、人才等领域受到美国的打压和制裁。

新冠肺炎疫情带来航空业的深度调整。新冠肺炎疫情在全球范围内的持续蔓延严重影响国际经贸活动，带来产业链、供应链的深度调整。根据国际航空运输协会（IATA）预测，新冠肺炎疫情已对全球航空运输业造成巨大冲击，将使全年全球航空业客运收入减少约 2520 亿美元，航空运输业收入大幅下滑的压力将沿产业链条向上传导至航空运输公司、主制造商、供应商、服务公司等。当前，许多航空公司尤其是国际航空公司及飞机租赁公司根据运能持续加强风险管控和现金流管理，大幅调整飞机购买引进计划，缩减资本开支。更为严重的是，目前尚无法预测这种影响还将持续多长时间、涉及多大范围。

此外，新一轮技术革命将带来以人工智能、大数据、物联网、新能源、新材料、智能制造等为代表的新一轮科技发展浪潮，新能源、新构型、超音速的新客机机型研发也随之加快，新模式、新业态不断涌现。中国航空工业发展受政治、金融、市场、技术等诸多因素影响，未来发展充满挑战和机遇。

（二）中国航空工业水平有待提升

航空工业是高投入、高附加值和高风险产业。中国民用航空工业规模不断扩大，产业体系不断完善，但整个民用航空工业与世界航空工业在人才支撑体系、飞机设计理念、基础材料研究、制造工艺、制造技术等方面还有不小的差距，竞争力有待提升。这些产业弱项和短板，也制约和影响着中国商飞的未来发展。

航空材料标准与规范有待提升。我国航空产业企业规模小，规模效应尚未充分体现，部分航空材料的标准与规范虽基本上已能满足第二代航空产品生产的需求，但与新一代航空产品（尤其是第三代、第四代）的需求还有较大差距，产业自主创新发展能力不强，市场机制有待完善。①

核心设备、零部件制造技术水平有待提升。航空发动机、机载系统和设备、元器件等瓶颈问题制约严重。现行生产以战斗机发动机和干支线运输机为主，与快速发展的民用航空市场需求不匹配，且在航空装备制造水平方面与欧美发达国家相比存在明显差距，尤其是发动机等核心零部件，技术水平还有待提升。成功首飞的 C919 搭载的依然是 CFM 公司的 LEAP－X1C 大涵道涡扇发动机，中国自主研发的 CJ－1000A 虽已完成验证机全部设计工作，但仍在开展零部件试制和试验工作，预计将于 2025 年交付。

（三）中国商飞进入成长高危期

经过十余年的发展，作为中国大飞机主制造商的中国商飞已初步掌握了大飞机制造的技术与方法，形成 ARJ21 新支线飞机、C919 中短程窄体大型客机、CR929 远程宽体客机 3 个系列产品谱系，初步建立了支撑大飞机事业发展的人才、技术、管理等能力基础，并发展带动了相关基础学科、航空工业及相关产业从初创期迈入成长期。② 纵观世界民机产业发展史，受安全性和市场经济性的影响，成长期往往是主制造商发展的高危期。自 20 世纪 40 年代以来，全球大约有 15 个国家或地区的 32 家主制造商共研制出了 88 款喷气式客机机型，但已有 53 款机型被迫退出市场，28 家主制造商未能度过成长期，空客也是在政府超过 300 亿美元资金投入和扶持政策的支持下才度过了 25 年的成长期。③ 中国商飞在机型研制、组装制造、航运服务、运营管理等方面虽有较大发展，但离市场需求和国家战略要求仍有较大差距，公司发展的主要矛盾是自身能力不足与日益增加的国家战略要求和市场需求间的矛盾，存在产品和技术规划能力不足、技术预研和储备不足、技术的工程

① 乔磊：《浅谈通用航空产业的发展》，《科技资讯》2012 年第 9 期。

② 祝惠春：《中国商飞：欲乘东风向高飞》，《经济日报》2018 年 4 月 25 日。

③ 《树立雄心壮志　肩负历史责任　体现历史担当　为建设社会主义现代化强国贡献力量》，《大飞机报》2018 年 7 月 4 日。

应用能力不足、产品研制能力不足、产品经营能力不足等瓶颈问题。未来发展还面临技术资金风险、需求风险、安全风险、竞争风险、可持续发展风险等，发展之路充满荆棘和挑战。①

专栏　大飞机四大主制造商②

从世界范围来看，当前最主要的民用大飞机制造商四足鼎立，波音（美国）、空客（欧洲）几乎主导了整个干线飞机市场，庞巴迪（加拿大）与巴西航空工业公司主要关注支线客机和100座级与130座级市场。波音公司成立于1916年，总部位于芝加哥，在全球超过65个国家或地区拥有员工15万人以上，是全球最大的航空航天公司，是世界最为领先的民用飞机和防务、空间与安全系统制造商，以及售后支持服务提供商。无论是员工数量还是年度销售额，都是行业中的“领头羊”，受737MAX停飞事件影响，近两年发展势头略有下降。空客公司成立于1976年12月，2003年和2004年在市场交付和合同订货方面均超过波音公司，成为世界上最大的民航客机制造商。庞巴迪宇航公司成立于1942年，总部位于加拿大魁北克省蒙特利尔，是全球唯一同时生产飞机和机车的设备制造商和世界领先的创新型交通运输解决方案供应商，是世界第一大支线飞机和世界第三大民用飞机生产商，其在市场营销和生产管理上较为灵活。巴西航空工业公司成立于1969年，是世界第四大飞机制造商、世界第二大支线飞机制造商、世界支线喷气客机最大生产商。2017年10月，空客宣布收购庞巴迪的C系列客机项目，使得双方产品涵盖整个单通道飞机领域，行业发展平衡被打破。2018年7月，巴西航空工业公司和美国波音公司签署备忘录，将开展战略合作，谋划建立生产民用客机和提供服务的合资公司。但受新冠肺炎疫情影响，双方现已进入取消收购仲裁程序。

---

① 李治国：《蓝天追梦》，《经济日报》2018年9月7日。

② 姚昌金：《航空公司实质所有权和有效控制权研究——以美国和欧盟航空运输自由化为视角》，博士学位论文，中国政法大学，2014。

四　浦东大飞机制造业的发展态势

未来20年将是我国航空发动机产业迅速崛起，技术逐渐成熟，完成各种机型国产化的关键时期。大飞机是一项庞大而复杂的创新性系统工程，其投入大、周期长、收益慢、风险高。迈入成长期，中国商飞也进入研发攻坚期、投入高峰期、市场导入期的叠加期。以中国商飞为核心的大飞机制造业要把握民机产品研制、企业管理、产业发展三大规律，顺应产品、企业、产业三大转变，实施“一图三略”（产品研制地图、产品实现策略、产品经营策略、品牌经营策略），推动中国航天大飞机产业做大做强，增强中国装备制造实力，在世界航空产业占有一席之地。新形势下，围绕未来强劲市场需求，按照高质量发展要求、稳中求进总基调，大飞机制造业发展将朝以下三个方面转变。[①]

（一）制定产品研制地图，推动产品向多型号、多状态转变

研判市场需求，把握技术趋势，审视跟随策略，探索原始创新，准确确立大飞机产业发展定位与方向，如制定基本机型、衍生型产品和跨界产品的开发路线图，拓展产业后续技术研发设计，丰富产品谱系，推动中国商飞进入世界民机主制造商行列，全面提升中国大飞机产业产品实现能力、产品全生命周期管理能力、内部资源整合能力。围绕ARJ21、C919、C929等机型设计、制造和运营，在机型研制之前，有效对接市场需求，做好预案提升决策分析力，强化产品创意。在研制进程中，加强产业协作，强化数字赋能，提升过程控制力和保障力。在产品交付使用后，提升拓展服务内容，增强产品价值实现和延伸力，建立产品和企业品牌。

① 《树立雄心壮志 肩负历史责任 体现历史担当 为建设社会主义现代化强国贡献力量》，《大飞机报》2018年7月4日。

（二）企业由产品研制向产品经营转变

围绕成为世界主制造商前三强的目标，实施产品实现策略、产品经营策略、品牌经营策略，为全球客户提供空中交通运输解决方案，在超音速、新能源、新构型、人工智能等领域领先世界。通过核心技术掌握、产品谱系完整、主营业务盈利、市场规模初具、产业体系健全，围绕全球客户多产品多用途需要，构筑支线飞机、中短程窄体客机、中远程宽体客机、远程宽体客机基本型及衍生型的产品集群，全面实现“四个世界级”，即研发世界级产品、塑造世界级品牌、建设世界级企业、形成世界级能力。

（三）产业向系统策划、产业体系建设转变

以中国商飞为核心，加强与国家部委、地方政府、科研院所、航空龙头企业间密切配合，以产品经营为主、以资产和资本经营为辅，通过加大制造端投资，延伸产业链条，加强产品研发创新，补齐产业短板，显著提升产业能级，提高产品盈利水平，做大规模，带动产业发展，提升产业本土化率，形成稳定的产业链和供应链体系。通过运营端投资，准确理解需求，及时满足需求，支撑原始创新。人才方面，实施“万人精兵”工程、建设“四支队伍”。创新方面，推进管理创新、技术创新、产品创新、商业模式创新。绿色发展方面，研制“绿色飞机”、建设“绿色家园”、构建“绿色产业链”。

参考文献

《2019 年交通运输行业发展统计公报》，《交通财会》2020 年第 6 期。

刘斌：《中国之翼——C919 大型客机纪事》，《时代文学》2017 年第 9 期。

金壮龙：《把大型客机项目建成创新型国家标志性工程》，《大飞机》2012 年第 2 期。

乔磊：《浅谈通用航空产业的发展》，《科技资讯》2012 年第 9 期。

B.6
“未来车”带动新能源汽车产业发展：问题及对策建议

南剑飞 *

摘　要：汽车产业是推动新一轮科技革命和产业变革的重要力量，是建设制造强国与实体经济的重要支撑，是国民经济与社会发展的重要支柱。浦东新区是上海汽车产业发展最重要的产业集聚区之一，是加快推进上海汽车产业转型升级的主要承载区，也是全力打响“上海制造”品牌的重要先行者。伴随浦东开发开放30年，面向未来的浦东汽车产业即“未来车”已驶入新时代的快车道，进入高质量发展新阶段。在分析浦东汽车产业发展背景意义与现状问题的基础上，本文提出了对策建议，包括更好发挥政府主导作用、更加突出企业主体地位、充分发挥公众参与作用，为新时代浦东、上海乃至中国汽车产业高质量发展以及可持续发展提供重要参考。

关键词：汽车产业　产业发展　浦东新区

一　背景意义

汽车产业是推动新一轮科技革命和产业变革的重要力量，是建设制造强

---

* 南剑飞，上海交通大学博士后，教授，上海市习近平新时代中国特色社会主义思想研究中心研究员，西南石油大学硕士生导师，中共上海市浦东新区委员会党校高层次引进人才，主要研究方向为经济管理、文化遗产。

国与实体经济的重要支撑，是国民经济与社会发展的重要支柱。新中国建立70多年、改革开放40多年特别是党的十八大以来，党和政府高度重视我国汽车产业发展特别是新能源汽车产业发展。2014年5月24日，习近平总书记考察上海时就曾指出：新能源汽车技术研发能不能占领制高点，已经成为当今世界汽车行业竞争的焦点，发展新能源汽车是我国从汽车大国迈向汽车强国的必由之路。① 2019年7月，习近平致信2019世界新能源汽车大会，郑重宣布：中国坚持走绿色、低碳、可持续发展道路，愿同国际社会一道，加速推进新能源汽车科技创新和相关产业发展。2019年10月1日，庆祝中华人民共和国成立70周年大会上，习近平总书记所乘坐的检阅车，正是产自一汽的红旗牌轿车。2020年7月23日，习近平总书记吉林省考察时强调：“一定要把关键核心技术掌握在自己手里，要立这个志向，把民族汽车品牌搞上去。”② 2020年10月9日，国务院通过了《新能源汽车产业发展规划（2021～2035年）》，为新能源汽车产业的未来发展指明了方向。从地方层面看，2019年4月22日上海市委书记李强指出，汽车产业是上海的支柱产业之一，是打响“上海制造”品牌的重要主攻方向，要以电动化、智能化、网联化、共享化、品牌化为方向，加快推进汽车产业转型升级。2019年6月，中共上海市委、上海市人民政府出台的《关于支持浦东新区改革开放再出发实现新时代高质量发展的若干意见》提出，坚持把高质量发展着力点放在实体经济上……打造一批战略领先的现代产业集群和充满生机的创新企业集群，增创国际竞争新优势……根据全市产业布局及浦东新区产业基础和优势，支持“中国芯”“创新药”“智能造”“蓝天梦”“未来车”“数据港”等重点产业在浦东新区集聚发展……积极引进先进整车项目，进一步延展新能源汽车产业链，打造全球智能网联汽车高地。③

① 《“上海的今天好，上海的明天会更好！”——习近平总书记考察上海侧记》，《解放日报》2014年5月26日。

② 《习近平：一定要把民族汽车品牌搞上去》，新华网，2020年7月24日。

③ 《关于支持浦东新区改革开放再出发实现新时代高质量发展的若干意见》，上海市人民政府网站，2019年6月25日。

至此，“未来车”进入了公众视野，成为面向未来加快转型升级、助推高质量发展的浦东汽车产业发展的代名词。无疑，浦东新区是上海汽车产业发展最重要的产业集聚区之一，是加快推进上海汽车产业转型升级的主要承载区，也是全力打响“上海制造”品牌的重要先行者。伴随着浦东开发开放30年，面向未来的浦东汽车产业即“未来车”已驶入新时代的快车道，进入高质量发展的新阶段。在此背景下，面对“十四五”开启全面建设社会主义现代化国家新征程新任务，应对未来包括疫情在内诸多风险危机挑战，构建适应新时代双循环发展新格局，作为浦东硬核产业之一的“未来车”如何在危机中育先机、于变局中开新局，加快转型升级、做强做大产业集群、实现高质量发展和可持续发展，就成为浦东关注的焦点。

实际上，推动新时代浦东汽车产业高质量发展，是适应双循环发展格局、推动新时代浦东高质量发展使然，是新时代加快浦东汽车产业转型升级使然，是新时代浦东人民日益增长的美好生活需要使然，是新时代浦东开发开放事业迈上新台阶使然，更是新时代浦东生态文明建设的严峻形势使然。基于此，准确把握浦东汽车产业发展现状问题，科学提出对策建议，意义重大。

二　现状问题

党的十八大、十九大以来特别是近年来，在浦东新区区委、区政府坚强领导下，以习近平新时代中国特色社会主义思想为根本指导，全面贯彻党的十九大和十九届五中、四中、三中、二中全会精神，紧紧围绕新区区委、区政府“2+2+2+1”工作主线，践行以人民为中心的发展思想，对标人民群众更加幸福美好生活需要，对照“四高”战略新要求，主动服务自贸试验区和科创中心两大国家战略，着力补短板、惠民生，以全面加快汽车产业转型升级、持续提升汽车产业核心竞争力为重点，面向未来的浦东汽车产业发展稳步推进、成效显著，主要表现在以下三个方面。

一是近年来，浦东新区汽车产业产值占上海市汽车产业总产值的比例总体呈上升趋势，2014～2019 年占比均超过 28%（见图 1）。2015 年，浦东汽车产业产值占全市汽车产业总产值的比例略有下降，2016 年占比达到最高值 39.6%。虽然浦东汽车产业产值规模曾在 2015 年有小幅回落，但上汽通用汽车凯迪拉克工厂于 2016 年 1 月竣工投产，直接带动 2016 年、2017 年的产值数据企稳回升，连续两年增幅超过 15%。2018 年浦东汽车产业产值占上海市汽车产业总产值的比例略微上涨为 32.8%；2019 年略微回落至 32.6%，占全市的比例近 1/3；2020 年 1～7 月，浦东新区汽车制造业产值 1195.90 亿元，同比增长 15.7%。①

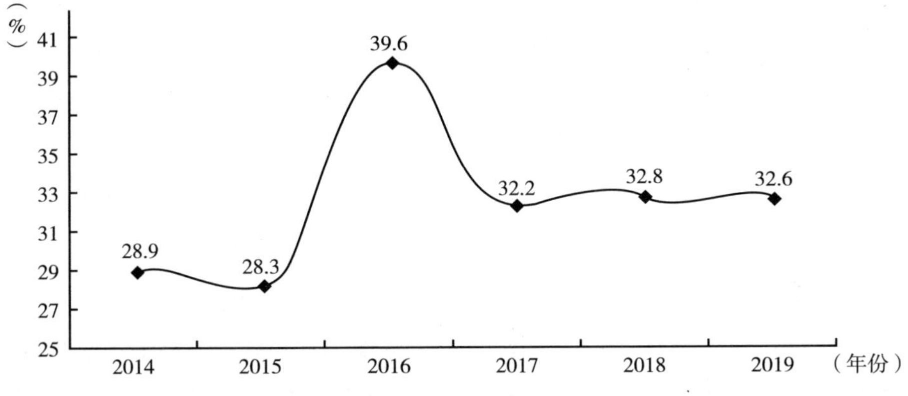

图 1　2014～2019 年浦东汽车产业产值占上海市汽车产业总产值的比例

资料来源：上海市统计局。

二是围绕隶属于上汽集团的上汽乘用车、上汽通用两大车企，浦东新区形成了以金桥（整车及零部件研发制造、智能网联汽车产业集聚、5G 车路协同智慧交通示范）、临港（整车及零部件研发制造、智能制造、智能网联和新能源汽车示范应用）为重点，康桥（零部件研发制造）、张江（人工智能、软件研发）、外高桥（零部件研发制造、汽车贸易）等多个产业园区各有侧重、协同互补的汽车产业"2＋X"区域布局。

① 资料来源于浦东新区发改委，详见《浦东每日要情》，2020 年 9 月 7 日。

金桥经济技术开发区是浦东汽车产业基地核心区，已经形成了以上汽通用整车为核心，以联合电子、上海法雷奥、上海蒂森克虏伯汇众等国际顶尖合资企业，以及联创汽车、航天机电等国内传统汽车零部件企业为配套的整车、配套、制造、物流等产业链协同的模式。近年来，金桥经济技术开发区聚焦新能源汽车和智能汽车发展，加快完善产业链（研发设计—关键零部件—整车—服务创新），一批重点项目如中兴科列新能源汽车项目、北京理工大学电动车辆国家工程实验室（上海中心）项目、上汽通用泛亚研发中心项目相继落户。①

临港产业园区随着特斯拉超级工厂的建设和上汽临港工厂的量产，已经形成围绕特斯拉和上汽荣威（乘用车）的临港汽车产业集聚区，推动和集聚了一批新能源零部件、装备、整车以及研发制造企业，且在发动机、工程机械等机电装备产品再制造产业项目方面积攒了充分而宝贵的经验。

康桥工业园是目前浦东第二大汽车制造集聚区，现以安全气囊、动力传动、汽车内饰件等内外资汽车零部件企业为主，形成了一定的集聚效应。园区内汇集了延锋百利得（上海）汽车安全系统有限公司、上海吉翔汽车车顶饰件有限责任公司、上海耀皮康桥汽车玻璃有限公司、上海纳铁福传动轴有限公司、上海恺杰汽车塑料零部件有限公司等汽车企业。

张江高科技园区主要涉及汽车集成电路诸如研发、设计、封装等，嵌入式软件诸如车载操作系统等，以及传感器等领域，现已集聚了例如英飞凌、亿凯信息、华虹宏力、德州仪器、恩智浦等中外众多名企，不论是技术还是产业化能力，均在国内处于一流水平。

外高桥产业园区以贸易业务为主，集聚的企业涉及汽车进口、销售、售后服务等领域。沃尔沃、捷豹路虎、丰田等多家车企巨头在外高桥均设有配件分拨中心或仓储中心等，同时该园区还拥有德尔福动力推进系

---

① 《“智能绿动·车享未来”——浦东打造智能网联新能源汽车和汽车电子科技中心及产业化集群》，搜狐网，2017年11月30日。

统、马瑞利动力系统等知名外资企业，显示其在汽车动力系统领域的强劲优势。

三是制定了汽车产业倍增计划。聚焦“未来车”，打造新能源引领智能驱动的全产业链集群。以特斯拉新能源汽车量产为契机，布局“三电”等核心零部件配套产业；发挥和推进智能网联汽车的示范应用及产业化进程；进一步提高现有传统汽车的技术水平，提升零整比，形成深度跨界融合的智能网联和新能源汽车产业体系。到 2025 年，汽车工业总产值达到 4500 亿元，占全市的比重力争达 40%，产业规模实现倍增，新能源汽车的销量占比达 30%。2020 年的目标是产值力争达 2250 亿元，其中金桥片区 1675 亿元、临港新片区 350 亿元。

近年来，浦东汽车产业出现变动调整，呈现以下特点。

（一）浦东汽车产业下滑明显，进入新旧动能转换关键节点

2018 年以来，受去杠杆、进口汽车关税下降、消费者观望情绪强烈等多重因素综合影响，浦东汽车产业也大幅受挫，产量增速再次趋缓，累计产值 2242 亿元，增幅从 2017 年的 27.1% 急速下滑到 2018 年的 2.0%。2019 年产值继续下滑，全年累计总产值为 2090 亿元（占全市的 1/3，其中新能源汽车产值占全市的 35%），同比增速由正转负，从 2018 年的 2.0% 下降到 -6.8%（见图 2）。2020 年受疫情冲击，根据上汽集团上市公司公布的产销快报数据，2020 年 1 ~ 6 月上海汽车企业整车销售情况为：上汽通用 55.62 万辆，同比下降 33.31%；上汽乘用车 24.15 万辆，同比下降 22.52%。随着疫情防控与经济社会发展统筹推进工作实施，2020 年 4 月，浦东汽车制造业止跌回升，完成产值 180 亿元。2020 年 1 ~ 7 月，浦东新区汽车制造业产值 1195.90 亿元，同比增长15.7%。①

① 资料来源于浦东新区发改委，详见《浦东每日要情》，2020 年 9 月 7 日。

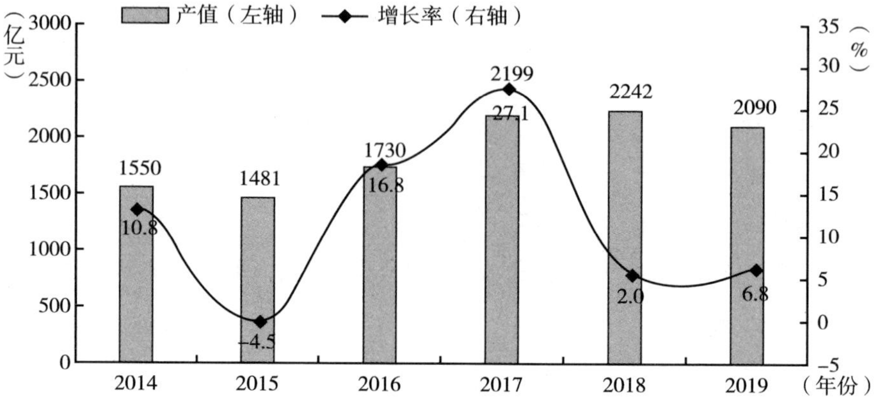

图2　2014~2019年浦东汽车产业产值及增长率

资料来源：浦东新区发改委。

（二）大中型汽车企业带动作用突出，产值贡献率近九成

在浦东工业百强企业中，汽车企业有16家入围（见表1），2019年累计总产值达1805.18亿元，占浦东汽车产业产值的比例为86.4%，产业集中度较高。

表1　2019年浦东工业百强企业中汽车企业产值

单位：千元，%

序号	企业名称	累计产值	增长率
1	上汽通用汽车有限公司	93475397	-4.6
2	上海汽车集团股份有限公司	23825894	-8.6
3	联合汽车电子有限公司	20095617	-4.6
4	上海纳铁福传动系统有限公司	10066234	-2.2
5	上海汇众汽车制造有限公司	5999246	-6.4
6	延锋百利得(上海)汽车安全系统有限公司	4392515	-25.5
7	上海法雷奥汽车电器系统有限公司	3728337	-14.4
8	上海延锋金桥汽车饰件系统有限公司	3301596	44.1
9	上海马勒热系统有限公司	2981791	-1.7
10	霍尼韦尔汽车零部件服务(上海)有限公司	2323814	-0.7

续表

序号	企业名称	累计产值	增长率
11	德尔福(上海)动力推进系统有限公司	2239372	14.2
12	上海岱美汽车内饰件股份有限公司	2022346	3.8
13	上海岱美汽车零部件有限公司	1572539	6.2
14	上海交运汽车动力系统有限公司	1535160	-6.8
15	恩坦华汽车系统(上海)有限公司	1492707	-17.4
16	上海伟世通汽车电子系统有限公司	1465072	-10.0

（三）新能源汽车产业静待突破

2019 年浦东新区新能源汽车产业发展不容乐观，以荣威品牌系列为核心的新能源汽车销量出现断崖式下跌。但新能源汽车关键零部件产业化能力不断提升，华域、联合汽车电子成为国内新能源汽车动力系统的龙头供应商。同时，随着特斯拉超级工厂正式投产，将迎来新一轮“量”的突破和“质”的提升。

（四）整车市场持续低迷

上汽通用 2019 年实现产值 935 亿元，同比下滑 4.6%，累计产量和销量分别为 1616755 辆和 1600102 辆，相较上年同期分别下滑 17.5% 和 18.8%；从单月销量数据来看，上汽通用 2019 年除 6 月销量与上年同期持平外，其余均出现不同程度下滑。上汽集团 2019 年实现产值 238 亿元，同比大幅减少 8.6%，乘用车分公司累计产量和销量分别为 654281 辆和 673255 辆，同比分别下滑 8.0% 和 4.1%，但同上半年相比下半年下滑幅度收窄（9 月、10 月、11 月、12 月单月产销环比、同比均出现逆势上扬），产销态势呈现前低后高。

另据统计，2019 年，上汽集团全年销售整车 623.8 万辆，国内市场占有率为 22.7%，在继续保持国内汽车市场领先优势的同时，实现新能源汽车销售 18.5 万辆，同比增长 30.4%，继续保持较快增长势头；实现整车出口及海外销售35万辆，同比增长26.5%，居国内汽车企业第一位。2020年8月，上汽集团以2019年度合并报表1220.714亿美元的营业收入，名列《财富》世界500强排行榜第52位，已经连续7年进入百强名单，在此次上榜的全球汽车企业中名列第7。①

（五）零部件产业发展空间潜力巨大

根据2019年浦东新区汽车制造业产值统计，浦东汽车零部件行业的产值为905亿元，整车行业的产值为1185亿元，零部件与整车产值之比将近0.8∶1，远低于发达国家的汽车零部件与整车产值之比，说明浦东新区目前零部件配套比例还不高，汽车零部件产业发展空间潜力依然很大。

浦东规模以上汽车零部件制造企业共122家，2019年总产值为905亿元。其中，涉足发动机及零配件制造领域的企业有27家，占比22.1%；涉足汽车底盘制造领域的企业有35家，占比28.7%；涉足汽车电子制造领域的企业有29家，占比23.8%；涉足车身及附件制造领域的企业有5家，占比4.1%；涉足汽车通用件及其他领域的企业有50家，占比41.0%。从各细分领域的汽车企业数量来看，超四成的企业集中在汽车通用件及其他领域，占比第一；涉足汽车底盘制造领域和汽车电子制造领域等科技含量和价值较高领域的企业数量分列第二和第三位。

（六）智能网联汽车取得新进展

上汽联合阿里巴巴推出全球首款量产智能网联汽车荣威RX5，累计销量突破70万辆。中移智行网络科技有限公司携手上汽通用、华为成立金桥智能网联汽车产业联盟。此外，市经信委已在临港、金桥布局智能网联汽车测试区域，其中临港智能网联汽车综合测试示范区已于2019年8月23日开园，封闭测试区3平方公里，开放测试道路26.1公里，测试区道路条件好、区域范围广、应用场景丰富，现已面向全行业提供测试服务。金桥将与临港

---

① 资料来源于上汽集团网站（http://www.saicgroup.com/chinese/gsgk/gsjs/index.shtml）。

错位发展，结合金桥地区特点，满足各类无人驾驶和 V2X 测试需求，打造国内领先的 V2X 试验场和“宽带移动 + 智能汽车 + 智慧交通”一体化试验示范区。

（七）浦东汽车制造配套有待加强

围绕汽车智能化和新能源，未来零部件如车灯、主动安全、人机交互、热管理、轻量化等领域增速将远超整车市场。浦东目前整车与零部件产值之比约为1∶0.8，嘉定的整车与零部件产值之比约为 1∶1.34，发达国家的整车与零部件产值之比平均为 1∶1.7。且在零部件企业中达到百亿元级的只有联合汽车电子 1 家，而嘉定有 3 家，浦东汽车零部件产业发展空间潜力巨大。全球汽车核心零部件市场主要被博世、大陆等巨头掌控，供应商百强榜浦东只有延锋一家企业入围。①

（八）新兴领域存在一定差距

从发展趋势来看，浦东虽然在传统汽车领域产业链完备、企业众多，但在新能源汽车、智能网联、无人驾驶汽车等新兴领域还有待提升。在电池系统集成技术、大规模生产工艺设计、生产过程质量和成本控制等方面，与国外先进水平仍有较大差距，特别是由于电池、电机、电控等核心技术的缺失，电力驱动系统效率低，电池充电时间长，使用寿命较短。根据科技部 2017 年独角兽企业名单中涉及新能源汽车的企业有青浦威马、嘉定蔚来、奉贤奇点等 3 家，浦东没有一家新能源汽车领域的企业入围。

此外，整车项目引进力度偏弱、新能源汽车产业链不完整、全球智能网联汽车产业发展刚起步，竞争力弱、影响力小，缺乏专门的浦东汽车产业规划。

---

① 《浦东传统车企，能否驶向新边疆》，上海市浦东新区科技和经济委员会网站，2019 年 1 月 3 日。

三　对策建议

（一）更好发挥政府主导作用

历史是最好的教科书，也是最好的营养剂。新中国成立 70 多年、改革开放 40 多年、浦东开发开放 30 年，特别是党的十八大以来，浦东汽车产业发展取得了显著成效，成为浦东新区首个千亿元规模的六大硬核产业之一。究其成因，其中一个重要方面就是更好地发挥了政府的主导作用，坚持发挥了党建引领作用，是浦东开发开放 30 年一流党建推动一流产业的必然。因此，在大力推进浦东新区汽车产业高质量发展的新时代，必须长期坚持巩固和传承好这一基本历史经验，更好地发挥政府主导作用，特别是更好地发挥政府在标准法规制定、质量安全监管等方面的作用，从而引导浦东“未来车”产业特别是新能源汽车产业有序发展、高质量发展以及可持续发展。

在浦东改革开放再出发的当下，在汽车产业发展中应高度发挥政府主导作用、自觉践行一流党建推动一流产业发展职责，这迫切要求浦东新区各级领导（区、街镇各部门特别是区发改委、科经委、街镇产业园等主要部门领导）务必把深入学习和贯彻习近平新时代中国特色社会主义思想特别是把深入贯彻落实习近平新时代中国特色社会主义经济思想和 2020 年 8 月习近平总书记在长三角一体化发展座谈会上的重要讲话精神尤其是有关浦东未来发展的重要讲话精神，作为当前和今后一个时期的一项重大政治任务，认真抓紧抓实抓好；务必坚持稳中求进的汽车产业发展总基调；务必坚持新发展理念特别是坚持走生态优先、绿色发展的高质量发展道路；务必坚持供给侧结构性改革，以实现浦东“未来车”产业健康发展、高质量发展与可持续发展。为此，做如下建议。

一是加强疫情管控，扎实推进防疫工作。产业发展，受内外环境制约，往往危与机同生并存且随环境动态转化。新冠肺炎疫情是近百年来人类遭遇的影响范围最广的全球性大流行病，也是新中国成立以来发生的传播速度最快、感染范围最广、防控难度最大的一次重大突发公共卫生事件，对中国是一次危机，也是一次大考。虽然全国疫情防控阻击战取得重大战略成果，但是疫情在局部出现在所难免，尤其是疫情正在全球持续蔓延且疫情防控局势复杂而严峻，不仅严重威胁着人民的生命安全和身体健康，也给中国和全球汽车产业发展造成了严重损失并提出了严峻挑战。这就要求加强疫情管控，依据新形势准确识变、科学应变、主动求变，把影响降到最低。

二是做好汽车产业发展规划。产业发展，规划先行。科学的汽车产业规划是进一步推动浦东汽车产业高质量发展的关键。建议从顶层设计、企业调研、专家意见、公众参与等方面着手，科学制定好、切实落实好浦东汽车产业发展“十四五”规划。特别是要做好浦东汽车产业发展“十四五”规划实施工作。建议浦东新区强化组织领导，完善工作机制，加强部门协同，凝聚强大合力；产业园区应依据自身定位，细化工作方案，制定政策措施，确保落实到位；浦东新区发改委、科经委应联合有关部门持续跟踪分析与督导推进，进行年度绩效调查和绩效考评，以便适时对目标和任务予以相应调整；时机成熟时可整合相关机构力量，探索构建汽车产业发展高端智库，开展“未来车”产业发展战略性、前瞻性等重大问题创新研究与咨询评估工作。

三是全链条推动浦东汽车产业转型升级。浦东应聚焦智能网联、新能源汽车关键技术领域，引进国内外核心零部件（Tier1）集团包括核心零部件创新型企业。参照特斯拉、上汽、蔚来、新能源等系列车型，推动联创、华域等本土汽车零部件企业转型升级，提升目前已有的产品能级，做大做强。

四是不断打造汽车创新合作开放新生态。电动化、智能化、网联化、共享化已成为新型汽车产业链的发展大势。推动整车、零部件企业与集成电路、软件、大数据信息、新能源、通信、人工智能领域企业的跨界协同，在汽车电子、智能网联、新能源汽车等领域打造若干开放型应用研究平台或联盟，打造浦东汽车产业新生态。

五是进一步打造绿色智能网联汽车产业生态圈。随着新能源汽车领域的发力以及汽车智能化和网联化的快速发展，汽车制造企业加强与互联网企业合作，高级驾驶辅助系统（ADAS）和无人驾驶技术、车联网技术等广泛应用于汽车行业，浦东也将引来诸多发展机会。新能源汽车领域重点发展动力电池、驱动电机、电控系统“三电”技术，智能网联汽车领域重点攻克环境感知、智能决策、协同制作等核心关键技术。

六是进一步优化提升浦东汽车产业集群。针对汽车制造产业化空间不足问题，围绕金桥、临港、张江、康桥、外高桥五大集聚区，优化园区协同创新环境，推动企业间联动，打造集共性技术研发、协同技术创新、汽车制造于一体的企业集群，不断优化浦东汽车产业布局、提升产业集群效益。

七是进一步提升政府服务效能。汽车产业发展离不开政府引导，更离不开政府服务。毋庸置疑，浦东一直重视营商环境建设，并将其视作未来发展的核心竞争力。近年来，围绕当好金牌“店小二”，浦东积极建设服务型政府，取得良好成效，包括在服务汽车产业发展方面，获得了市场主体企业肯定与公众认可。但是距离自身定位，特别是距离汽车产业关联企业、消费者需求，尚有较大差距。可以通过依托制度改革创新模式、技术应用加速模式以及人才培养支撑模式等三大模式，进一步提升政府服务效能。

八是进一步推动管理升级。浦东汽车产业转型升级，不论是产品升级、服务升级、功能升级还是链条升级和流程升级，归根结底要落实到管理，迫切需要管理升级来加以保障。① 管理升级的核心问题是正确处理政府与市场的关系，切实协调好政府“有形的手”和市场“无形的手”，增强市场活力和动力，发挥新时代政府主导、企业主体、社会公众参与等相关方作用，不断推动浦东新区政府管理科学化和增强实效性，不断提升浦东汽车产业关联企业管理的现代化水平与核心竞争力，不断提高公众参与的满意度、获得感与幸福感。② 这就要求持续全面深化政府改革和不断推进企业改革发展，不断提升浦东汽车产业关联企业专业技术人才素质和经营管理领导能力，以永不停歇的创新意识、永不懈怠的精神状态和一往无前、风雨无阻的奋斗姿

① 南剑飞：《加快推进体育旅游产业转型升级》，《经济日报》2019 年 7 月 5 日。

② 南剑飞：《加快推进体育旅游产业转型升级》，《经济日报》2019 年 7 月 5 日。

态，实现新时代浦东“未来车”产业的健康发展、安全发展、高质量发展以及可持续发展。①

（二）更加突出企业主体地位

未来浦东汽车产业发展的规模、质量及效益，取决于浦东汽车产业关联企业群中的每个企业发展的规模、质量及效益，特别是取决于浦东汽车产业关联企业中龙头企业或领军企业发展的规模、质量及效益。因此，“十四五”时期，为推进“未来车”产业高质量发展，浦东需要更加突出企业主体地位。为此，建议做好以下升级。

一是产品升级。产品不仅是浦东汽车产业发展的“压舱石”，也是吸引消费者的核心因子。产品升级，决定了作为汽车产业主体的企业必须从消费者需求出发，与时俱进，不断开发和提供具有更大吸引力、更高技术含量、更多价值和看点的新产品，提高现有产品品位与档次，提升现有品牌竞争力与影响力。② 汽车产品升级的实质是技术升级与品牌提升。这就需要坚持完善以市场为导向、以企业为主体、政产学研用相结合的技术创新体系，加强核心技术攻关，提升平台服务能力，增强自主发展动力；坚持跨界融合、开放发展，以互联网与汽车产业深度融合为方向，加快推进智能制造，推动出行服务多样化，促进汽车产品生命周期绿色化；坚持把质量建设和品牌建设作为提高产业竞争力的根本要求，严格质量控制，加强品牌培育，推进企业改革，培育具有国际竞争力的领军企业。③

二是服务升级。服务是浦东汽车产业关联企业的“软黄金”，也是吸引各类消费者的新法宝。特别是在汽车企业由传统生产制造型向现代生产服务型及综合服务运营商转变的进程中，服务价值与功效日益突出，服务升级就

① 南剑飞：《加快推进体育旅游产业转型升级》，《经济日报》2019 年 7 月 5 日。

② 南剑飞：《加快推进体育旅游产业转型升级》，《经济日报》2019 年 7 月 5 日。

③ 《工业和信息化部 发展改革委 科技部关于印发〈汽车产业中长期发展规划〉的通知》，中国政府网，2017 年 4 月 6 日。

成为必然选择。[①] 服务升级意味着汽车产业链条上的企业必须从消费者的需求出发，主动服务、不断开发和提供更便捷、精细化、个性化和差异化的汽车产业综合服务，提升现有服务的质量与效益。[②] 服务升级的具体要求包括以下几个方面。其一是服务内容升级即由单一型服务走向综合型服务；其二是服务方式升级即由被动式服务走向主动式服务；其三是服务手段由传统化走向现代化，[③] 如推进设计可视化、制造数字化、服务远程化，满足个性化消费要求，实现汽车产业关联企业提质增效。[④]

三是消费升级。其核心是消费者需求升级，近年来消费者对符合国家生态文明建设与产业发展政策要求的新能源汽车、智能网联汽车以及先进节能汽车等的需求增加，这就要求汽车产业关联企业要培育壮大主力消费业态。目前，网上零售等消费新业态零售额占新区社会消费品零售总额的比重已超过15%，成为拉动消费的重要力量。但同时也面临龙头企业少、仓储用地需求无法满足、资金压力较大等影响行业长远发展的难题，要加大对网上零售、直播带货等消费新业态、新模式的支持力度，帮助存量企业做大做强，促进电商平台发展，推动生活服务业数字化。汽车零售额占社会消费品零售总额的近1/4，要继续促进汽车更新换代，加快推动新能源汽车在出租车、汽车租赁等领域推广应用，带动汽车消费升级，更好地满足消费者需求。

（三）充分发挥公众参与作用

汽车产业发展实践特别是汽车产业关联企业经营管理实践以及公共关系理论、市场营销理论等表明，公众是影响浦东汽车产业发展的重要力量，充分发挥公众参与作用，是浦东改革开放再出发、实现新时代“未来车”高质量发展的重要条件。公众可以是内部公众，即汽车产业关联企业内部的公

① 南剑飞：《加快推进体育旅游产业转型升级》，《经济日报》2019年7月5日。

② 南剑飞：《加快推进体育旅游产业转型升级》，《经济日报》2019年7月5日。

③ 南剑飞：《加快推进体育旅游产业转型升级》，《经济日报》2019年7月5日。

④ 《工业和信息化部 发展改革委 科技部关于印发〈汽车产业中长期发展规划〉的通知》，中国政府网，2017年4月6日。

众，包括董事会、经理、企业职工等；也可以是外部公众，即汽车产业关联企业外部的公众，包括金融机构（如银行、投资公司、证券经纪公司、保险公司等）、媒介公众（即对企业的形象及声誉的建立具有举足轻重作用的报纸、杂志、广播、电视等大众传播媒介）、政府公众（即负责管理企业营销活动的有关政府机构）、社团公众（即保护消费者权益的组织、环保组织及其他群众团体等）、社区公众（即企业所在地附近的居民和社区组织）以及一般公众（即上述各种公众之外的社会公众）。上述内部和外部公众，均对汽车产业关联企业的经营管理活动特别是营销活动有着直接或间接的影响，从而最终影响汽车产业发展。没有公众的积极介入，没有公众的实际行动，没有公众的有效、广泛、深入持续参与，浦东汽车产业转型升级、浦东汽车产业高质量发展就会大打折扣。这就要求充分发挥公众参与作用，显著提升公众满意度水平。近年来，汽车产业链中的负面曝光事件诸如汽车产品质量召回事件、汽车产品价格欺诈事件、汽车产品售后维修服务负面事件等屡被媒体报道，不仅直接伤害了汽车厂家、商家品牌形象，也间接损害了汽车产业形象。因此，妥善处理公众关系至关重要。为此，建议识别公众、了解公众、服务公众、满足公众的合理需求，充分发挥公众的参与作用，并努力实现内部公众满意和外部公众满意。可通过物质层面、精神层面、社会层面等提高内部和外部公众满意度水平，也包括积极践行汽车产业关联企业社会责任、正确处理用户投诉等，切实维护企业形象。

综上所述，只有更好发挥政府主导作用、更加突出企业主体地位、充分发挥公众参与作用，彼此协同联动，形成合力，才能更好地推动新时代浦东“未来车”高质量发展及可持续发展。

参考文献

《习近平：一定要把民族汽车品牌搞上去》，新华网，2020 年 7 月 24 日。

《浦东汽车产业面向未来 百花齐放》，《浦东时报》2020 年 1 月 15 日。

《关于支持浦东新区改革开放再出发实现新时代高质量发展的若干意见》，上海市人民政府网站，2019 年 6 月 25 日。

《工业和信息化部 发展改革委 科技部关于印发〈汽车产业中长期发展规划〉的通知》，中国政府网，2017 年 4 月 6 日。

《“上海的今天好，上海的明天会更好！”——习近平总书记考察上海侧记》，《解放日报》2014 年 5 月 26 日。

胡争光、南剑飞：《产业技术创新战略联盟战略问题研究》，《科技进步与对策》2011 年第 2 期。

南剑飞：《加快推进体育旅游产业转型升级》，《经济日报》2019 年 7 月 5 日。

南剑飞：《新常态下 ST 区新材料产业集群发展研究》，《现代管理科学》2016 年第 4 期。

南剑飞：《金山区食品加工产业集群化现状及对策研究》，《上海农村经济》2015 年第 3 期。

B.7

"数据港"赋能浦东产业：现状及趋势展望

唐 坚*

摘 要：进入"而立之年"的浦东，已成为国内规模最大的新兴产业集聚地。2019年，浦东提出了聚焦"最强光、中国芯、创新药、蓝天梦、智能造、未来车、数据港"七大产业的战略。"数据港"的建设有利于实现数据对产业的持续赋能，从而为浦东经济的高质量发展注入"强心剂"。当前，大数据产业已成为上海"创新、开放"的新名片，浦东新区现有大数据企业占全市的24%，为上海大数据产业的发展做出了重要贡献。在浦东大数据产业发展过程中，表现出老牌优势产业赋能效应凸显、人工智能成为新引擎等特征。与此同时，临港新片区国际"数据港"和新基建的建设，使浦东"数据港"建设迎来了全新的机遇。在浦东开发开放再出发的时代背景下，应牢牢把握机遇，从与传统产业结合、产业服务体系建设、产业链完善、专业人才队伍建设、产业协同创新等五个方面着手，推动浦东"数据港"高质量发展。

关键词：大数据 "数据港" 浦东

* 唐坚，博士，中共上海市浦东新区委员会党校研究员，主要研究方向为制度与管理科学、宏观经济学、政府经济学、区域经济与可持续发展等。

在国家全力支持“新基建”发展的时代背景下，大数据、人工智能、物联网以及5G等相关产业将会迎来全新的发展机遇，进入快速发展轨道。在上海市第十五届人民代表大会第二次会议上，临港管委会党组书记陈杰提议，上海要加快建设全球数据港，适时举办全球数字贸易大会。无论是人工智能，还是工业大数据，都属于数据贸易的范畴，加快建设全球数据港可以更好地支撑人工智能、智能制造等产业发展。同时，在浦东2020年政府工作报告中，浦东新区区长杭迎伟明确提出：“聚焦‘数据港’，加快数字经济发展，推进银行卡产业园、软件园、信息园‘三园’融合，提升张江人工智能岛集聚度，拓展更多应用场景，软件和信息服务业营业收入力争达到4300亿元。”因此，对浦东“数据港”建设现状及发展趋势进行研究具有非常重要的现实意义。

一 大数据产业的科学内涵

产业经济学认为，产业是在相同属性经济活动的基础上集合而成的，也就是某产业的全部经济活动均具备相似或者相同的性质，所以可将大数据产业概括为具备某类相同属性的各种经济活动的集合。此处，需确定大数据产业具备何种相同的属性。一方面，大数据产业的“出发点”和“落脚点”都是大数据，是大数据从形成到以应用服务为中心而开展的各类经济活动，所以大数据产业的根本属性可归纳为开发、提取和利用大数据的基本价值。另一方面，大数据产业属于经济行为范畴，包含从产生、采集、传输、存储、处理分析到应用服务的全过程，所以在此过程中所覆盖的全部经济活动个体都可纳入大数据产业范围。根据上述分析可知，大数据产业主要是由具备大数据价值这个根本属性并且为了实现此属性而开展大量经济活动的个体所联合组成。该联合体的基本构成单位就是大数据企业，主要指的是将大数据当作关键的生产要素，同时通过大数据的组织要素比如大数据思维理念、庞大的数据资源、大数据技术手段等向消费者或者市场提供与大数据相关的服务和产品的社会经济组织。值得注意的是，处在该联合体内的大数据企业并不仅仅从事单一的经济活动，其所从事的经济活动也许是多种多样的，也就是跨行业经营。根据产业经济学的理论，只要某企业具备“实现大数据价值”的根本属性，就可以看作大数据企业，同时成为大数据产业的构成部分。所以，大数据产业不能简单地采取传统三次产业的区分形式对其加以划分、归类，不能简单地纳入三次产业的某个产业内，它是不同于已有一、二、三产业的综合性产业。

根据有些专家学者近期所提出的“六次产业划分理论”，即使大数据产业中的部分企业能够被划入第四产业范畴，然而数据生产的过程同样是实现大数据基本价值的经济活动，也就是满足大数据产业的根本属性，所以有关企业也可看作大数据产业的组成部分，但是很明显此种类型的企业将会被纳入第一产业或者第二产业。所以，即使以“六次产业划分理论”为基础，也不能把大数据产业简单地看作其中的某个产业类别。除此之外，大数据产业的融合性体现在不管是第一产业、第二产业还是第三产业，只要是关于开发、提取、利用大数据价值的企业经济活动都可看作大数据产业的构成部分，即大数据产业是由以实现大数据价值为基础、源自各个领域的大数据企业组成的。基于上述对大数据产业内涵的研究、探讨，同时借鉴其他专家学者的理论成果，给出了如图 1 所示的“大数据价值实现流程”。

二　上海大数据产业大环境

（一）上海大数据产业发展概况

目前，上海大数据产业已表现出集聚发展的趋势。从大数据企业角度来看，上海的大数据核心企业已完全打破情境效应，商业数据交易量占全国交易总量的 1/2 以上。随着大数据时代的来临以及互联网经济的迅猛发展，数据作为必不可少的生产要素，在经济高质量发展中的作用日益突出，被人们称作“石油”的大数据给国内数字经济发展创造了全新的机遇。未来，上海大数据产业将又好、又快发展，为上海数字经济高质量发展提供新引擎。

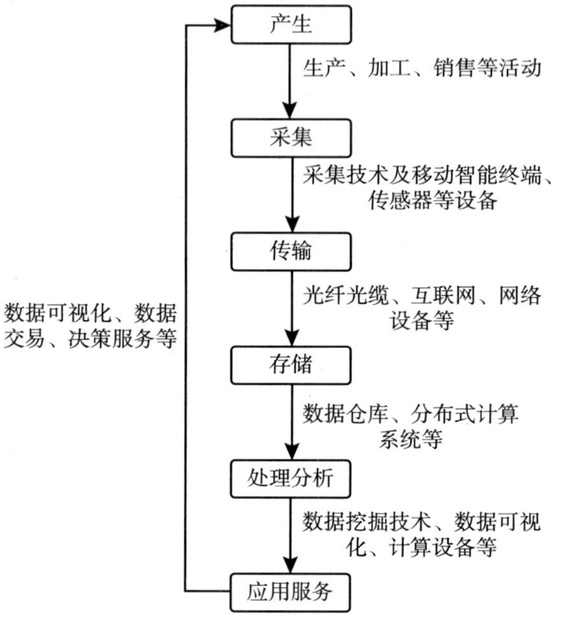

图1　大数据价值实现流程

上海数据交易中心作为上海大数据产业的“领头羊”企业，从数据服务、数据开放以及数据流通等方面为政府部门或者行业公司提供数据基础设施建设与专业服务。2020 年 5 月，上海数据交易中心正式发布了数据开放平台产品、数据流通安全合规产品、通用数据治理服务产品、中国企业画像服务产品，以及大数据流通与交易技术国家工程实验室研究成果等。

从数据开放平台产品（DOP）角度来看，其是面向政府部门的公共数据开放管理套件，主要是由数据开放门户、开放数据网关、开放管理系统三部分构成，可以促进政府部门数据的“开放、共享”，将公共数据资源“合规、安全、高效”地共享给社会，积极推动数据资源的社会化应用，塑造数字经济的社会价值。从数据流通安全合规产品角度来看，其是基于 xID 数据标记技术，针对企业间的数据流通、交易以及应用场景等提供即时的数据流通安全合规化服务。该产品有助于创建规范、统一的数据管理体系，从而提高数据的质量，为加快培育数据要素市场奠定扎实的基础。从通用数据治理服务产品角度来看，上海数据交易中心结合数据利用的周期性，创建了16个具备通用性质的数据治理服务（GDPS），保障了数据从“资源侧”到“利用侧”整个过程的一致性、精准性、合规性以及时效性。从中国企业画像服务产品（CEP）角度来看，其是面向金融领域的企业画像数据服务产品。金融组织在企业授权的前提下能够获得企业税务、工商、科技、专利、商标、社保、法院以及环保等方面共计400多种数据，可大大提高金融组织的数字化风险防控能力，有利于金融领域面向中小微企业提供专业金融服务。

从技术研究和行业标准角度来看，上海数据交易中心作为“大数据流通与交易技术国家工程实验室”承建企业，研发了数据定价模型、多源互联网数据加工处理技术、公共数据资源的柔性管理技术等可产业化的先进技术。未来，上海数据交易中心将紧紧围绕数据安全合规流通服务，以政府部门数据开放、跨场景数据服务和行业数据流通等为主要业务，为行业数字化转型、新基建等提供强有力的保障，促进上海甚至全国大数据产业高质量发展，将数据“创新、开放”打造成上海的新名片。

（二）上海大数据产业发展环境

当前，上海大数据核心企业已突破700家，主要包括技术类企业、应用类企业、服务类企业、资源类企业等，产业集聚效应已初步形成。以下主要从创新资源和企业分布两个方面来分析上海大数据产业的大环境。

1. 丰富的创新资源

从科研机构方面来看，上海现有关于大数据产业的科研机构主要有上海华东电信研究院、复旦大学大数据研究院、上海超级计算中心以及上海开源大数据研究院。

从高等院校方面来看，上海现有关于大数据产业的高等院校主要有位于杨浦区的复旦大学大数据学院、位于徐汇区的华东师范大学科学与工程研究院。

从功能平台来看，上海现有关于大数据产业的功能平台主要有上海市大数据中心、上海数据交易中心、上海市大数据创新基地、上海大数据应用创新中心、上海市大数据产业基地、上海大数据金融创新中心、上海－亚马逊

AWS联合创新中心、同济大学大数据与网络安全研究中心、上海交通大学大数据工程技术研究中心、同济大学CIMS研究中心、上海市新能源汽车公共数据采集与监测研究中心、大数据流通与交易技术国家工程实验室、金融大数据联合创新实验室、医疗大数据应用技术国家工程实验室、医疗大数据联合创新实验室、旅游大数据联合创新实验室、交通大数据联合创新实验室、城市管理大数据联合创新实验室、大数据试验场开放数据大数据联合创新实验室、能源大数据联合创新实验室。

从协会联盟方面来看，上海大数据产业的主要联盟是上海大数据联盟。2016年4月，上海大数据联盟正式成立，并且被评为2017年度“十大最具影响力的大数据领域社会智库”。

2. 集中的企业分布

上海大数据企业主要分布在上海市的中心区域，并且不断向四周呈发散性发展。从企业数量和类型来看，上海的大数据企业已经超过500家，包括278家应用型企业、170家技术型企业、58家其他类型的企业（见图2）。

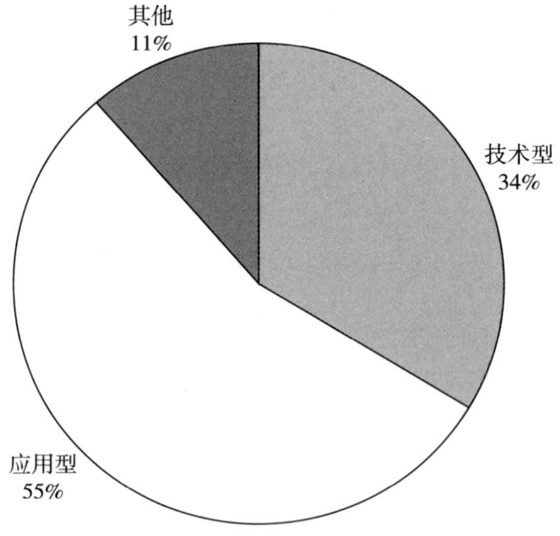

图2　上海大数据企业主要类型

资料来源：中商产业研究院整理。

从企业地区分布来看，2019 年上海大数据企业数量排名前 10 的依次是静安区、浦东新区、徐汇区、杨浦区、嘉定区、闵行区、长宁区、松江区、宝山区和黄浦区。其中，静安区共有大数据企业 146 家，占比为 29%；浦东新区共有大数据企业 120 家，占比为 24%（见表 1）。

表 1　上海各区大数据重点企业分布情况

单位：家，%

序号	行政区	重点企业数量	占比
1	静安区	146	29
2	浦东新区	120	24
3	徐汇区	38	8
4	杨浦区	34	7
5	嘉定区	30	6
6	闵行区	24	5
7	长宁区	23	5
8	松江区	14	3
9	宝山区	13	3
10	黄浦区	13	3
11	其他	51	10
	合计	506	100

资料来源：中商产业研究院整理。

从大数据企业融资情况来看，2019 年 10 月，上海本地大数据企业融资共发生 7 起，其中未透露金额的有 3 起，总金额超过 15 亿元（见表 2）。

表 2　2019 年 10 月上海本地大数据企业融资情况

日期	企业	融资轮次	融资金额	投资方
10 月 10 日	逸迅科技	A 轮融资	数千万元人民币	星路资本
10 月 15 日	晶链通	战略融资	具体金额未透露	某知名茶饮品牌
10 月 17 日	肌肤管家	天使轮融资	数千万元人民币	由凯洛斯资本（Kairous Capital）领投，泽厚资本跟投
10 月 18 日	千寻位置	A 轮融资	10 亿元人民币	由上海国际集团资产管理有限公司、工银金融资产投资有限公司、中国国有资本风险投资基金领投，上海国和投资、永徽基金、金浦鹏源基金、琨瀛资本跟投

续表

日期	企业	融资轮次	融资金额	投资方
10月24日	星环科技	D2轮融资	5亿元人民币	金石投资、中金资本、渤海中盛和国家级的产业投资基金
10月28日	氪信科技	—	具体金额未透露	浦发银行上海信托旗下的金融科技基金
10月31日	高容科技	天使轮融资	具体金额未透露	冠亚投资

资料来源：《上海本地大数据企业融资报告》（2019年10月）。

三　浦东“数据港”建设现状

（一）浦东大数据产业现状

近年来，浦东聚焦“数据港”硬核倍增战略，致力于建设“全球数据服务中心”“数字经济创新策源地”。到2025年，浦东的软件和信息服务业规模将达到5500亿元，增加值占GDP的比重将提高到10%。

1. 老牌优势产业赋能效应凸显

20世纪90年代以来，以上海浦东软件园（国内首家软件产业园）建设为标志的浦东软件和信息服务业正式进入启动发展阶段，打开了国内软件产业发展的大门，并且迅速发展成为浦东的支柱型产业。2012年，首批国家软件名城示范区开始建设，产业发展进入繁荣期。以IBM、SAP和微软等为代表的跨国企业，以展讯通信、喜马拉雅和万得资讯等为代表的“双创”企业，以宝信软件、华讯网络和银联数据等为代表的百强企业等，集中扎根于浦东，并迅猛发展。目前，软件和信息服务业已发展成浦东“增幅最快、创新成果最多、经济密度最高”的产业。①

2012～2019年，浦东新区的软件和信息服务业营收年均增幅约为12%，

① 《数据港：浦东数字经济高地雏形初现》，澎湃新闻，2020年3月30日。

增加值年均增幅超过20%。2019年，浦东新区的软件和信息服务业营收达到了3939亿元，与2018年同期相比增长11%（见图3）；从业人数达25万人，人均营收在150万元以上，居全国前列；软件著作权登记量达3.3万件，年均增长超过30%。

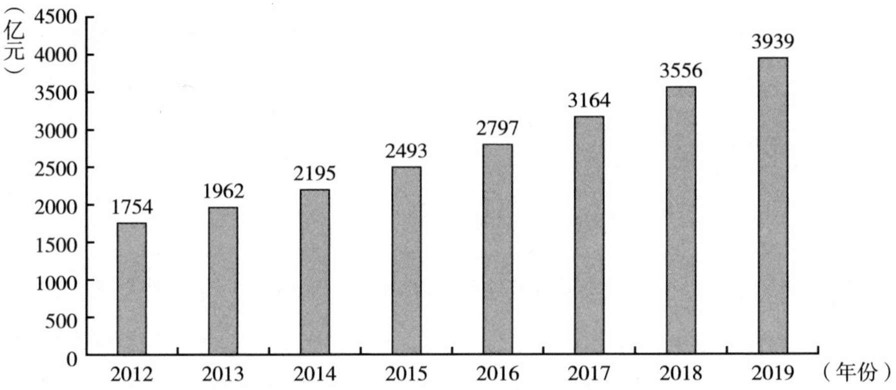

图3 2012～2019年浦东新区软件和信息服务业营收情况

当前，软件和信息服务业对浦东新区其他产业的赋能效应不断凸显。第一，在生物医药产业方面，药明明码、森亿医疗以及宝藤生物等企业推动创新药的研发；第二，在集成电路产业方面，紫光展锐、翱捷以及兆芯等企业正在攻关“中国芯”的主要核心技术；第三，在金融产业方面，万得资讯、银联数据和太平金科等企业助力金融创新及风险防范的智能化；第四，在大飞机产业方面，中科新松、树根互联以及宝信软件等企业正致力于打造属于重大装备产业的“智慧工厂”；第五，在城市管理方面，七牛云、小蚁科技和达观数据等企业积极赋能城市精细化管理。

2. 人工智能成为新引擎

目前，浦东新区承担着“上海国家新一代人工智能创新发展试验区”“上海（浦东新区）人工智能创新应用先导区”的重大战略任务，人工智能必将成为浦东大数据产业高质量发展的新引擎。

以智能制造、智能芯片、智能医疗以及智能交通等硬核产业为中心，积极培育和引进具有全球先进水平、掌握关键技术的人工智能标杆企业，尽可能将金桥、张江以及临港建设成为具有国际影响力的特色产业集聚区。首先，从张江园区来看，以上海浦东软件园和张江人工智能岛为基础，着重发展人工智能算法、VR/AR 以及芯片等相关产业，积极发展以国际医学园区为核心的智能医疗产业、以银行卡产业园为核心的金融大数据产业、以集成电路设计园为核心的智能芯片产业。其次，从金桥园区来看，着重发展智能网联汽车、5G 产业，积极发展以南汇工业园区为核心的智能制造产业。最后，从临港园区来看，着重发展智能制造和工业互联网。

（二）临港新片区国际“数据港”

2019 年 11 月，上海自贸试验区临港新片区国际“数据港”正式启航。国际“数据港”是以中国信息通信研究院工业互联网标识解析国家顶级节点在临港科技城园区落地为基础，旨在进一步探索临港新片区内工业数据的相互联通以及与全国的相互联通，并且逐步探索金融数据、贸易数据等区内的互联互通及国内的互联互通，为国家今后探索数据跨境流通方面的制度、体制、政策等提供资源储备。国际“数据港”致力于服务国际创新协同区，并且服务于临港新片区先行启动区内数据相互联通的功能突破及创新，同时借助临港新片区具有的独特区位优势，积极探索临港新片区数字经济发展的新道路，提高上海乃至中国在国际数字经济领域的话语权。2020 年 6 月 1 日，临港新片区发布了“信息飞鱼”全球数字经济创新岛规划和产业方案，未来临港将打造逾 10 平方公里的“数据港”，致力于实现信息跨境流动的“先行、先试”。到 2025 年，“信息飞鱼”将为 10 万家境内外企业机构提供服务。“信息飞鱼”位于国际创新协同区内，以万物共生园、橙和港为桥梁，布局有无界云桥、云廊花园、夜光智能跑道、水上综合服务中心等“生态、生产、生活”的创新设施。

“信息飞鱼”对标英国伦敦、美国硅谷、新加坡以及德国柏林等，其数字经济的发展目标如下：第一，打造信息服务业开放合作的国际“连接器”；第二，建立高效、安全的数据跨境流动机制；第三，建设“数字丝路"的世界枢纽口岸，将临港新片区建设成为上海高质量发展的全新增长极。"信息飞鱼"的建设将开展多个领域、多个方面的"先行、先试"，数据跨境流动将成为主要的试点之一。临港新片区致力于建设全新类型的数据监管关口，加速数据跨境流动进程。以生物医药、人工智能、总部经济以及智能制造等领域为中心，积极探索全球化数据流通体系，推动数据资源集聚，不断提高数据流动的活跃度，支持实现每年EB级的数据跨境"互通、互联、互用"，打造成为信息产业发展的核心平台；率先发展以大数据、5G以及云计算为主体的数字经济；建成互联网数据中心，不断发展在线学习和个人信息存储等相关服务；与生命蓝湾、东方芯港、高端制造园以及大飞机园等特色品牌园区进行深层次联动，着重引进、培育芯片设计研发等产业。

（三）新基建：浦东建设"数据港"的新机遇

目前，大数据产业已成为促进国内数字经济发展的新动能。伴随国家新基建战略的提出和实施，5G、人工智能、数据中心以及物联网等相关产业将进入发展快车道，这对于浦东"数据港"建设而言无疑是非常好的消息。

首先，新基建有利于推动数据行业更多的应用场景落地，其中最具代表性的应用就是汽车无人驾驶。无人驾驶技术的日益创新发展将从根本上转变传统的城市交通管理模式，将在智能交通系统的基础上实现交通运力利用的最大化、车流调度效率的最大化。5G网络的出现及应用使以上目标成为可能，5G可以满足峰值传输速率达10Gbit/s、延迟在1ms以内的传输要求。除5G网络以外，全新的红外探测技术、物联网技术等新基建中涉及的各项内容都会支撑无人驾驶应用场景的快速落地。将来，汽车可通过安装数量更多的激光雷达、红外传感器以及摄像头等设备精准探测和识别附近的各种物体；邻近汽车间还可以相互沟通，以掌握周围汽车的行驶速度，在周围汽车突然刹车或者转向时及时调整自己的状态。其次，新基建有利于实现各种数据资源间的相互联通。以智慧城市为例，智慧城市建设过程中的新基建，主要是推动5G、人工智能、物联网、大数据等先进技术的基础设施与环保、交通以及金融等实际应用领域间的"无缝衔接"，促进各大产业向着数字化的方向发展。最后，新基建有助于打造城市级数据中心、打破数据孤岛、充分发挥人工智能的重要作用，推动城市万物的互联互通。以工业互联网为例，新基建通过打造“跨系统、跨层级和跨区域”的国家级工业互联网数据平台，致力于实现“全要素、全领域、全过程”的数据互通，推动行业数据高速流通、突破行业壁垒。

四 浦东“数据港”的趋势展望

浦东新区“科技创新功能优势倍增和产业能级倍增行动方案”提出，聚焦“数据港”，建设国际数据服务中心和数字经济创新策源高地。以建设国内首个人工智能创新应用先导区为契机，充分发挥浦东在算力算法、金融数据、应用场景以及制度创新等领域的强大优势，进一步提高产业赋能水平，建设集数据集聚、挖掘、调度、展示、分析体验等功能于一体的具有全球竞争力的数据产业集群。到 2025 年，浦东新区软件和信息服务业的总营收力争达到 5500 亿元，在增加值规模、产业规模、十亿元级和百亿元级企业数量等领域实现倍增。

（一）推动大数据与传统产业深度结合

在浦东“数据港”的未来发展中，应积极推动大数据与传统产业的深度结合。所以，浦东应在各个领域、各个方面积极推动大数据的创新运用，带动区内各行业的又好、又快发展。首先，加速推动大数据与工业的深度结合。工业大数据是大数据产业的关键构成部分，将大数据等先进技术运用于工业领域中，构筑以工业企业为核心的大数据“双创”平台，通过培育全新的业态、技术以及模式等，促进工业企业的高质量发展。其次，加速推动大数据与服务业的深度结合。将大数据等先进技术运用于生产性服务业领域，推动产业资源更加科学、合理地配置，着重加强生产性服务的水平及质量。加速推动大数据在生活性服务业领域中的应用，进一步推进大数据与数字文化创意、旅游以及健康养老等领域的融合，不断提高生活服务水平，给人民群众的日常生活带来全新的体验。最后，加速推动大数据与农业的深度结合。在农业生产领域合理利用大数据技术，进一步改革、创新农村传统的生产经营方式，打造农业数字化示范基地，积极发展农业智能化生产、农业自然灾害预测预报、农业资源环境监测、农产品质量安全追溯以及植物病虫害监测预警等新型数字化农业，构建起现代化、数字化的农业“产、经、管”体系。

（二）推动构建大数据产业服务体系

在浦东“数据港”的未来发展中，应积极推动建设大数据产业服务体系。第一，不断提高大数据基础设施水平。确保城镇光纤、4G 网络的全覆盖，推动 5G 网络具备规模化服务能力，推动 NB-IoT 基站覆盖所有城乡，对全区范围内各云服务平台、数据中心等进行 IPv6 改造。加速建设 NB-IoT 等物联网设施，将网络覆盖从城市、县城和热点乡镇延伸到全区，指引 IDC 科学布局。大力支持条件允许的地区打造以 5G 技术为基础的物联网和智慧城市示范区，逐步开展中速物联网应用的试点工作。第二，构筑大数据产业公共服务平台。全面整合、应用已有的各种创新资源，构筑若干与大数据产业有关的人才创业、知识产权以及投融资等公共型服务平台；积极引进、培育大数据风险评估、测评认证以及安全咨询等第三方服务机构，紧紧围绕大数据产业发展对数据资源、计算资源、技术服务等的要求，借助当地科研机构、高等院校、行业“领头羊”企业的力量，构筑关于大数据的开源软硬件基础平台，建设大量系统化云计算服务平台，大力支持建设大数据有关开源社区等创新平台。激励科研机构、企业以及开发者等积极参加大数据领域的开源项目，提高其在开源社区中的话语权，进一步增强技术创新能力。以重点研发机构建设标准测试与公共服务平台认证为基础，促进大数据产业集群和产业生态链又好、又快发展。第三，构建大数据共享交易平台。在国家法律法规、规章政策所限定的范围内加速各行各业间的数据共享，构建数据共享体系，推动各行各业垂直平台的数据共享及融合。实现政务数据资源的共享、公开，构建起完善的大数据共享交换体系。建设面向全部应用开发者的云平台，提供各式各样的基础工业软件以及开发工具，吸引国内、国外知名企业及开发者不断扩展有关应用。积极推动数据资源交易服务的发展，对交易行为进行规范、约束，进一步摸索、建设浦东大数据交易所，全力支持构筑跨区域、跨领域的数据交易平台，以交易推动数据的流动和共享。

（三）推动大数据产业链不断完善

在浦东“数据港”的未来发展中，应积极推动大数据产业链的不断完善。充分考虑当前浦东大数据产业链的实际情况，着重强化对产业链内部数据的采集、管理、共享以及应用等。首先，创立专门的大数据管理组织。为实现对大数据产业的统筹规划、管理，实现数据信息资源在多地区、多部门和多系统内的全面共享，应当从多个层次、多个方面采取有效手段来推动大数据发展战略的全面落地。可考虑创立浦东大数据管理部门，不断加大对大数据的整合力度，对区域内所有数据资源开展集中统一的采集和管理；通过出台浦东新区大数据标准，推动数据的全面共享，拓宽数据的应用范围；构建成熟的关于电子政务互联互通、电子监察系统、数据开放效果的考评机制，从而为数据共享的精准性和全面性提供强有力的保障。其次，进一步加大数据开放力度，加快数据资源共享进程。加速打造浦东大数据平台，并且面向社会各界开放，推动数据资源的共享、共用。这不但有利于保障民众的知情权，而且有利于确保各种生活数据、信息资源充分涌动起来，在很大程度上提高大数据企业获取信息资源的便利性。除此以外，数据资源面向大众开放，有利于激发全社会的创意与智慧，不断提高政府信息的附加值；积极探索、开发能够提供各种数据服务的软件，特别是手机应用软件，推动数据共享更加便利，实现真正意义上的“掌上数据”。最后，加速大数据的普及应用。在公共服务、地区合作、社会管理和建设等多个领域同步推动大数据的普及应用。在公共服务方面，致力于创建数字化政府，积极探索移动政务服务、智能化电子政务的全新形式，设置符合群众个性化诉求的服务模块，推动政府、社会、群众三者间的沟通、交流；在地区合作方面，严格遵守

"线上、线下"相结合的基本原则，合理、有效地运用大数据平台，致力于突破不同职能部门间存在的政务信息壁垒；在社会管理、建设方面，应重视强化对新媒体数据的运用，推动社会服务和管理更具合理性及预见性，并且进一步拓宽智慧城市的试点范围，及时归纳、概括有关经验。

（四）推动大数据专业人才队伍建设

在浦东"数据港"的未来发展中，应积极推动大数据专业人才队伍建设。第一，不断加大对大数据产业"高、精、尖"人才的引进力度。浦东大数据产业想要高质量发展，首先要解决的就是人才问题，需要在"高、精、尖"人才的培育、引进和留住方面花费大力气，采取一系列合理有效的措施。对于来浦东创新、创业的大数据方面的专业人才，应当在企业开办、科研项目、税务工商、政务协调、子女入学、户籍以及住房等诸多层面提供多样化的服务。从全国范围来看，大数据产业的"高、精、尖"人才都是比较匮乏的，所以政府部门应树立起更为开放的人才观念，在积极引进人才的过程中，严守"不求所有、但求我用"的准则，与全球范围内的大数据专业人才构建起具有稳定性、持续性的合作关系。第二，促进高等院校与企业的深度合作，培育不同层次的大数据专业人才。一是对高等院校现有专业的内涵进行提升，开设关于大数据的课程，如计算机网络技术、软件技术、通信技术等，不断加强对大数据专业理论和技术的学习。二是高度重视培养大数据的实践能力。加深企业与高等院校间、企业与企业间的合作，积极组织、部署数据科学与大数据专业学历教育。在企业内部打造大数据实训基地，提高有关专业学生的实践能力。以社会化教育资源为前提，实施关于大数据的培训，提高大数据产业从业者的技术水平。第三，积极引进、培育大数据产业方面的跨界综合型人才。引进、培育大量具有不同学术背景和思考维度的大数据分析、处理团队，不仅要有计算机、数学和统计学方面的专业人才，还应当有金融学、经济学、管理学以及法学等众多领域的专家，同时与当地政府、科研机构、高等院校、企业、各种中介服务组织建立起良好的合作关系。注重培养既有大数据理念又懂得市场规律的综合型人才，对各方面的人才开展大数据专业化培训，对各领域内的企业家开展大数据思维培养。

（五）推动大数据产业协同创新

在浦东“数据港”的未来发展中，应积极推动大数据产业协同创新。第一，建立大数据产业协同创新机制。随着“互联网+”理念的不断深化，大数据产业同样呈现多元化的协同发展方式，反映在产业协同、战略协同以及技术协同等层面。从产业协同角度来看，以信息化与工业化的深度结合为前提，牢牢把握智能制造带来的全新机遇，推进大数据产业与智能制造产业的协同发展；从战略协同角度来看，工业化和信息化的深层次融合大大提高了制造业的发展活力，推动了制造业和大数据产业的协同创新；从技术协同角度来看，促进大数据技术和人工智能技术的互相渗透，依靠人工智能技术来推动大数据产业的不断变革、创新。第二，深入探索大数据产业协同创新方式。大数据产业属于新兴产业范畴，其有效突破了传统模式的束缚，搭乘“互联网+”的顺风车，与相关产业协同发展，形成以企业为中心的协同创新方式。相关单位应当以云服务为基础，指引其他产业参与大数据产业的发展过程，借助互联网技术来调整各产业间的发展关系。应严格遵守信息化和市场化的基本准则，促进大数据产业链不断向高端发展，进一步提高协同发展的效率。紧紧围绕地区“协同创新战略联盟”的创立，构建合作团队，共同探索浦东新区大数据产业协同创新方式。以“协同创新战略联盟”为中心，成立智库分支，从管理、技术以及运行等多个维度着手讨论如何建立协同创新体系。第三，实现大数据产业科技资源共建、共享。现阶段，即使相关单位已经创建大量的互联网平台，然而其所提供的只是部分信息简介而已，并未展示详细内容。所以，必须构建关于大数据产业科技资源的共享平台，共享每个部门所采集到的信息资源。政府各单位需要对科技资源加以统筹协调，确保信息可以无缝交流，妥善处理好各种来源信息的管理问题；调节好政府部门与科研机构间的信息管理联系，由于科技资源基本上都是由科研机构提供的，政府部门要求共享科技资源，必然会受到科研机构的限制，所以，政府部门需要设置专门的岗位、安排专门的人员去负责大数据产业科技资源的共建、共享工作。

五　结论

综上所述，浦东在"数据港"建设方面有老牌优势产业的支撑，且随着时间的推移人工智能已成为浦东大数据产业的新引擎。未来，浦东应以"数据港"建设为中心，加快推动大数据与传统产业的深度结合、推动构建大数据产业服务体系、推动大数据产业链的不断完善、推动大数据专业人才队伍建设、推动大数据产业协同创新等，从而促进浦东大数据产业的高质量发展。

参考文献

《数据港：如何缔造"未来生态"?》，《浦东时报》2019 年 6 月 14 日。

马慧民：《新基建：大数据产业发展的新动力》，《张江科技评论》2020 年第 3 期。

张海盈：《全球数据港、亚太仲裁中心……浦东团代表期待上海"新名片"》，东方网，2019 年 1 月 27 日。

《产业地图：上海大数据产业布局分析》，中商产业研究院，2019 年 2 月 5 日。

《数据港：浦东数字经济新高地雏形初现》，新浪网，2020 年 3 月 30 日。

《上海自贸试验区临港新片区国际数据港启动》，东方网，2019 年 11 月 29 日。

《"信息飞鱼"全球数字经济创新岛规划和产业方案发布，5 年服务 10 万企业 临港新片区将建 10 平方公里"数据港"》，《新闻晨报》2020 年 6 月 2 日。

蔡杰杰、赵越：《广西大数据产业高质量发展的靶向路径与政策制度创新》，《改革与战略》2020 年第 1 期。

张保华：《山西大数据产业发展的主要任务及路径研究》，《经济师》2020 年第3 期。

崔宏桥、吴焕文：《吉林省大数据产业发展现状及对策》，《税务与经济》2020 年第 3 期。

孙明燕：《大数据产业发展策略探讨——以日照市为例》，《智库时代》2020 年第 4 期。

司春杰、陶毅雯：《"数据港"为产业赋能》，《浦东开发》2019 年第 4 期。

《上海大数据产业发展呈集聚态势 商业数据交易占全国一半以上》，人民网，2020年5月8日。

李桥兴、胡雨晴：《大数据产业的属性与分类界定及其模糊识别研究》，《科技管理研究》2020年第3期。

马慧民：《新基建：大数据产业发展的新动力》，《张江科技评论》2020年第3期。

陈国庆、龙云安、赵天文：《大数据产业协同创新动因及推进策略探讨》，《金陵科技学院学报》（社会科学版）2019年第4期。

专 题 篇

Special Topics

B.8

浦东新区市场主体发展状况和活跃状况分析

韩 清　纪园园　张伯超*

摘 要：2019年，浦东新区企业发展总体呈现数量平稳、质量提升的趋势。其中，新设公有制企业注册资本大幅度上升，在各类市场主体中占比最多，企业“提质”特征逐渐显现，新设外资企业注册资本增速相比上年上涨幅度较大，私营企业持续担当主力，其存量在各类市场主体中仍然占比最高，新设个体工商户数量下降，农民专业合作社依旧体量最小。从行业分布来看，制造业呈现良好成长态势，注册资本增幅靠前，表现抢眼；信息传输、软件和信息技术服务业与科学研究和

* 韩清，理学博士，上海社会科学院经济研究所研究员、博士生导师，主要研究方向为数量经济学、统计学、金融计量学；纪园园，经济学博士，上海社会科学院经济研究所助理研究员，主要研究方向为计量经济学与大数据分析；张伯超，经济学博士，上海社会科学院经济研究所助理研究员，主要研究方向为企业创新发展与资源配置效率。

技术服务业在各行业竞争中持续占据优势，体现了浦东新区企业技术化、高端化发展的趋势。从企业活跃状况来看，浦东新区企业总体处于高度活跃水平，显示了浦东新区优质的营商环境和市场主体活力。

关键词： 市场主体 提质增效 浦东新区

在全球经济增速放缓、外部需求低迷的大背景下，2020 年我国面临的发展环境更加严峻。在此背景下，激发市场主体活力、增强发展动力显得尤为重要。2019 年政府工作报告也把“激活市场主体活力，着力优化营商环境”作为政府的重点工作任务，主要从以简审批优服务便利投资兴业、以公正监管促进公平竞争、以改革推动降低涉企收费等三个方面来进行落实。数据公开是创新政府服务方式、提升政府治理能力、推进政府职能转变的重要举措，也是打造更有效率的政府服务体系的必然要求，更是建立公平开放透明的市场规则和法治化营商环境的应有之义。本文利用浦东新区市场主体数据，研究了市场主体的发展情况和活跃状况，旨在为社会公众创新创业提供参考，为政府部门进一步激发和提升浦东新区的市场主体活力提供政策着力点。

一 浦东新区各类市场主体概况

（一）累计情况：各类企业稳中提质

2019 年，浦东新区继续坚持高质量发展理念，推动企业设立更加注重质量，同时进一步优化市场主体退出机制。截至 2019 年 12 月底，浦东新区共有各类市场主体 395757 家，比上年末减少 4.27%；同时，注册资本 91393.95 亿元，比上年末增加 2.97%。共有内资市场主体 364697 家。其中，内资企业 238815 家，[1] 涉及注册资本[2] 70260.82 亿元，比上年末分别降低 6.74% 和增长 2.70%；内资分支机构 20486 家，比上年末降低 8.61%；个体工商户 101229 家，涉及注册资本 48.02 亿元，比上年末分别增加 2.94% 和 8.68%；农民专业合作社 4167 家，涉及注册资本 133.64 亿元，比上年末分别减少 6.23% 和 5.71%。共有外资市场主体 31060 家。其中，外资企业 22670 家，涉及注册资本 20951.47 亿元，比上年末分别降低 3.57% 和增长 3.95%；外资分支机构 8390 家，比上年末减少 2.58%（见表 1）。

表 1　2019 年浦东新区各类市场主体累计情况

市场主体类别	累计企业（家）	同比增长（%）	占比（%）	累计注册资本（亿元）	同比增长（%）	占比（%）
内资企业	238815	-6.74	60.34	70260.82	2.70	76.88
公有制企业	15485	-3.53	3.91	28517.38	10.02	31.20
私营企业	223330	-6.96	56.43	41743.44	-1.77	45.67
外资企业	22670	-3.57	5.73	20951.47	3.95	22.92
内资分支机构	20486	-8.61	5.18	—	—	—
外资分支机构	8390	-2.58	2.12	—	—	—
个体工商户	101229	2.94	25.58	48.02	8.68	0.05
农民专业合作社	4167	-6.23	1.05	133.64	-5.71	0.15
合计	395757	-4.27	100	91393.95	2.97	100

（二）新设情况：新设企业数量下降，注册资本增长明显

2019 年，浦东新区共新设各类市场主体 36460 家，比上年降低 24.91%，占全市新设市场主体的比例为 6.6%。其中，公有制企业和外资企业虽然新设数量减少，但新增注册资本增长明显，尤其是新设公有制企业的注册资本同比增速高达 148.07%，显示出浦东新区企业设立由重数量向重质量转变。内资方面，共新设企业 18744 家，涉及注册资本 4370.94 亿

① 本文中内资企业定义为包括公有制企业和私营企业。

② 本文中的注册资本均指“认缴资本”，2014 年 3 月 1 日起施行的新修订《公司法》将公司注册资本由实缴制改为认缴制。

元，同比分别下降27.80%和上升30.87%。外资方面，新设外资企业1418家，涉及注册资本748.93亿元，同比分别下降18.97%和增长28.83%（见表2）。

表2　2019年浦东新区各类市场主体新设情况

市场主体类别	新设企业（家）	同比增长（%）	占比（%）	注册资本（亿元）	同比增长（%）	占比（%）
内资企业	18744	-27.80	51.41	4370.94	30.87	85.19
公有制企业	728	-7.85	2.00	2220.51	148.07	43.28
私营企业	18016	-28.42	49.41	2150.43	-12.04	41.91
外资企业	1418	-18.97	3.89	748.93	28.83	14.60
内资分支机构	3070	-3.37	8.42	—	—	—
外资分支机构	704	-9.74	1.93	—	—	—
个体工商户	12489	-25.83	34.25	9.90	-26.49	0.19
农民专业合作社	35	-30.00	0.10	0.75	-40.82	0.01
合计	36460	-24.91	100	5130.52	30.35	100

（三）基本趋势：各类市场主体进入稳定期

从总体趋势上看，浦东新区各类市场主体在经历高速增长后逐步进入稳定期，并且随着企业退市机制的便利化，企业数量呈现下降趋势，然而企业注册资本仍呈上升趋势，体现了企业由重数量向重质量的转变。随着上海自贸试验区的设立、扩区，以及相关市场准入准则的实施，浦东新区营商环境进一步优化，各类市场主体自2013年末开始呈爆发式增长。随着改革效应充分释放，市场主体基数迅速增大，市场逐渐趋于饱和，各类市场主体的发展态势也从急剧增长逐渐趋于缓和，进入稳定增长期。

2015~2018年，浦东新区各类市场主体稳中有升，无论累计数量还是注册资本均保持增长态势，尽管2019年企业总量有所减少，但企业注册资本规模延续了2018年的增长趋势。在2015~2019年，市场主体累计数量从317343家增长到395757家，年均增幅约5.7%（见表3）；同期，市场主体累计注册资本从64669.87亿元增长到91393.95亿元，增长141.3%，年均增幅约9.0%（见表4）。从市场主体细分类型来看，2015～2019年，公有制企业累计数量和累计注册资本增幅分别为5.2%和48.7%，私营企业累计数量和累计注册资本增幅分别为25.5%和43.5%。

表3　2015～2019年浦东新区各类市场主体累计企业数量

单位：家

市场主体类别	2015年	2016年	2017年	2018年	2019年
内资企业	192698	234020	259462	256081	238815
公有制企业	14715	16213	16469	16051	15485
私营企业	177983	217807	242993	240030	223330
外资企业	19638	22309	23559	23510	22670
内资分支机构	18479	21250	22084	22416	20486
外资分支机构	8035	8849	8754	8612	8390
个体工商户	73976	81955	77324	98339	101229
农民专业合作社	4517	4668	4600	4444	4167
合计	317343	373051	395783	413402	395757

表4　2015～2019年浦东新区各类市场主体累计注册资本

单位：亿元

市场主体类别	2015年	2016年	2017年	2018年	2019年
内资企业	48265.61	58455.73	66820.32	68413.72	70260.82
公有制企业	19175.46	20826.91	24810.32	25920.05	28517.38
私营企业	29090.15	37628.82	42010.00	42493.67	41743.44
外资企业	16237.66	17998.04	19055.71	20156.09	20951.47
个体工商户	22.78	28.37	28.28	44.19	48.02
农民专业合作社	143.82	148.25	146.40	141.73	133.64
合计	64669.87	76630.39	86050.71	88755.73	91393.95

从新设情况看，各类企业在经历高速发展后增速放缓。2014年，浦东新区各类新设市场主体呈爆发式增长，与2013年相比高出1倍；自2015年起，各类市场主体新设增速放缓；2016～2019年，各类市场主体在高位状

态下新设企业数量回落，但其涉及注册资本总体处于增长状态，企业高质量发展态势进一步凸显。

各类市场主体新设数量回落的原因主要在于：一是积压的创业需求已充分释放，企业基数不断扩大。受自贸试验区成立、扩区以及注册资本登记制度改革等重大利好因素影响，浦东新设企业增速一度井喷，到2015年达到峰值。几年来已将原积压的创业需求充分释放，企业基数大幅增加，目前企业投资日趋理性，新设企业数量回归平稳。二是政府高质量发展理念的引导，推动企业设立更加注重质量。近年来政府的发展理念进一步由重数量向重质量转变，同时随着信用监管、风险防控等各类规范市场秩序措施的持续推进，企业设立更加规范和优质。三是随着企业简易注销登记改革的持续深化，企业退市机制进一步便利，注销数量相比上年大幅增加。

二　浦东新区行业分布情况

（一）行业总体分布情况

1. 累计情况：制造业呈现良好成长态势

从企业数量看，批发和零售业持续保持优势。截至2019年12月底，批发和零售业的企业数量最多，累计数量为81275家；排名第二的是租赁和商务服务业，累计数量为65034家；排名第三的是科学研究和技术服务业，累计数量为38173家；信息传输、软件和信息技术服务业排名第四，累计数量为15643家；制造业排名第五，累计数量为15007家，与2018年排名一致。其中排名前四的行业均属于服务业，说明了服务业在浦东新区市场主体中的绝对优势。排名前五的五类行业的企业数量占全区企业总量的比例分别为31.08%、24.87%、14.60%、5.98%、5.74%。从累计企业数量增速来看，除卫生和社会工作、教育、房地产业、科学研究和技术服务业、采矿业之外，其他行业累计企业数量增速均为负。

从注册资本看，租赁和商务服务业持续领跑，制造业增速最快。截至

2019 年 12 月底，租赁和商务服务业注册资本量最多，排名第二的是金融业，排名第三的是批发和零售业，科学研究和技术服务业排名第四，制造业排名第五。可以看出，排名前四的行业均是服务业，体现了浦东新区服务业的核心竞争力。与 2018 年相比，房地产业排名跌出前五，制造业排名进入前五，租赁和商务服务业表现抢眼，持续领跑。排名前五的五类行业的企业注册资本占全区企业注册资本总额的比例分别为 44.06%、15.23%、9.74%、7.62%、5.69%，占比合计 82.34%。从行业注册资本增速来看，制造业增速最快，其次是卫生和社会工作，建筑业排名第三，科学研究和技术服务业排名第四，房地产业排名第五，比上年末分别增长 40.40%、21.96%、20.66%、13.87%、12.50%（见表 5）。

从行业表现看，首先，租赁和商务服务业表现卓越，累计企业数量在所有行业中排名第二，累计注册资本排名第一。其次，科学研究和技术服务业、制造业在各行业中也占据优势，无论是累计企业数量还是累计注册资本均在行业中排名前五。从增长幅度来看，制造业、科学研究和技术服务业两个行业累计注册资本增速均排名前五，分别为 40.40% 和 13.87%。制造业的迅速增长表明制造业在各行业中的地位进一步上升，浦东新区经济发展的基础更加扎实，结构更加科学。科学技术相关产业的快速发展得益于浦东新区对企业研发创新的重视，积极推进上海科创中心建设，同时也表明浦东的经济发展已经进入创新驱动发展的“新常态”。

表 5　2019 年浦东新区各行业累计企业分布情况

行业类别	累计企业（家）	同比增长（%）	占比（%）	累计注册资本（亿元）	同比增长（%）	占比（%）
农、林、牧、渔业	724	-7.77	0.28	58.03	1.53	0.06
采矿业	9	0.00	0.00	28.92	0.80	0.03
制造业	15007	-9.06	5.74	5194.44	40.40	5.69
电力、热力、燃气及水生产和供应业	115	-1.71	0.04	1634.45	-0.26	1.79
建筑业	9428	-1.92	3.61	2062.31	20.66	2.26
批发和零售业	81275	-11.40	31.08	8884.76	-3.65	9.74

续表

行业类别	累计企业（家）	同比增长(%)	占比（%）	累计注册资本(亿元)	同比增长(%)	占比（%）
交通运输、仓储和邮政业	7563	-3.59	2.89	3080.14	1.30	3.38
住宿和餐饮业	3845	-4.04	1.47	165.93	0.20	0.18
信息传输、软件和信息技术服务业	15643	-6.89	5.98	3233.89	6.54	3.55
金融业	4214	-9.24	1.61	13889.28	1.56	15.23
房地产业	5406	0.65	2.07	4489.85	12.50	4.92
租赁和商务服务业	65034	-3.96	24.87	40184.54	-1.50	44.06
科学研究和技术服务业	38173	0.02	14.60	6952.20	13.87	7.62
水利、环境和公共设施管理业	785	-3.80	0.30	291.08	3.74	0.32
居民服务、修理和其他服务业	3599	-0.42	1.38	119.83	7.91	0.13
教育	631	2.60	0.24	33.26	0.82	0.04
卫生和社会工作	495	17.58	0.19	64.16	21.96	0.07
文化、体育和娱乐业	9535	-0.41	3.65	845.10	-0.26	0.93
公共管理、社会保障和社会组织	4	-20.00	0.00	0.11	-0.27	0.00
合计	261485	-6.06	100	91212.28	3.08	100

2. 新设情况：租赁和商务服务业持续主导地位

从新设企业数量看，租赁和商务服务业占据优势。2019 年，浦东新区新设企业数量排名靠前的均属于技术类服务业，新设企业数量排名前五的分别是：租赁和商务服务业（5455 家），科学研究和技术服务业（5090 家），批发和零售业（4236 家），信息传输、软件和信息技术服务业（1267 家），文化、体育和娱乐业（1245 家），占新设企业总量的比例分别为 27.06%、25.25%、21.01%、6.28%、6.17%，占比合计高达 85.77%。从新设企业数量增速来看，除制造业，水利、环境和公共设施管理业以及采矿业之外，其他行业新设企业数量增速均为负。

从注册资本看，制造业迅速增长，表现抢眼。2019 年，浦东新区新设企业注册资本排名前五的行业与上年相比发生较大变化，租赁和商务服务业排名第一，制造业排名第二，科学研究和技术服务业排名第三，建筑业排名第四，批发和零售业排名第五，与 2018 年相比，金融业和房地产业跌出前五，制造业和建筑业排名进入前五，排名前五的五类行业的新设企业注册资本占新设企业注册资本总额的比例分别为 28.07%、21.53%、18.55%、7.38%、6.95%，占比合计高达 82.48%。增速排名前三的行业与上年相比发生较大变化，全部是第二产业，分别是制造业、采矿业、建筑业，同比分别增长 86684.73%、469.26%、167.07%（见表 6）。

表 6　2019 年浦东新区各行业新设企业分布情况

行业类别	新设企业（家）	同比增长（%）	占比（%）	注册资本（亿元）	同比增长（%）	占比（%）
农、林、牧、渔业	21	-40.00	0.10	1.47	-60.92	0.03
采矿业	1	0.00	0.00	0.30	469.26	0.01
制造业	50	92.31	0.25	1102.25	86684.73	21.53
电力、热力、燃气及水生产和供应业	3	-66.67	0.01	3.32	-70.62	0.06
建筑业	881	-33.11	4.37	378.07	167.07	7.38
批发和零售业	4236	-41.40	21.01	355.62	-38.64	6.95
交通运输、仓储和邮政业	381	-29.96	1.89	43.38	-67.26	0.85
住宿和餐饮业	418	-14.87	2.07	5.60	-16.33	0.11
信息传输、软件和信息技术服务业	1267	-47.95	6.28	146.60	-35.42	2.86
金融业	50	-60.00	0.25	342.00	-39.14	6.68
房地产业	488	-9.29	2.42	275.42	16.20	5.38
租赁和商务服务业	5455	-16.31	27.06	1437.39	45.75	28.07
科学研究和技术服务业	5090	-10.89	25.25	949.79	2.18	18.55
水利、环境和公共设施管理业	25	25.00	0.12	1.70	-70.01	0.03
居民服务、修理和其他服务业	386	-11.06	1.91	6.42	1.44	0.13

续表

行业类别	新设企业（家）	同比增长（%）	占比（%）	注册资本（亿元）	同比增长（%）	占比（%）
教育	72	-72.41	0.36	0.97	-83.10	0.02
卫生和社会工作	93	-29.01	0.46	7.42	-24.28	0.14
文化、体育和娱乐业	1245	-32.19	6.17	62.14	-12.80	1.21
合计	20162	-27.11	100	5119.86	30.70	100

从行业表现看，制造业和建筑业规模化特征显现。2019 年，在浦东新区企业增速总体下行的情况下，制造业和建筑业表现出快速增长态势，同时，服务业仍是浦东新区发展特色之一，租赁和商务服务业、制造业、科学研究和技术服务业、建筑业的新设企业注册资本占比和增速在各行业中居于领先地位，这四个行业的新设企业注册资本占比分别为 28.07%、21.53%、18.55%、7.38%，新设企业注册资本增速分别为 45.75%、86684.73%、2.18%、167.07%，除科学研究和技术服务业外，均涨幅较大。尤其是与 2018 年相比，制造业表现抢眼，制造业新设企业注册资本排名进入前五。从新设企业的规模来看，制造业新设企业数量不多，为 50 家，但注册资本规模较大，平均注册资本约 22.05 亿元/家，规模化、质量化的特征进一步显现。

（二）重点行业情况

未来，“中国芯”“创新药”“智能造”“蓝天梦”“未来车”“数据港”这六大硬核产业将成为浦东新区制造业高质量发展的推动器，助力经济实现速度更快、质量更高、效益更优的发展。接下来将对上述六大硬核产业市场主体的发展状况进行分析。

1. 集成电路行业——“中国芯”

以集成电路行业为代表的“中国芯”产业，从市场主体累计企业数量情况来看，2015～2019 年，浦东新区集成电路行业累计企业数量保持上升态势，2019 年企业数量已经达到 1066 家，较 2018 年增长 20.72%，涉及注册资本 1881.42 亿元，较 2018 年增长 1.97%（见图 1）。由此可见，2019

年较2018年市场主体数量增加的同时，市场主体平均规模有所下降，这是因为集成电路行业产业链分工更加细化，专注于产业链不同环节的隐形冠军式企业逐渐增多，未来浦东以集成电路行业为代表的“中国芯”产业将继续向专精特新方向发展。

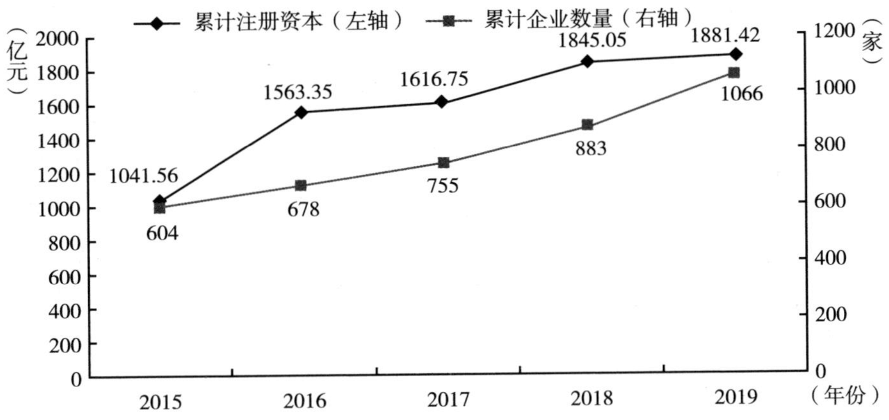

图1　2015～2019年“中国芯”产业市场主体累计企业数量和累计注册资本

从新设情况来看，2019年，浦东“中国芯”产业新设企业数量达到184家，较2018年的135家增长36.3%，新设企业注册资本36.38亿元，较2018年的318.38亿元下降88.57%。再次印证“中国芯”产业相关市场主体在产业链分工细化背景下，更加注重走专精特新发展道路。新设企业中，境璨（上海）生态科技有限公司、上海张江智芯城市建设有限公司、赋源（上海）生物技术有限公司、聚力成半导体（上海）有限公司、实光半导体科技（上海）有限公司注册资本在所有新设“中国芯”产业市场主体中位居前五，资本规模总和达到19.22亿元，占所有新设“中国芯”产业市场主体的52.83%。

2. 生物医药行业——“创新药”

以生物医药行业为代表的“创新药”产业，从市场主体累计企业数量情况来看，2015～2019年市场主体呈显著增加态势，2015年累计企业数量仅为1770家，2019年增长至3471家。从注册资本来看，2015年“创新药”

产业累计注册资本为762.46亿元，2019年累计注册资本达到1180.26亿元，约为2015年的1.5倍。2019年“创新药”产业市场主体累计企业数量同比增长13.84%，累计注册资本同比增长22.25%。由此可见，以生物医药为代表的“创新药”产业近年来发展十分迅速（见图2）。

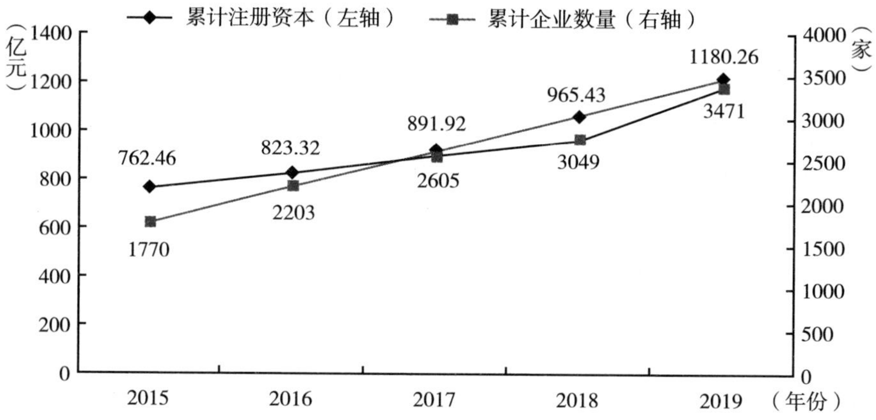

图2　2015～2019年“创新药”产业市场主体新设企业数量和新设注册资本

从新设情况来看，2019年，浦东“创新药”产业新设企业数量428家，较2018年的513家下降16.57%，新设企业注册资本216.46亿元，较2018年的95.40亿元增长126.90%。由此可见，浦东“创新药”产业新设市场主体规模呈逐渐扩大趋势，规模效应不断增强。蒙中（上海）经济发展有限责任公司、国博生命科技（上海）有限公司、联彩能源科技（上海）有限公司、翰森（上海）健康科技有限公司、上海丽弘医学科技有限公司注册资本在所有新设“创新药”产业市场主体中位居前五，资产规模总和达到162.35亿元，占所有新设“创新药”产业市场主体的75%。

3.人工智能行业——“智能造”

以人工智能行业为代表的“智能造”产业，从市场主体累计企业数量情况来看，2015～2019年市场主体呈显著增加态势，2015年累计企业数量仅为437家，2019年增长至537家。2019年累计企业数量较2018年增长6.13%。从累计注册资本来看，2019年累计注册资本1360.30亿元，较 2018 年增长 436. 33%（见图 3）。由此可见，生物医药行业市场主体平均规模持续扩大，“创新药”产业不断提质增效，市场竞争力和发展质量不断提高。

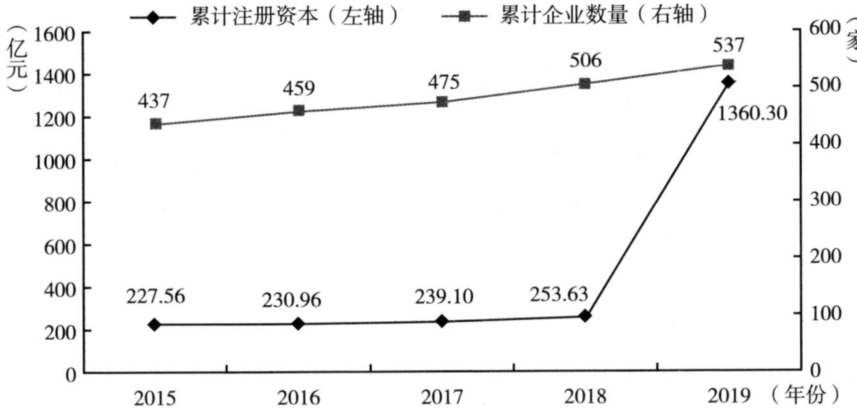

图 3　2015～2019 年“智能造”产业市场主体累计企业数量和累计注册资本

从新设情况来看，2019 年，浦东“智能造”产业新设企业数量 31 家，与 2018 年持平，新设企业注册资本 1106. 67 亿元，较 2018 年的 14. 52 亿元增长 7521. 69%，这主要是由于中国船舶集团有限公司落户浦东。中国船舶集团有限公司、西门子能源有限公司、禹智天工水环境科技有限公司、上海影探电子科技有限公司、上海缘禾智能科技有限公司注册资本在所有新设“智能造”产业市场主体中位居前五，资产规模总和达到 1105 亿元，占所有新设“智能造”产业市场主体的 99. 85%。

4. 航空航天制造业——“蓝天梦”

以航空航天制造业为代表的“蓝天梦”产业，从市场主体累计企业数量情况来看，2015～2019 年市场主体呈显著增加态势，2015 年累计企业数量为 195 家，2019 年增长至 241 家。2019 年累计企业数量较 2018 年增长 3. 88%。从累计注册资本来看，2019 年累计注册资本 1006. 54 亿元，较 2018 年的 1004. 15 亿元略有增长（见图 4）。由此可见，航空航天制造业市场主体基本处于平稳发展态势。

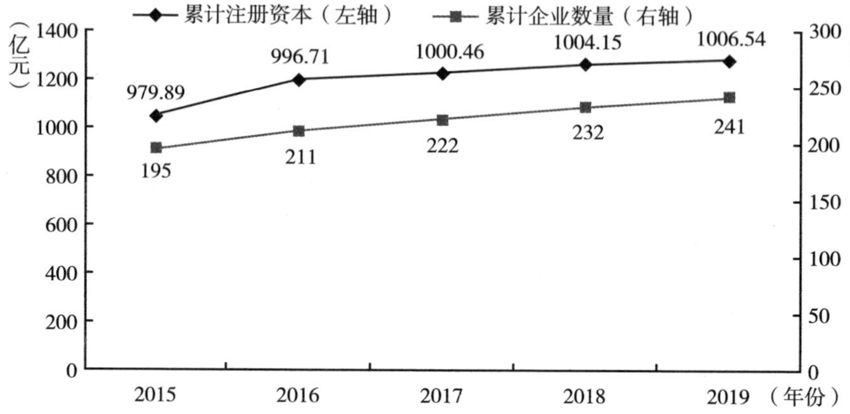

图4　2015～2019年“蓝天梦”产业市场主体累计企业数量和累计注册资本

从新设情况来看，2019年，浦东“蓝天梦”产业新设企业数量9家，与2018年相比减少1家，新设企业注册资本2.39亿元，较2018年的3.69亿元下降35.23%。上海华模科技有限公司、上海崔远航天设备有限公司、上海精新航空科技有限公司、上海耀舟五金电器有限公司、上海闪阅智能科技有限责任公司注册资本在所有新设“蓝天梦”产业市场主体中位居前五，资产规模总和达到2.25亿元，占所有新设“蓝天梦”产业市场主体的94.14%。

5. 汽车制造业——“未来车”

以汽车制造业为代表的“未来车”产业，从市场主体累计企业数量情况来看，2015～2019年市场主体呈显著增加态势，2015年累计企业数量为51家，2019年增长至121家。2019年累计企业数量较2018年增长10%。从累计注册资本来看，2019年累计注册资本23.24亿元，较2018年的22.67亿元略有增长（见图5）。

从新设情况看，2019年，浦东“未来车”产业新设企业数量12家，与2018年相比减少1家，新设企业注册资本0.615亿元，较2018年的2.757亿元下降77.69%，预计未来“智能车”产业市场主体增长将进一步放缓，由增量快速发展阶段转变为存量提质增长阶段。充之鸟（上海）新能源有限公司、上海有弘新能源汽车有限公司、上海丽文汽车服务有限公司、上海

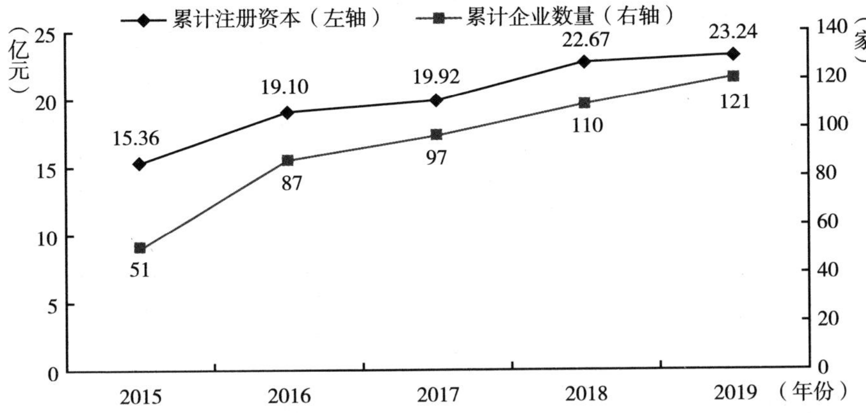

图5　2015～2019年“未来车”产业市场主体累计企业数量和累计注册资本

宏汇汽车销售有限公司、上海莱靓汽车服务有限公司注册资本在所有新设“未来车”产业市场主体中位居前五，资产规模总和达到0.55亿元，占所有新设“未来车”产业市场主体的89.43%。

6. 信息传输、软件和信息技术服务业——“数据港”

以信息传输、软件和信息技术服务业为代表的“数据港”产业，从市场主体累计企业数量情况来看，2015～2019年市场主体迅猛增加，2015年累计企业数量仅为11家，2019年增长至95家。2019年累计企业数量较2018年增长90%。从累计注册资本来看，2019年累计注册资本21.31亿元，较2018年的16.20亿元增长31.54%（见图6）。

从新设情况看，2019年，浦东“数据港”产业新设企业数量45家，与2018年相比增加21家，新设企业注册资本5.12亿元，较2018年的3.34亿元上升53.29%，未来“数据港”产业市场主体新设增速有望伴随临港新片区的设立以及数字贸易国际枢纽港建设进程的加快以及在线新经济和新基建的不断发展而进一步提高。德鑫智慧科技（上海）有限公司、上海彤道征信服务有限公司、上海平本科技有限公司、上海长为数据技术有限公司、江康（上海）科技有限公司注册资本在所有新设“数据港”产业市场主体中位居前五，资产规模总和达到3.27亿元，占所有新设“数据港”产业市场主体的63.87%。

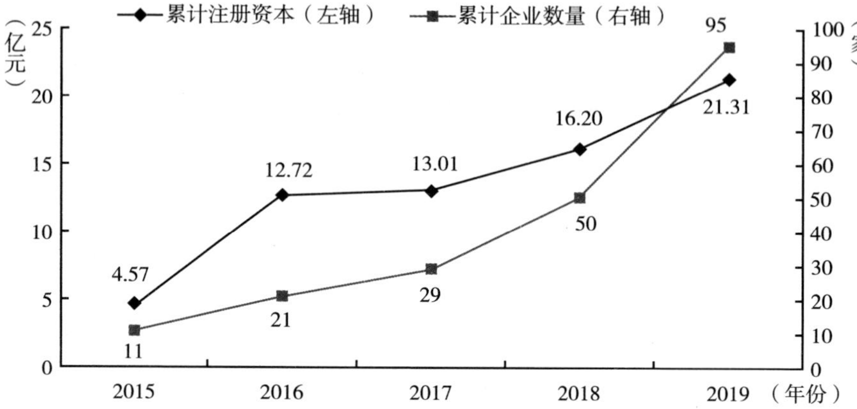

图6　2015～2019年“数据港”产业市场主体累计企业数量和累计注册资本

三　浦东新区市场主体活跃状况

（一）活跃状况指标说明

本文根据浦东新区数据库中的可得数据，构建了浦东新区企业活跃状况综合评价指标体系，既包括了企业设立与退出的情况，也包括经营额、纳税额、就业人数等与企业经营相关的情况，集中体现了各类市场主体的“设立、经营、退出”这三大核心要素。

1. 主要指标①

本文构建企业活跃状况综合评价指标体系，包含新设、退出、年度报告、就业、经营状态和企业存续6个二级指标，下设新设户数、新设注册资本、注销户数、注销注册资本、年报公示率、就业人数、经营额、纳税额、存续时间9个三级指标（见表7）。

① 本文中企业活跃状况指标与原国家工商总局企业活跃度指标的主要区别是，前者是总体分析、侧重于行业活跃度的反映，后者是从个体分析入手，对市场主体进行活跃度统计。

表 7　企业活跃状况综合评价指标体系

单位：%

<table>
<tr><th>一级指标</th><th>二级指标</th><th>三级指标</th><th>指标测度说明</th><th>权重</th><th>指标属性</th></tr>
<tr><td rowspan="9">企业活跃状况</td><td rowspan="2">新设</td><td>新设户数</td><td>当期新设企业数目</td><td rowspan="2">15</td><td>正向</td></tr>
<tr><td>新设注册资本</td><td>当期新设企业注册资本</td><td>正向</td></tr>
<tr><td rowspan="2">退出</td><td>注销户数</td><td>当期企业注销数目</td><td rowspan="2">5</td><td>反向</td></tr>
<tr><td>注销注册资本</td><td>当期企业注销注册资本</td><td>反向</td></tr>
<tr><td>年度报告</td><td>年报公示率</td><td>当期年报公示数量/应报数量</td><td>30</td><td>正向</td></tr>
<tr><td>就业</td><td>就业人数</td><td>当期企业总雇佣人数</td><td>20</td><td>正向</td></tr>
<tr><td rowspan="2">经营状态</td><td>经营额</td><td>当期企业主营业务金额</td><td rowspan="2">20</td><td>正向</td></tr>
<tr><td>纳税额</td><td>当期企业缴纳税金</td><td>正向</td></tr>
<tr><td>企业存续</td><td>存续时间</td><td>当期企业存续时间/累计数量</td><td>10</td><td>正向</td></tr>
</table>

注：二级指标权重主要根据专家打分法选取。

2. 活跃状况值说明

通过对上述 9 个三级指标加权合成，即可得到企业活跃状况值。本文将企业活跃状况值分为以下 5 个区间（见表 8）。

表 8　企业活跃状况值区间

数值区间	活跃状况
[0,20)	初级活跃
[20,40)	一般活跃
[40,60)	中度活跃
[60,80)	高度活跃
[80,100]	极度活跃

（二）市场主体活跃状况

通过对相关主要指标进行分析，2019 年浦东新区企业的活跃状况如下。

1. 总体情况：浦东新区企业总体高度活跃

2019 年，浦东新区企业的总体活跃状况值为 73.93，比 2018 年活跃程度有所提高，总体处于高度活跃水平，显示了浦东新区优质的营商环境和市场主体活力。在计算浦东新区总体活跃状况值时，本文首先计算出分行业活跃状况值，进而加权得出浦东新区总体活跃状况值，即各行业活跃状况值按照当年产值占比进行加权平均。

2. 各类别企业情况：私营企业最为活跃

2019 年，浦东新区各类型企业的活跃状况与 2018 年相比，企业活跃状况均有所加强。其中，活跃程度最高的是私营企业，活跃状况值为 95.68，处于极度活跃区间；公有制企业活跃状况值为 70.31，处于高度活跃区间；外资企业活跃状况值为 73.18，处于高度活跃区间（见表 9）。

分指标来看，在企业新设方面，私营企业表现最为突出，反映了私营企业的创业活力；在企业退出方面，公有制企业数值最高，显示出公有制企业经营状况最稳定，各项制度更规范；在就业方面，与公有制企业和外资企业相比，私营企业占据优势，吸纳的就业人数最多，显示了私营企业对社会就业、民生保障的重要作用；在经营状态方面，延续上年的态势，相比公有制企业，私营企业和外资企业的经营额和纳税额较高，显示了私营企业和外资企业盈利能力方面的优势。

表 9　2019 年各类别企业活跃状况

企业类别	二级指标分项指标数值						总数值
	新设	退出	年度报告	就业	经营状态	企业存续	
私营企业	100	13.71	99.98	100	100	100	95.68
外资企业	21.35	78.37	100	72.99	100	14.59	73.18
公有制企业	50.44	100	99.99	71.08	60.52	14.31	70.31

注：企业经营状态的数值是基于临界值法和最大标准化法得出。

3. 各行业企业情况：租赁和商务服务业最为活跃

2019 年，浦东新区大部分行业企业的活跃状况与 2018 年相比处于上升趋势，各行业间差异较大，总体良好（见表 10）。

租赁和商务服务业与批发和零售业这 2 个行业的活跃状况值高于 80，处于极度活跃区间。从指标绝对数来看，这 2 个行业吸引就业的人数、经营额和税收额较其他行业均占有优势。

表 10　2019 年各行业企业活跃状况

行业类别	二级指标分项指标数值						总数值
	新设	退出	年度报告	就业	经营状态	企业存续	
租赁和商务服务业	100	0.33	99.41	100	100	55.82	90.42
批发和零售业	51.20	0.32	99.43	76.25	100	100	82.78
制造业	38.80	2.88	99.03	77.93	100	44.85	75.74
科学研究和技术服务业	79.69	0.65	99.67	36.40	100	28.10	71.98
金融业	12.35	6.32	99.03	46.82	100	3.65	61.61
交通运输、仓储和邮政业	5.00	4.75	99.28	41.39	100	10.69	60.12
建筑业	21.23	3.54	99.77	23.49	100	10.02	58.99
信息传输、软件和信息技术服务业	16.71	1.34	99.60	25.31	100	12.27	58.74
房地产业	14.05	5.42	99.44	12.72	100	8.25	55.58
水利、环境和公共设施管理业	0.29	100	99.05	2.83	100	1.62	55.49
药品行业	1.05	18.72	99.05	0.05	85.98	0.01	48.02
电力、热力、燃气及水生产和供应业	0.14	100	99.89	3.27	52.65	0.28	46.20
住宿和餐饮业	4.03	7.03	99.57	6.28	42.29	4.10	40.95
采矿业	0.02	100	99.05	2.36	5.29	0.02	36.25
文化、体育和娱乐业	13.57	2.25	100	6.26	9.25	5.54	35.80
教育	0.69	100	99.37	0.91	1.97	0.27	35.52
卫生和社会工作	1.11	100	99.05	1.25	0.92	0.35	35.35
公共管理、社会保障和社会组织	0.00	100	99.05	0.05	0.02	0.01	34.73
居民服务、修理和其他服务业	3.76	13.91	99.27	5.25	5.38	5.19	33.69
农、林、牧、渔业	0.24	55.02	99.17	1.15	2.11	1.64	33.35

制造业，科学研究和技术服务业，金融业，交通运输、仓储和邮政业的活跃状况值介于60～80，处于高度活跃区间。这四个行业的年度报告和经营状态值均较高，显示了蓬勃发展的态势和规范的企业管理。

活跃状况值介于40～60、处于中度活跃区间的行业有7个，占比为35%，分别为建筑业，信息传输、软件和信息技术服务业，房地产业，水利、环境和公共设施管理业，药品行业，电力、热力、燃气及水生产和供应业，住宿和餐饮业。

活跃状况值40以下、处于一般活跃或初级活跃区间的行业有7个，占比为35%，除采矿业，农、林、牧、渔业外，其他均属于社会公共服务领域，主要是企业新设及就业、经营状态等指标数值较低，其原因在于：一方面，这几个行业体量比较小；另一方面，社会公共服务领域多为非营利性企业，在经营状态方面与其他行业相比分值较低（见表11、图7）。

表11　2019年各行业企业活跃状况值分布情况

单位：个，%

数值区间	行业数	占比	活跃状况
[80,100]	2	10	极度活跃
[60,80)	4	20	高度活跃
[40,60)	7	35	中度活跃
[0,40)	7	35	初级活跃、一般活跃

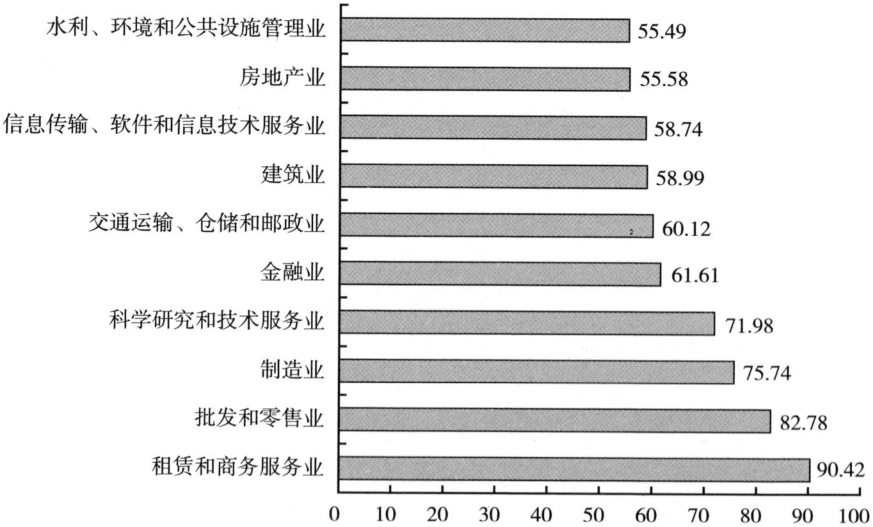

图7　2019年排名前十的行业企业活跃状况

四 浦东新区市场主体发展面临的挑战和未来发展方向

（一）市场主体发展面临的挑战

从国际层面来看，全球经济衰退已成定局，受新冠肺炎疫情的影响，预计2021年全球经济增速将在联合国预测结果的基础上进一步下调。从国内层面来看，经济仍存在下行风险。一是财政压力持续增加。新冠肺炎疫情暴发以来，上海市政府在为企业大幅度减税降费的同时，疫情防控方面的公共开支居高不下，考虑到2020年上海企业经营状况普遍堪忧，上海未来财政压力不容小觑。二是服务业受疫情冲击最为严重。2019年上海第三产业增加值占GDP比重高达72.7%，而第三产业也是受疫情冲击最直接、最严重的经济领域。提振消费、推动服务业复苏是当前面临的重要任务。三是企业资金链压力可能进一步加大，破产压力居高不下。截至2019年底，上海市规模以上工业企业应收账款8707.62亿元，同比增长2.7%，与此同时，营业收入增速为-2.3%，加之年前回款周期较长等因素影响，本市企业资金链普遍偏紧。四是外贸形势不容乐观，上海重点产业的产业链和供应链存在断裂风险。欧美日韩等国家或地区是上海重点产业关键中间产品的主要进口地，目前疫情导致上述国家或地区生产体系处于停摆边缘，很可能引发产业链和供应链断裂。这必将影响上海企业复工复产的进度。

（二）市场主体发展的未来方向

1. 总部经济进一步集聚发展，市场主体全球资源配置功能持续强化

截至2019年底，浦东新区各类总部企业600多家，其中跨国公司总部有332家，约占全市总部企业的一半。受新冠肺炎疫情影响，逆全球化趋势预计会进一步持续，在此背景下，跨国公司的全球性总部对全球资源的配置能力可能被削弱，而跨国公司的区域性总部在未来全球资源配置过程中的功

能和作用将进一步提升，浦东未来有望以更加优越的营商环境进一步集聚全球跨国公司的区域性总部机构，进而提升浦东的全球资源配置功能，为上海强化“四大功能”添砖加瓦。此外，浦东新区的外向型经济优势有望进一步强化，截至2019年底，新设外资企业数量占全市的22.92%。从注册资本看，新设外资企业注册资本占全市的38.89%，较2018年上升5个百分点，显示优质外资进一步集聚，浦东有望成为上海强化全球资源配置功能的重要承载区。

2. 私营企业持续提质增效，私营企业活跃程度持续提高

2019年，以私营企业为主的民营经济发展由原来的数量扩张转向高质量发展，私营企业平均注册资本规模不断扩大。由2013年的0.0974亿元/家增加至2019年的0.1869亿元/家，在六年时间内，浦东私营企业的平均注册资本规模扩大了91.89%。从本文测算的企业活跃状况值来看，私营企业持续近年来的优势，处于极度活跃区间，无论是企业新设还是就业方面，较公有制企业和外资企业均占据优势，显示了私营企业对社会就业、民生保障的重要作用。未来浦东新区的私营企业主体将继续走提质增效的高质量发展之路，平均注册资本规模有望继续扩大，市场活跃程度有望进一步提高，私营企业对社会经济发展的重要作用有望进一步强化。

3. 数字产业化和产业数字化水平有望进一步提升，市场主体数字化转型进程加速

受新冠肺炎疫情影响，数字产业化和产业数字化进程进一步加速，上海市委书记李强也指出，在线新经济是当前防控疫情的支撑点、推动经济转型升级的着力点，也是构筑未来发展优势的发力点。为推进在线新经济的发展，上海市近期也出台了《上海市促进在线新经济发展行动方案（2020～2022年）》，开拓经济转型升级的新业态。浦东在人工智能产业、软件和信息服务业等在线新经济相关产业方面具有良好的基础，因此，浦东新区市场主体有望在未来顺应上海大力发展在线新经济的政策机遇和产业发展趋势，加快自身产业数字化转型，以数字化技术赋能自身发展。

参考文献

司春杰、陶毅雯：《“数据港”为产业赋能》，《浦东开发》2019 年第 4 期。

李锋、史晓琛：《浦东新区开发开放四十年历程、经验与深化思路》，《科学发展》2018 年第 12 期。

B.9

浦东新区优化营商环境的探索与思考

李双金*

摘　要：营商环境是指企业等市场主体在市场经济活动中所涉及的体制机制性因素和条件。现代经济的企业家经济本质决定了营商环境的重要性。在持续优化营商环境的探索中，浦东新区出台了诸多首创性政策，在“硬件打造”与“软件开发”方面都积累了诸多实践经验。进一步优化营商环境，浦东新区应坚持围绕提升智能化水平，立足亲清政商关系，聚焦信贷环境，大力发展市场中介组织，优化人文法治环境。

关键词：营商环境　市场主体　政商关系

2020年是浦东开发开放30周年。过去的30年，不断优化营商环境是浦东开发开放的重要经验；未来的新征程，继续优化营商环境将是浦东改革开放再出发的重要抓手。

一　营商环境的“硬件”与“软件”

2019年10月，国务院发布《优化营商环境条例》。在该条例中，营商

* 李双金，经济学博士，上海社会科学院经济研究所副研究员，主要研究方向为企业发展、市场经济理论等。

环境被定义为企业等市场主体在市场经济活动中所涉及的体制机制性因素和条件。简单而言，营商环境是指伴随企业经营活动整个过程，包括企业开办、企业运营以及企业破产的各类环境因素与条件的总和。

2004年以来，世界银行每年发布《营商环境报告》。《营商环境报告》旨在通过一组可进行跨国比较的指标体系，客观评估全球各经济体经营环境的现状，从而为企业投资决策以及政府政策制定提供参考。近年来，世界各国高度重视营商环境建设，一些地区尤其是一些欠发达经济体还出现了营商环境建设竞赛，持续改善全球营商环境。

（一）现代经济的本质决定了营商环境的重要性

企业的活动构成了现代经济的绝大部分。现代经济在本质上就是企业家经济。要真正理解现代经济，不能仅仅依靠宏观的企业表现与数量指标层面，还必须深入企业微观层面，深入企业背后的人，包括劳动力和企业家。而企业家又是企业开展经营活动最核心的主体。企业家个人的特质，包括其思维理念、价值取向和心智结构，决定着一个企业的整体表现。而企业家群体的特质则决定着一个国家经济综合实力的走向。

因此，理解现代经济必须对企业家群体，包括企业家培育与生存的环境进行深入研究。而企业家培育与生存的环境、企业家精神生发与拓展的环境事实上也就是广义上的营商环境。

现代经济形态日益向企业家型经济过渡正是各国越来越重视营商环境的重要原因。一个国家或地区的经济活力与危机修复能力，从根本上取决于该经济体企业的数量、质量以及企业家群体的生存环境。企业数量众多、结构多元、生态系统完善、创新创业氛围浓厚，经济就能持续保持活力。

可见，企业家经济的本质决定了营商环境的重要性。事实上，营商环境概念的提出也正是围绕企业展开的，展现的是企业开展各类市场活动的便利程度、企业法人财产的安全程度等。营商环境提醒我们重视微观的市场主体，通过各种途径激发企业等市场主体的主动性和创造性。

（二）营商环境的“硬件”：围绕“减”做文章

以《2020年营商环境报告》为例，世界银行（以下简称“世行”）对190个国家或地区进行相关调查研究，构建了十二大类指标，全面衡量企业在某一地区开展商业活动的难易程度。这十二大类指标包括开办企业、办理施工许可、获得电力、产权登记、获得信贷、保护少数投资者、纳税、跨境贸易、合同执行、破产办理、劳动力市场、政府采购等，具体指标体系如表1所示。

表1　世界银行营商环境评价指标体系

一级指标	二级指标
1. 开办企业	1.1 办理程序
	1.2 办理时间
	1.3 费用
	1.4 开办有限责任公司所需最低注册资本金
2. 办理施工许可	2.1 房屋建筑开工前所有手续办理程序
	2.2 房屋建筑开工前所有手续办理时间
	2.3 房屋建筑开工前所有手续办理费用
	2.4 建筑质量控制指数
3. 获得电力	3.1 办理接入电网手续所需程序
	3.2 办理接入电网手续所需时间
	3.3 办理接入电网手续所需费用
	3.4 供电稳定性和收费透明度指数
4. 产权登记	4.1 产权转移登记所需程序
	4.2 产权转移登记所需时间
	4.3 产权转移登记所需费用
	4.4 用地管控系统指数
5. 获得信贷	5.1 动产抵押法律指数
	5.2 信用信息系统指数
6. 保护少数投资者	6.1 信息披露指数
	6.2 董事责任指数
	6.3 股东诉讼便利指数
	6.4 股东权利保护指数
	6.5 所有权和控制权保护指数
	6.6 公司透明度指数
7. 纳税	7.1 公司纳税次数
	7.2 公司纳税所需时间
	7.3 总税率
	7.4 税后实务流程指数
	7.4.1 增值税退税申报时间
	7.4.2 退税到账时间
	7.4.3 企业所得税审计申报时间
	7.4.4 企业所得税审计完成时间
8. 跨境贸易	8.1 出口报关单审查时间
	8.2 出口通关时间
	8.3 出口报关单审查费用
	8.4 出口通关费用
	8.5 进口报关单审查时间
	8.6 进口通关时间
	8.7 进口报关单审查费用
	8.8 进口通关费用
9. 合同执行	9.1　解决商业纠纷的时间

续表

一级指标	二级指标	一级指标	二级指标
9. 合同执行	9.2 解决商业纠纷的成本	12. 政府采购	12.1 通过公共程序获得政府工程所需的程序
	9.3 司法程序的质量指数		
10. 破产办理	10.1 回收率		12.2 通过公共程序获得政府工程所需的时间
	10.2 破产法律框架的保护指数		
11. 劳动力市场	11.1 就业监管灵活性		

在具体评价操作上，世行对全球较大的经济体一般选取其最大的两个城市作为代表，对于较小的经济体则选取其首都作为代表。中国是按照北京45%、上海55%的权重进行加权评价的。作为上海营商环境建设的高地，浦东的探索与经验至关重要。2021年世行将选择中国最大的四个商业城市进行测评，其权重分别为上海35%、北京33%、广州22%、深圳10%，上海仍然占据最高的权重。

从表1可以看出，世行的多数指标是营商环境的“硬件”，多是可以用数量直接进行衡量的内容，比如企业开展相关经营活动包括开办企业、办理施工许可、获得电力等事项所涉及的程序、所花费的时间和费用等。世行的多数指标衡量的是营商环境的硬件。鉴于该指标体系的可操作性以及全球范围内可比较的特性，目前各国改善营商环境的努力也更多地聚焦于提升这些硬件指标的评分。而要提高评分，就必须围绕“减”做文章，包括减程序、减时间、减成本等。而围绕“减”提升营商环境，往往是一个国家或地区开展营商环境建设最先采取的措施。

（三）营商环境的“软件”：围绕“增”做文章

如果说营商环境的“硬件打造”是围绕企业的各类经营活动，例如开办企业、纳税、办理施工许可、破产办理等，旨在通过信息化、数据化等手段再造相关服务流程，从而减程序、减时间、减成本的话，那么营商环境“软件开发”则是围绕企业经营者的主观感受，旨在通过各类人性化的制度供给和主动服务，提升企业家和经营者的获得感，从而达到增情谊、增质量、增信心的目标。

减程序、减时间、减成本，增情谊、增质量、增信心，这一减一增恰恰构成了营商环境硬件和软件提升的重要内容。良好的营商环境有利于企业家精神的充分发挥以及市场活力的全面提升。

有情谊的关系、有质量的服务、有信心的氛围，这些内容某种程度上是主观的、难以通过客观量化指标来衡量的，但却是营商环境持续优化必须关注的内容。硬指标的“减”在一定范围内是有限度的，而软指标的“增”却可以突破技术手段的局限。在硬指标“减”的收益开始出现递减的趋势时，就必须更多地在软指标的“增”上做文章。

世行报告称中国的许多经验超出了世行指标体系，为世界其他地区改善营商环境提供了经验。事实上，这些超出世行指标体系的内容，从本质上看就是本文所说的营商环境软件开发的内容。正是这种软环境的改善，使得硬指标的最初改善在面临一定瓶颈之后能够再次获得新的改善。

营商环境的全面优化需要在“硬件打造”与“软件开发”两个维度持续发力，形成合力，这也正是浦东营商环境建设最重要的经验所在。

二　浦东新区优化营商环境的持续探索

自2017年上海召开优化营商环境推进大会以来，市、区两级政府深入开展营商环境优化的探索与实践。从2017年上海营商环境改革的1.0版，到2018年的2.0版，再到2020年初的3.0版，上海以制度创新为核心，以政府流程再造为抓手，以增强企业获得感为标准，结合“大调研”出台了多项改革措施。其中，浦东新区的多项改革举措走在全市前列，形成了“硬件打造”与“软件开发”多个领域的诸多可复制、可推广的经验，为上海和全国其他地区探索优化营商环境做出了巨大贡献。

（一）浦东新区优化营商环境的主要经验

除了前文提到的“硬件打造”与“软件开发”相结合，浦东新区优化营商环境的具体经验体现在以下三个方面。

一是对标国际，统筹协调。作为上海营商环境建设的高地，浦东区委、区政府高度重视优化营商环境工作，始终以“世界最高标准、最好水平”为目标，对接国际通行规则，借鉴国内外成功经验，各相关部门协调配合、共同发力，就优化营商环境涉及的各项重大问题开展深化研究，及时出台相关政策，为营商环境的优化提供制度保障。

二是发展导向，聚焦落实。针对每年世行报告的相关政策建议以及各级各类营商环境相关的研究报告，浦东新区充分消化吸收，以未来的发展为导向，具体列出未来每年要落实完成的改革事项并细化到不同部门，结合调研与理论研究及时出台相关政策，有针对性地解决困扰企业发展的难点痛点问题，增强企业的获得感。

在聚焦落实各项细化任务的基础上，浦东新区还针对工作中发现的问题推出多项务实管用的应对措施，及时发现及时解决，不留问题死角，不断扩大企业受益面。

三是定期调研，主动服务。上海市、区两级都建立了常态化的调研机制，定期听取改革任务清单落实进展情况，协调解决跨部门问题，推进改革政策落地。针对调研所反映的问题，浦东新区强调围绕企业的需求，提升服务的主动性、服务的质量和服务的时效性，不断提升窗口工作人员服务水平；围绕增强企业信心、激发企业创新创业激情，广泛开展政策宣讲培训，不断提高和扩大政策知晓度和覆盖面，向企业传递温暖的情谊。

（二）浦东新区优化营商环境的政策体系

根据国家的安排和部署，结合全市的工作要求，浦东新区高标准做好规定动作、高规格推进自主改革事项，取得了阶段性成果，这有利于浦东新区营商环境政策体系的持续改进。

1. 上海优化营商环境的3.0版

2017 年 12 月 22 日，上海市委、市政府召开优化营商环境推进大会，正式提出要举全市之力，打造上海营商环境新高地。2020 年 2 月，上海发布《全面深化国际一流营商环境建设实施方案》，形成了营商环境 3.0 版改革方案。2018 ~2020 年，上海的营商环境政策体系不断升级。其中，1.0 版更突出问题导向，以政府的“放管服”改革为核心，强调政府服务市场的效率提升；2.0 版则更注重政策措施的系统性，强调多维度、立体化、全方位地推进营商环境优化；3.0 版将聚焦打通数据壁垒，推动业务流程的革命性再造（见表 2）。

（1）围绕“1 +2 +X”全面推动改革

“1”是指“一网通办”。3.0 版改革方案将以高效办成“一件事”为目标，进一步聚焦提升“一网通办”的应用效能，深入推动全流程革命性再造，全面推动公共服务事项接入，重点聚焦高频公共服务事项。

“2”是指提升上海在世行和国家两个营商环境评价中的表现。3.0 版改革方案要求深化整合跨部门的办事流程，最大限度地减程序、减时间、减成本，提升企业办事便利度。

“X”是指围绕加强、保护和激发市场主体活力提供一揽子制度供给。3.0 版方案明确了 10 项改革任务，对企业关注度高、反映比较集中的事项系统施策，加大改革力度。

（2）针对实际需求出新招

例如针对在沪外籍人士反映的办理外国人工作许可证程序较多、耗时偏长等问题，上海将在市、区两级设立外国人工作、居留单一窗口，提供一窗受理、一并发证、一门式服务，并限时 7 个工作日办结。

针对企业跨区迁移、企业注销、惠企政策办理等方面的诉求，上海将从申诉协调、平台改造、流程优化等方面系统设计更有针对性的方案，不断完善丰富服务企业的政策制度。

在执行合同指标上，上海将通过完善送达制度和鉴定机构管理制度等措施，力争将时间从 485 天减少至 345 天。

在办理施工许可方面，上海将借鉴“一站式中心”模式，通过社会投资项目审批审查中心单一窗口提供全流程服务，力争将流程压缩至 5 个环节

24 天。

在办理跨省业务方面，上海将在长三角区域大力推进政务服务“同事同标”，统一办事指南核心要素，实现线上申报、受理、办理等深度对接。

（3）继续探索实施包容审慎监管

上海 3.0 版的改革还将继续探索实施包容审慎监管，研究出台市场轻微违法违规经营行为免罚清单 2.0 版，并在食品药品、质量安全、文化执法、劳动监察等领域，实施信用报告代替无违法违规证明，降低企业办事成本。

（4）提升政府采购的效率和透明度

针对世行营商环境评价指标新增的“政府采购”项，上海将聚焦提升政府采购的效率和透明度，具体包括规范招标流程、向未中标企业书面告知原因、落实中标结束后十天内签署合同等改革内容。

表 2　上海优化营商环境的 3.0 版

政策亮点	政策内容
围绕“1＋2＋X”全面推动改革	“1”是指“一网通办”；“2”是指提升上海在世行和国家两个营商环境评价中的表现；“X”是指围绕加强、保护和激发市场主体活力提供一揽子制度供给
针对实际需求出新招	设立外国人工作、居留单一窗口；完善合同送达制度和合同鉴定机构管理制度；借鉴“一站式中心”模式，通过社会投资项目审批审查中心单一窗口提供全流程服务；在长三角区域大力推进政务服务“同事同标”，实现线上申报、受理、办理等深度对接
继续探索实施包容审慎监管	市场轻微违法违规经营行为免罚清单 2.0 版；在相关领域实施信用报告代替无违法违规证明
提升政府采购的效率和透明度	规范招标流程；向未中标企业书面告知原因；落实中标结束后十天内签署合同等

2. 浦东新区优化营商环境的“二十条”与“新十条”

2018 年 1 月 8 日，上海浦东新区市场监督管理局会同多部门推出了服务自贸试验区建设、促进营商环境优化的二十条措施（以下简称“二十条”），涵盖“放管服”及流程再造等四个方面，其中多条举措属国内首创。

不仅如此，"二十条"还在智慧监管等方面进行了有益的探索。

例如，浦东新区推行"六个双监管闭环机制"，强化了协同监管，提升了综合监管效能；"建立大数据监管平台"，体现了监管技术的革新；"强化第三方风险评价辅助监管机制""构建消费纠纷多元调解机制""推进诚信联盟建设"等举措则更好地发挥了第三方和社会力量的作用，促进了市场监管的多元共治。

在监管理念的调整上，浦东新区实施"检查事项清单管理机制"，防止对企业日常经营活动的过多干预，以"无事不扰"为原则，凡不在检查事项清单之列的，原则上不开展随机检查；推行"合理行使行政处罚裁量权"措施，对"四新经济"等国家鼓励发展的企业违法行为轻微并及时纠正，未造成或者积极消除危害后果的，合理进行处罚裁量。

2020年7月，在上海出台营商环境条例3.0版的背景下，结合"二十条"实施的经验与问题，浦东新区市场监督管理局又出台了优化营商环境的"新十条"（见表3），着眼于对标最高标准、增强改革的力度、拓展改革的深度、体现服务的温度，为助推浦东改革开放再出发提供新动能。

表3　浦东优化营商环境的"新十条"

政策亮点	预期效果
降低创新创业企业的住所登记门槛	降成本
拓展"互联网+"注册登记	降成本，优化流程
试行预包装食品经营许可改备案制	减时间，简化程序
扩大医疗器械经营企业第二经营场所试点范围	降成本，简化程序
构建"双随机、双评估、双公示"联动监管闭环	通过突出分类监管、精准监管、信用监管，帮助企业健康发展；同时优化跨部门、跨条线"双随机"联合抽查，减少对企业的上门检查次数，避免对企业正常经营活动的打扰
扩大市场监管轻微违法行为的免罚清单	进一步深化探索对企业经营的"容错机制"，研究扩大免罚清单范围，加大行政指导等柔性执法措施应用，帮助企业主动规范自身经营行为，降低合规成本
推动落实公平竞争审查制度	营造公平竞争环境

续表

政策亮点	预期效果
探索“区域一体化”“企业个性化”新经济服务机制	深化市场监管领域“长三角一体化”合作，探索服务、监管跨地域无缝衔接，助推电子商务、生物医药、人工智能等新经济产业协同发展；为新基建、新经济项目落地和发展开辟“个性化”绿色通道，根据实际情况提供专人办、容缺办、加快办、跟踪办等服务
打造“徐敏创新服务工作室”专业服务品牌	提升服务温度和质量
建立与工商联等行业的组织协作机制	强化系统施策，精准施策

从2018年的“二十条”到2020年的“新十条”，一个明显的变化是软环境建设的内容得到了更多的关注，例如打造“徐敏创新服务工作室”专业服务品牌，建立与工商联等行业的组织协作机制，扩大市场监管轻微违法行为的免罚清单、推动落实公平竞争审查制度、探索“区域一体化”“企业个性化”新经济服务机制等。这些改革措施旨在为企业经营者的感受加分，提升各项服务的质量，增进企业与政府间的情谊，增强企业对市场的信心。

3. 浦东新区“一业一证”改革

2020年7月29日，浦东新区人大常委会通过了《关于进一步优化营商环境探索“一业一证”改革的决定》。这是“先照后证”“证照分离”“照后减证”改革深化过程中，全国人大系统第一个关于“一业一证”改革的决定。

“一业一证”改革旨在进一步深化市场准入管理制度改革，是“先照后证”“证照分离”“照后减证”改革的延伸和拓展。“一业一证”改革聚焦市场准入后的行业准营环节，旨在通过优化审批流程和集中审批程序，将某个行业经营所涉及的多项行政许可事项整合为一张行业综合许可证。

自2015年率先探索“证照分离”改革试点以来，浦东新区已先后通过取消审批事项、审批改备案、实施告知承诺等方式对业务流程进行了多次优化，大大降低了企业准入门槛。“一业一证”改革将进一步实现“照后减证”目标，破解“准入不准营”难题。

“一业一证”改革决定将与2019年7月出台的《关于进一步优化营商环境提升在线政务服务水平的决定》、“新十条”等政策一起，产生制度的聚合效应，为浦东打造一流的法治化、国际化、便利化营商环境提供有力支撑。

三　浦东新区持续优化营商环境的典型案例

（一）聚焦落实，全面建设法治政府

法治是最好的营商环境。从建设一般意义上的市场到营造一视同仁、公平竞争、公开透明的法治化营商环境，良好的法治环境日益成为一个国家或地区体现其吸引力、竞争力的重要组成部分。法治政府建设是营商环境法治化的重要基石。

早在2017年，浦东新区人大常委会就依法出台了《关于加快法治政府建设的决定》，提出到2020年，要率先建成职能科学、权责法定、执法严明、公开公正、廉洁高效、守法诚信的法治政府，并且连续三年对法治政府建设的贯彻实施情况开展执法检查。

针对该决定，浦东新区政府专门制定了《浦东新区法治政府建设工作方案（2017～2020年）》和《浦东新区法治政府建设重要任务职责分工表》，切实推动《关于加快法治政府建设的决定》的贯彻与落实。具体操作上，浦东新区将法治政府建设的内容细分为117个事项，再按照每个年度分配当年重点必须完成的事项。为确保方案的实施，区人大不断加强执法检查，形成了人大监督的闭环，将更多的政府活动纳入法治化轨道，大大提高了各部门的法治思维水平和依法办事能力。

（二）聚焦开放，不断优化金融业营商环境

以浦东新区改革开放再出发以及金融业对外开放“十一条”为重要契机，浦东新区持续探索金融业营商环境的优化。

一是聚焦改革发展主责主业，全面推进金融领域创新与对外开放。浦东新区在全国率先落实合资券商、保险经纪、中外律所联营、外商独资非学制教育培训等多项现代服务业，全面加强与国际一流金融城的合作交流，进一步扩大开放。二是聚焦金融生态体系建设，全面提升全球资源配置能力。目前仅陆家嘴金融城就集聚了上证所、保交所等 13 家国家级金融要素市场和金融基础设施机构，以及浦东新区 80% 以上的持牌类金融机构。陆家嘴金融城还发布了《打造全球最优金融科技生态圈计划》，落实金融城与科学城的“双城联动”。三是聚焦综合营商环境重点任务，优化市场准入、企业服务、人才服务、交通、绿化、商业、文化等方面综合营商环境。

2020 年 2 月 14 日，中国人民银行、银保监会、证监会、外汇局以及上海市政府联合发布了《关于进一步加快推进上海国际金融中心建设和金融支持长三角一体化发展的意见》。2 月 22 日，为深入贯彻落实该意见，浦东新区出台 16 条举措，强调加快推进上海国际金融中心核心承载区建设，其中一项重要内容就是打造国际一流的金融业营商环境。具体举措包括：进一步优化浦东与金融监管部门的精准招商工作例会和自贸试验区金融创新协调机制；完善金融细分行业服务专员制度；为金融人才发展提供全方位服务，全面承接上海市下放浦东的国内人才引进直接落户审批权和留学人员落户审批权；完善“金才”系列服务工程等。

（三）聚焦关企合作关系，持续推出创新举措

聚焦构建良好的关企合作关系，围绕简化程序、缩减时间、减少收费，切实为企业增效减负，针对企业反映的具体问题，浦东海关推出多项具体改革措施，极大地促进了跨境贸易的便利化。

一是推行“提前申报”作业，对出口货物实行“提前申报、运抵验放”通关模式；对进口货物，鼓励企业在确认舱单传输后、货物抵港前，向海关申报进口报关单，办理相应手续，减少企业申报流程和时间。

二是简化单证办理手续，全面实施电子委托申报，简化进出口申报材料，进一步推行集装箱设备交接单和提货单无纸化流转。

三是不断提升海关信用管理水平，优化口岸营商环境。作为浦东社会信用体系建设成员单位，浦东海关积极落实《中华人民共和国海关企业信用管理办法》，综合运用多种动态公共视频手段，规范认证操作，严把企业信用状况认定关；努力构建信用管理链，提升信用管理整体水平。

（四）聚焦总部经济，首创政府集成服务市场主体新模式

为更好地服务于总部经济，浦东新区在深入研究评价领先国家与地区营商环境以及浦东总部企业大调研的基础上，提出将单一的总部经济服务模式改为综合性模式，首创政府集成服务市场的新模式，全面打造服务总部经济发展的生态链。该生态链聚焦“赋能、融合和共赢”，出台“七个一”服务举措，即一个赋能工具包、一份协同创新地图、一个总部资源库、一个线上App平台、一个生态链联盟、一个企业权益协调保护中心、一个总部服务品牌集群。

为实现政府集成服务市场的新模式，浦东新区建立起跨部门对口联系人的联动协调机制，形成了百余条服务总部经济的便利措施。多措并举之下，浦东新区已经成为跨国企业和国内大企业设立全球性研发中心最集中的区域。目前，浦东新区已集聚各类总部企业600多家，其中跨国公司地区总部300多家，约占全市总量的一半。

四　浦东营商环境建设面临的主要问题

营商环境没有最优，只有更优；营商环境建设没有完成时，只有进行时。国际国内形势不断变化，企业的诉求不断变化，未来浦东新区的营商环境建设仍需不断深入。

（一）优化营商环境的主动性、协同性仍需提升

营商环境建设涉及多个部门、多个环节，不仅需要各部门的积极主动作为，还需要各部门之间的协同发力；各部门要结合自身的具体工作，充分发

挥创新精神，寻找针对性强、切实可行的解决问题的路径与方法。

目前，优化营商环境已经成为政府各部门以及社会各界的共识。但是如何将这种理念上的共识、顶层的理念创新转化为基层的实践创新，进一步加强主动性、提升协同性是浦东新区营商环境建设需要面对的重要问题。

（二）建设营商环境的灵活性与柔韧性仍需加强

市场的经营活动充满了不确定性。不同企业从创立到破产的各个环节面临的具体问题都有所不同。尤其是在新兴技术不断发展、新商业模式不断涌现的背景下，随时有可能出现事先难以预料的问题。针对这些随时可能出现的、个性化的、事先无法理性预测的新问题，能否提供及时的关注与服务、提供相应的制度支持，是衡量该地区营商环境灵活性与柔韧性的重要内容。

例如，当一些跨国行业领先企业来浦东投资并研发产品后，发现有些工艺难以在本地找到生产企业，政府能否及时关注并主动提供相关服务，帮助其尽快找到合作伙伴；一些企业的业务原本符合国家、行业以及本地的环保等标准，如遇政策调整，能否考虑不同企业的实际情况，不搞“一刀切”，主动服务，柔性服务，帮助企业积极应对调整。

更好地服务企业、优化营商环境不是事先制定出“新十条”“二十条”政策那么简单，还需要在实际工作落实中不断面对事先未预料到的新问题、新现象。对浦东新区而言，要为各类市场主体提供更加灵活多样的服务与支持，建设更加灵活柔韧的营商环境。

（三）企业的人才需求受制于城市的人才评价体系和筛选机制

人才问题多年来一直是浦东各项事业发展中高度关注的问题。具体到企业，企业的人才需求往往与城市的人才评价体系之间存在一定程度的不匹配。一些企业真正需要的人才满足不了城市的人才评价体系的要求，出现难以落户、难以申请到相关政策支持的现象。

这表明，以“市场发现、市场评价和市场认可”为导向的引才机制仍未真正建立。企业的人才需求受制于城市的人才评价体系和筛选机制。例如目前的落户评价体系仍然偏向于学历、职称、专利等便于量化的评价标准，对企业的需求度、实际发展潜力、社会贡献率等内容的综合考察较少。

作为全国人才需求与人才会聚的高地，浦东新区有必要在综合性的人才环境建设方面率先探索出一条以满足企业人才需求为导向的路径。

（四）不同企业对营商环境的感受度存在较大差异

不同企业对营商环境改善的感受度不同，这一方面可能是因为目前更多的便利政策聚焦于企业准入领域，对此新设企业与存量企业之间就会存在感受差异。另一方面，在营商环境建设持续推进的背景下，企业对于营商环境的期望会越来越多元，从政务环境、市场环境、法治环境再到整个区域的综合环境等，从而使得一些措施的短期性与服务的长期性之间存在差异。

企业的类别千差万别，企业的需求各不相同。不同企业在营商环境改善及获得感的体验上必然存在差异。这是客观存在的事实，同时也提醒对于营商环境的优化要关注不同类型企业的不同需要，不搞所有制歧视、规模歧视、行业歧视，对所有企业一视同仁，立足于提供公平竞争环境，使得不同类型的企业都能够有较高的获得感，而不是产生新的不公平感。

五　持续优化浦东营商环境的思考与建议

优化营商环境要围绕企业的感受、企业家的感受做文章，真正做到以企业为本、以人为本，以市场主体的感受和体验为本。优化营商环境的出发点和立足点不是提升政府的政绩，而是提升企业经营的便利度，充分激发企业家精神，提升各类市场主体的活力，为实现高质量发展保驾护航。

（一）关于营商环境优化的几点思考

1. 营商环境优化的宗旨

为什么要优化营商环境？优化营商环境的根本目的是什么？显然，优化营商环境不是为了获得更好的排名、更高的 GDP、更优的政绩。这些都是外在的、非根本性的目标。从前文对现代经济本质以及世行营商环境评价指标体系的解读中可以看出，优化营商环境的根本目标是提升企业经营的便利性，提升企业的获得感。

也就是说，营商环境的优化应当着眼于企业的需求，以企业为本，最终以提升企业的获得感、让企业能够更方便更有效地开展市场经营活动为根本目标。强调营商环境优化的宗旨有助于厘清政府与企业的关系。企业不是政府实现自身政绩的工具，而是共同优化营商环境的合伙伙伴。营商环境改革不是为了外界排名，而是为了更好地服务市场主体，激发市场主体的内生活力与创造力。

2. 对于好的营商环境的理解

理解优化营商环境的根本目的需要厘清政府与企业之间的关系。同样，理解什么是好的营商环境同样需要厘清政府与企业的关系。

好的营商环境是要让市场主体之于地方政府，如同消费者之于商家那样享受“顾客就是上帝”的待遇吗？答案显然是否定的。但是现实中却常常看到一些地方政府尤其是有较大招商引资压力的地区，在此认识指导下展开优化营商环境改革、制定营商环境评价体系。这类认识指导下的改革与实践也因此存在许多潜在风险。

好的营商环境不是政府不计成本、无条件地满足企业的一切需求。政府不是直接参与公共资源的配置，而是提供各类市场活动所需的基础设施等公共产品和服务，维护市场秩序，保障公平竞争等，从而确保市场能在资源配置中起决定性作用。

好的营商环境是市场在资源配置中能够真正起到决定性作用。让市长的归市长，市场的归市场，这才是真正好的营商环境。因此，不能将营商环境当成是一种绝对的政治正确，重蹈以往招商引资竞赛的覆辙，使一些别有用心的人“不找市场找市长”，造成社会资源的浪费与低效配置。

3. 营商环境优化的主体

营商环境的优化是一个系统工程，涉及政务环境、法治环境、市场环境、人文环境等多个维度。营商环境的优化需要政府的大力支持与参与，政府的服务意识与自我革命至关重要。但这并不意味着政府是优化营商环境的唯一主体，甚至不意味着政府是优化营商环境的主要主体。

营商环境涉及政府、企业和社会三个方面的责任主体。营商环境的优化需要政府、企业、各类社会组织的共同参与。目前大多数地区包括浦东新区仍然是以政府为主体在开展优化营商环境的工作。这在改革的初期是必要的也是必然的，并且也容易取得相应的成就。但是，随着营商环境优化工作的持续开展，要更精准地获取各类市场主体的诉求，更加市场化、智能化地满足市场主体的需求，在更高水平和层次上扩大开放，就必须有更多主体的参与，而仅仅依靠政府的力量是远远不够的。

营商环境优化要以企业为本，但企业自身遵纪守法、提升契约意识和市场意识也是营商环境优化的一部分。各类社会中介组织则更是营商环境优化的重要力量，也是未来浦东新区不断增强改革动力和能力需要大力发展的力量。

（二）浦东新区进一步优化营商环境的政策建议

优化营商环境是一个系统工程，需要精准施策，更需要系统施策，需要多维度、立体化、全方位地施策。对浦东新区而言，可着眼于以下四个方面持续优化营商环境。

1. 提升智能化水平，进一步完善政务环境

目前，大数据已在公共管理与服务领域得到较为广泛的应用，但是应用的空间和潜力仍未得到充分的展现。充分利用以大数据为代表的新兴技术，通过流程再造等手段，精准施策，提升政府的智能化水平，推进政府治理能力的现代化，进一步完善政务环境，从而为市场主体营造出更好的营商环境。

对此，可进一步梳理各职能部门的权责边界，消除不同部门之间的责任重叠与责任空白区间，通过技术支撑下的流程再造，重塑事中事后监管制度体系，实现对企业全生命周期监管与服务的协同化、智能化和精准化；切实落实“一网通办”“一网统管”，随时发现问题，随时解决问题，加快电子

政务能力的提升。

2. 立足亲清政商关系，精准动态地把握企业需求

优化营商环境必须围绕企业需求。不同行业、不同规模、不同生命周期的企业对营商环境的诉求不同。而伴随外部经济环境的不断变化，企业的利益诉求也在不断变化。这也是营商环境优化无止境的根本原因之所在。对此，有必要通过各种途径动态地把握企业需求，把工作做在前面、做到位，紧紧围绕企业需求这个“牛鼻子”开展工作。

一是要立足亲清政商关系，既真诚传递“无事不扰、有求必应”的信号，又坚定阻断与企业利益关系纠缠，保持中立态度，对不同类型企业一视同仁，不分内外、大小，尽最大可能为企业的公平竞争创造条件。比如，进一步提高政策透明度，对惠企政策归口汇总机制明确了更高的服务标准，畅通企业诉求和权益保护的反映渠道。

二是要构建多层次联系企业制度，畅通多元化诉求表达渠道。针对不同类型的企业，建立起相应的联系服务企业制度，对于行业重点企业建立专人联系机制，搭建企业诉求表达平台以及政企沟通制度化平台，完善企业家参与涉企政策制定机制，主动延伸服务触角，扩大企业受益面。

三是针对重点产业、重点行业和市场主体生命周期的关键阶段，开展精准化的营商环境建设，形成大营商环境体系下的营商环境小生态系统。例如一些企业尤其是小微企业利用先进技术手段支持的政务平台办事可能还存在一些困难，有必要保留一些人工引导的通道，不能“一刀切”地将所有业务网络化，要给小微企业留一个适应期。

3. 聚焦信贷环境，支持企业创新创业

2020 年世行报告显示，中国在十大类指标中有八大类实现了较大程度的改善，但在“财产登记”与“获得信贷”方面的改善不显著。这将是今后对标世行改革需要重点关注的两个领域。

作为上海建设国际金融中心的核心承载区，浦东新区要充分利用现有的各类金融资源，率先实现营商环境在“获得信贷”指标方面的突破。“获得信贷”的两个分类指标分别是“动产抵押法律指数”和“信用信息系统指

数”。这两个指标对浦东今后信用环境、信用信息水平、动产抵押制度的突破以及相关法律制度保障等提出了更高的要求。

信用信息体系的建立及其可获取性、动产抵押融资制度的突破将从根本上改善营商环境，为更多市场主体尤其是中小微企业的创新创业获取融资、担保等服务创造支持性条件。

4. 大力发展市场中介组织，增强市场活力

市场是资源配置的决定性力量。市场有活力，资源配置才能更高效。市场的活力来源于多元化的市场主体，包括企业、市场中介组织等。

不仅如此，良好的营商环境的建设也有赖于政府、企业和社会三方共同发挥力量。一直以来，人们对政府和企业的力量以及政府和企业之间的关系有较多的讨论，形成了许多好的理念和政策。但是对于各类社会力量尤其是市场中介组织的力量的认识仍然不足。

事实上，市场中介组织不仅是市场活力的重要来源、是优化营商环境的重要力量，还是建立亲清政商关系、推动政府和企业关系良性发展的重要力量。独立的市场中介组织是政府与企业之间的一座沟通的桥梁、一道利益的隔离墙，有效地保障政府和企业之间既不互相干扰又不互相疏离。大力发展市场中介组织不仅是建设高效公平的市场体系的重要手段，也是促进亲清政商关系构建的重要途径。

5. 着眼于人才建设，全面优化人文法治环境

对标世行指标的改革只是营商环境优化的一部分。对浦东新区而言，在前期改革的基础上，未来进一步聚焦人文法治环境的优化将可能带来营商环境的突破性提升。

对此，可着眼于人才环境的优化，围绕企业真实的人才需求，强化以“市场发现、市场评价和市场认可”为导向的引才机制，提高企业人才需求与政府人才评价之间的匹配程度，加快完善人才落户、教育、医疗等关联性事项的相关制度，增强现实环境对人才的吸引力与凝聚力，为人才的发展进而为企业和市场的发展创造安心安定的环境。

此外，法治和信用环境也是人才流动所考量的重要内容，是人们安心发

展事业的重要基础。未来浦东的营商环境能否持续优化，很大程度上取决于能否形成吸引人才、集聚人才的优良人文法治环境。

营商环境就是生产力、创造力和吸引力。优化营商环境只有进行时，没有完成时。从以“云网端”为基础的全面流程再造的“硬件打造”，到“信用、法治、亲清政商关系”的“软件开发”，持续优化营商环境将为浦东改革开放再出发注入新的活力，为上海建设全球城市提供新的动能，为长三角更高质量一体化发展增添新的抓手。

参考文献

夏后学、谭清美、白俊红：《营商环境、企业寻租与市场创新——来自中国企业营商环境调查的经验证据》，《经济研究》2019 年第 4 期。

林涛、魏下海：《营商环境与外来移民的企业家精神》，《宏观质量管理》2020 年第 1 期。

史健勇：《在更大范围和更宽领域进一步优化上海营商环境》，《科学发展》2020 年第 4 期。

中国财政科学院 2018 年“降成本”调研制度性成本组：《以优化营商环境为引领，降低制度性交易成本——北京市调研报告》，《财政科学》2018 年第 10 期。

B.10
浦东新区土地效益倍增的现状与机制优化

王 畅　徐全勇*

摘　要：　经过30年的大规模开发开放，浦东的城市建设用地规模已经接近“天花板”，为破解这一瓶颈，浦东区委、区政府提出了“经济总量倍增”与“土地效益倍增”等“五大倍增行动”。此战略不但具有经济现实基础，而且顺应了上海市土地集约化利用的一系列政策要求。从提高土地效益的实际来看，浦东新区在城市规划、土地管理、土地集约化利用、土地整治与土地信息化等方面都取得了显著成效，但是也存在土地更新改造形式较单一、土地更新改造项目的审批流程不够规范统一、土地更新改造的总体谋划需要加强、土地更新改造的激励与约束机制还不够健全、土地全生命周期管理机制还需完善等问题。为加快浦东新区土地效益倍增的速度，需要提高项目办理速度、加强对全区存量用地更新改造的谋划、提高项目主体进行更新改造的积极性与主动性、推动土地全生命周期治理常态化、突破土地更新改造项目的一些瓶颈。

关键词：　土地效益　机制优化　浦东新区

* 王畅，中共上海市浦东新区委员会党校经济与社会学教研部讲师，主要研究方向为“一带一路”高质量发展、中国特色大国外交；徐全勇，博士，中共上海市浦东新区委员会党校经济与社会学教研部副主任、副教授，主要研究方向为开放型经济体制。

20 世纪 80 年代以来，在私家汽车广泛普及、私营资本力量不断壮大的背景下，城市空间的蔓延与城市土地利用的低密度化加剧。随着资源环境问题日益成为社会关注焦点之一，“紧凑型城市”与“精明增长”理论应运而生，并在城市用地管控、加强城市更新改造、提高城市土地利用效率等方面得到了广泛运用。例如，1997 年美国波特兰市运用“精明增长”理论，开始实施 2040 规划，经过 20 多年发展，其人口增长了 50%，但其城区土地面积仅增长 2%。浦东新区经过 30 年的大规模快速开发，城市建设用地规模已经接近“天花板”，加快提高土地效益成为经济高质量发展的必由之路，由此，浦东新区区委、区政府 2020 年提出实施“五大倍增行动”，推动浦东经济总量突破 2 万亿元，其中土地效益要实现倍增。

一　浦东新区土地效益倍增的现实基础

（一）经济高速发展背景下单位要素产出的增长放缓

浦东开发开放以来，持续大规模的资金投入与土地开发，迅速推动了经济的高速发展，浦东新区的经济总量由 1990 年的 60 亿元左右，迅速增长到 2019 年的 1.27 万亿元。从经济发展的过程来看，单位资本、土地等要素的产出增长率有开始下降的趋势。2000 ~ 2018 年，单位资本的产出总体上呈现增长的态势（见图 1），单位资本产出的增长有许多原因，比如技术投入的增加、制度变迁与加强管理等，这里我们暂不去追究。我们重点关注这种趋势变化的过程，浦东新区经济发展在持续多年单位资本产出增长的情况下，2016 年以来单位资本产出增长率开始下降，这表明浦东新区的经济发展要维持现有的高增长率必须更加重视单位要素产出增长率的提高。需要说明的是，这里如果使用单位土地产出增长率的变化更能够说明本文的主题，但是限于浦东新区统计年鉴无法找到连续的建成区面积或者开发土地面板数据，因此我们只能通过单位资本产出来间接说明浦东新区包括土地在内的生产要素的效率提高的重要性。

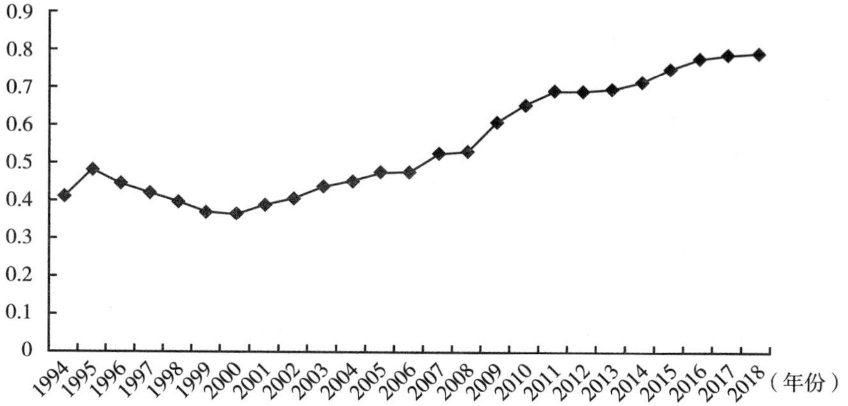

图 1　浦东经济发展中的资本产出比变化

资料来源：根据浦东新区历年统计年鉴计算得到。

（二）城市建设用地规模已经接近“天花板”

1990 年浦东开发开放，开启了我国以土地市场化手段大规模推进土地开发的模式。浦东开发开放原来基本上是在农村地区进行的，其开发方式是大规模、连片式的开发，资金与土地投入规模巨大，增长速度非常快，并迅速推动了城市规模扩大与经济总量跃迁。目前，浦东新区的城市建设用地规模已经接近“天花板”，转变土地利用形式、提高土地节约集约化水平已经成为当前浦东土地利用的迫切任务。根据浦东新区的总体规划，浦东新区目前建设用地总量约 780 平方公里，至 2035 年规划建设用地总量控制在 805 平方公里。到 2025 年的总体目标为，在建设用地总量逼近“天花板”的情况下，强化规划引领，调整土地利用结构，挖潜土地存量资源，提高土地利用品质，并促进经济发展方式的转型。按照浦东新区经济总量翻番和固定资产翻番的目标，浦东新区未来 5 年各类用地供应大约只有 48.9 平方公里（不含自贸试验区新片区）。其中，商办供地 1.0 ~1.4 平方公里；商品房供地 1.6 ~2.8 平方公里；保障房供地约 5.7 平方公里；产业供地约 2.0 平方公里，同时加快推进存量产业用地转型升级约 2.0 平方公里；基础设施供地约12.0平方公里。可见，在浦东新区城市建设用地规模接近“天花板”的情况下，提高单位土地产出的水平、促进土地效益倍增是浦东经济发展的必然选择。

（三）企业产业升级与进行土地更新改造的积极性不断提高

经过30年的开发开放，浦东新区不但经济总量迅速增加，产业结构也不断升级。特别是浦东新区作为上海市“经济、金融、贸易、航运、科技中心”的核心功能不断凸显，其世界影响力不断提高，例如，洋山港的集装箱吞吐量已经连续10年位居世界第一，股票市场与期货市场的交易规模已位居全球主要金融中心前列，一些重要大宗商品（例如上海铜、上海锌等）交易价格已经成为全球实物交割的重要参考，集成电路产业已经发展成为全球重要的产业基地，其对全球产业的影响力不断增大，生物医药产业的研究技术水平与世界一流的水平逐渐接近。为了促进浦东成为全国经济高质量发展的标杆，浦东新区区委、区政府确立了制造业的六大硬核产业，即“中国芯”“创新药”“智能造”“数据港”“未来车”“蓝天梦”，以及六大现代服务经济，即资产管理、融资租赁、大宗商品、总部经济、文化创意以及专业服务。浦东新区的六大硬核产业与六大现代服务经济总量规模大，市场竞争优势明显，在城市用地空间十分有限的情况之下，必须走内涵式的发展道路，主要通过提升技术含量、加强产品创新与拓展全球服务范围等形式提高市场竞争力，同时提升浦东全球城市的核心竞争力。从实际调研来看，许多企业对就地扩大生产规模与经营范围有着强烈的需求，例如三生国健药业（上海）股份有限公司在浦东经营多年，随着近年来研发成果的不断增加、企业市场的扩大，对扩大就地生产规模、增加厂房有着强烈的渴望，并且已经通过上海市政府“零增地”技术改造政策扩大了生产规模。

二　浦东新区土地效益倍增的政策背景分析

为了切实转变土地利用方式，率先走上土地高质量发展道路，2014年以来，上海市出台了一系列的土地新政。细究上海市存量更新改造政策，可以将其大致思路归纳为：首先是确立锁定用地总量与激活存量的用地总体思路；其次是逐步搭建提高存量用地利用效率的政策框架；再次是通过不断创新与细化存量用地更新改造政策，提高政策的系统性、科学性与针对性；最后是存量用地更新改造专项政策的出台与完善。这个政策脉络可以为新区土地效益倍增的政策创新与方法创新提供方向与目标。

（一）上海市政府“锁定用地总量与激活存量”的城市用地总体思路确立

2014 年上海市政府印发的《关于进一步提高本市土地节约集约利用水平的若干意见》明确了“总量锁定、增量递减、存量优化、流量增效、质量提高”的基本思路，并且提出“科学划定三条红线，强化规划硬约束”的具体规定。2014 年 3 月，上海出台两项工业用地新政，即《关于本市盘活存量工业用地的实施办法（试行）》和《关于加强本市工业用地出让管理的若干规定（试行）》，前者针对存量工业用地，后者针对新增工业用地，提出了未来工业用地发展的指导思路。经过两年试行，2016 年经上海市规划和国土资源管理局修订完善的《关于本市盘活存量工业用地的实施办法》和《关于加强本市工业用地出让管理的若干规定》正式施行，标志着上海顺利度过土地新政试点运行阶段，以工业用地为主要抓手的存量更新走上正轨。

2018 年《上海市城市总体规划（2017～2035 年）》（以下简称《规划》）正式发布，标志着上海新发展模式的转型与土地利用思路的重大转折。《规划》提出了上海至 2035 年的远景展望，以及至 2050 年的总体目标、发展模式、空间格局、发展任务和重要举措。其中强调，鼓励和引导各项城市建设节约集约利用土地，加大存量建设用地挖掘力度，推进土地适度混合利用，实现规划建设用地总规模负增长，全面提升土地利用效率。这意味着上海的发展模式必须从以往地域空间的扩张式开发向内涵式、集约式发展转型，以存量用地的更新再利用来满足城市未来发展的空间需求，即进入城市更新模式。在《规划》中进一步明确全市范围内的工业仓储用地规模将从

2015 年的 839 平方公里，调整减少至 2035 年的 320～480 平方公里，即未来上海城市建设用地将主要从工业用地的减量化中获得。对目前上海市存量工业用地要加大更新改造力度，提高土地利用效率。

（二）逐步搭建提高存量用地利用效率的政策框架

为了切实转变上海经济发展模式，实现土地资源利用效率的提高，上海市逐渐构建了一套与过去不同的土地高效利用的政策体系。在总结上海 2014 年与 2016 年盘活存量工业用地政策效果的基础上，2018 年市政府出台的《关于本市促进资源高效率配置推动产业高质量发展的若干意见》（以下简称“双高”意见）是对上海用地总体思路的进一步贯彻落实，并形成了政策体系框架。“双高”意见提出“需要建立以创新发展提质增效为核心的资源高效率配置制度，盘活存量资源，加快‘腾笼换鸟’，着力提高经济密度和投入产出效率”要求，并且在加强产业规划布局统筹、实施资源利用效率评价制度、建立高质量发展标准体系、加快存量低效用地转型升级、创新资源盘活利用政策以及工作保障等方面进行了系统全面的部署，全方位、多条线发力，加大存量用地更新改造力度，促进提高土地利用质量与效率。同年，市政府《关于本市全面推进土地资源高质量利用的若干意见》《关于本市推进产业用地高质量利用的实施细则》相继出台，政策更加具体细化，操作性更强。至此，上海土地资源高效率利用的政策框架基本形成，其实际运用效果也立即显现，并且为后续依据土地高质量利用实际遇到的问题不断调整与完善政策奠定了基础，为有关专项政策的出台提供政策框架。

（三）存量用地更新改造政策的进一步创新与细化

为了进一步贯彻落实市政府关于土地高质量利用的文件精神，2019 年 2 月，上海市规划和自然资源局出台了《关于进一步优化营商环境，加快推进产业项目规划实施的细则》，该细则在上述文件精神的基础上，对产业项目用地（包括存量用地）规划方面做了更加专业、更加细致的完善与创新，具体来说，在产业项目的建筑容积率控制、建筑高度调整、建筑布局弹性管理、优化审批流程等方面做了明确具体规定，便于基层在实际操作中直接运用政策。2020年4月，上海市规划和自然资源局出台了《关于加强容积率管理全面推进土地资源高质量利用的实施细则》，更是将规划开发强度管控与规划容积率管控等两大问题进行了详细科学的界定与规范，并落实到全市不同类型的分区地块上，也提出了“建筑面积奖励”等一些与国际接轨的创新措施。这一政策的出台，为实际操作部门更新与改造不同地块提供了明确的空间，区级政府部门、开发区、企业可以将所在区域的每一地块与文件的每一个类型的地块的开发强度和容积率上限进行对照，为存量用地（包括“零增地”项目）更新改造提供具体数量化的规定。至此，市政府与“零增地”项目相关的存量用地政策体系已经形成，其专业性与操作性不断提高。

（四）存量用地更新改造专项政策的出台与完善

“零增地”项目作为存量用地更新改造的一种重要形式，操作过程中的许多环节需要规范。2019年2月上海市规划和自然资源局出台了《关于进一步优化营商环境，加快推进产业项目规划实施的细则》，对产业项目的建筑容积率控制、建筑高度调整、建筑功能管理、建筑布局的管理、建筑层高与面积计算等具体问题进行了明确规定，至此“零增地”项目有了具体的操作依据与办法。2019年7月，由上海市经济和信息化委员会牵头的“三委两局”出台了《规划产业区块外企业“零增地”技术改造正面和负面清单》，该文件对“零增地”的适用范围、管理机制、正面清单、负面清单的具体内容都进行了较为全面的规定，明确了相关部门的职责与具体要求，“零增地”政策更加系统化、规范化。2020年7月，上海市政府出台了《关于进一步深化行政审批制度改革 加快推进重大项目建设的若干措施》，不但将战略留白区项目的管理权限下放到区政府，提出优化项目的审批程序措施，而且对“零增地”过程中的一些具体问题提出了解决办法，例如，“零增地”项目占用绿化问题，文件中明确指出“将占用500平方米以下已建成绿地的审批权下放各区，对占用的绿地，由各区年内统筹补建相应面积的绿地，或缴纳绿化补偿费和绿地易地补偿费”。由此，“零增地”专项政策逐渐系统化、科学化。

三　浦东新区提高土地利用效率进展与成效

（一）加强土地利用总体规划编制，引导土地高效利用

浦东新区区、镇两级土地利用总体规划于2012年8月获得上海市政府批复。浦东为全国17个土地规划“滚动修编”试点区县之一。2019年，《上海市浦东新区总体规划暨土地利用总体规划（2017～2035）》获得上海市政府批复。同过去的规划相比，浦东新区通过多规合一的办法，把土地利用规划与城市总体规划融合起来，克服了土地规划与其他规划之间的不协同问题。《上海市浦东新区总体规范暨土地利用总体规划（2017～2035）》明确锁定了浦东新区建设用地的空间，锚固了城市生态基础的基本态势，即到2035年浦东新区的规划建设用地总量控制在805平方公里，只有不到100平方公里的城市建设新增用地空间。因此，通过规划手段倒逼浦东新区经济发展从增量扩张进入存量优化阶段。在此背景下，新区不断加强重点开发地区的规划，例如金桥－外高桥单元、陆家嘴单元、张江单元等单位规划，为增强城市重点地区的功能、促进产业升级与提高单位土地产出奠定了基础。与此同时，制定了相关产业准入标准，为提高单位土地产出提供产业引导。

（二）大力全力推进土地减量化，加快低效利用土地退出

深入推进浦东新区郊野单位规划，完成了合庆、新场、大团、老港、泥城等镇郊野单元规划编制，通过编制郊野单元规划，落实规划空间引导，明确土地减量化区域，安排项目实施时序，统筹现有各类规划、资金等资源，重点落实“198”① 区域减量化任务，有序推进减量化项目实施。建立减量化工作共同责任机制，明确职责分工；探索新增建设用地

① 上海市现有工业用地分为104地块、195地块和198地块。104地块重点发展战略性新兴产业；195地块需要加快转型，重点发展公共服务现代服务业；198地块是要实行减量化的工业地块。

指标和耕地占补平衡指标有偿使用机制，建立区级指标交易平台，适时调整指标收购和调剂标准；建立启动资金预拨付制度，积极为减量化工作开展创造条件；研究制定各类操作口径，为减量化工作奠定基础。政策聚焦，形成合力。坚持项目导向，将减量化工作与产业结构调整、三年环保行动等结合起来，形成政策聚焦，实现减量化工作与产业结构调整无缝对接。将产业结构调整目录与减量化项目实施计划进行比对，聚焦“198”工业区域，拾遗补阙，形成产业结构调整与减量化工作“一张表”，作为年度产业化结构调整与减量化共同的目标任务。共同制定浦东新区产业结构调整及减量化工作考核方案，严格考核“198”工业减量化，对未完成“198”工业减量化的实行“一票否决”，加强对土地减量化工作的考核机制建设。

（三）推进存量用地更新改造，提高城市用地集约水平

提高项目征地率、供地率。征地、供地审批实施“一张表”管理，加强项目批后跟踪，对转而未征和征而未供的土地，通过加大征地供地力度，提高供地率。加大闲置土地处置力度。结合市、区政府对土地进行全生命周期管理的要求，加强源头管控，做好闲置土地预防工作；通过开展闲置土地调查和认定，加快历史闲置土地消化利用，将“死地”变为“活地”。深入贯彻落实上海市“零增地”项目有关政策，推动“零增地”项目更新改造，根据《关于进一步优化营商环境，加快推进产业项目规划实施的细则》以及《上海市控制性详细规划技术准则（2016 年修订版）》等文件要求，按照“产业准入、规划调整、土地审批、方案审批”等四条线并联进行审批或者备案的流程办理。《规划产业区块外企业“零增地”技术改造正面和负面清单》出台以后，科经委主动牵头筛选优质项目，把好项目产业准入关，其他部门也积极配合，办理相关审批与服务，从执行情况来看，已有一些项目办结了相关手续，并开始了施工改造进程，“零增地”项目进展总体较为顺利。目前新区已有一批“零增地”项目已经办结和正在办理有关程序中，其中位于张江 104 地块的就有 10 个项目。

（四）加强对土地利用的全生命周期管理，全面推进违法用地整治

为加强浦东工业用地全生命周期管理，促进土地资源节约集约利用，浦东新区制定了《工业用地全生命周期管理实施细则》，明确项目准入要求，建立项目达产评估、过程评估、到期评估全过程土地利用绩效评估制度，强化项目开工、竣工、投产全过程履约控制，落实土地使用权退出机制，规范合同到期后的续期管理。探索“腾笼换鸟”，推进“二次开发”。围绕盘活存量工业用地和加强工业用地全生命周期管理，制定和细化新区工业用地节约集约利用实施办法，就工作流程、职责分工、新旧政策过渡衔接等内容做了进一步明确，建立规范、有序的长效工作机制，强化了可操作性。完善土地巡查管理机制，提高巡查效率。2013 年开始，在开展土地综合巡查试点的基础上，引入外包服务，形成区层面、各镇基层所和巡查员三级巡查网络新机制，提高了巡查效率，有助于保障土地巡查结果的准确性和公正性，也有助于违法用地的早发现、早制止。建立违法用地整治工作新机制，加强土地的整治。近年以来，新区成立了“三违”整治领导小组，领导小组下设“三违”整治办公室，建立“三违”整治网络，协调推进全区“三违”整治工作；制订计划，确定整治的重点、难点。新区还成立了专项工作领导小组，区“三违”整治办公室、规土局、城管执法局、监察局、公安分局、检察院、发改委、建交委、经信委、农委等部门和各镇政府为小组成员单位。自 2014 年以来，全区违法用地防控和整治工作始终保持高压态势，违法用地综合整治行动紧紧依托“三违”整治办公室综合牵头推进，对违法用地明确按照“零容忍、零增长”要求，落实违法用地属地化管理责任，采取有效措施加大违法用地整治力度，坚决遏制违法用地新增势头。

（五）完善土地基础工作，提高土地管理效率

积极开展农村地籍更新试点调查工作。完成高桥、航头、川沙和书院等镇农村土地调查工作，启动地籍管理信息服务系统建设，整合基层所、

土地事务管理中心和机关处室三个层面的资源，实现地籍管理分工协作的三级管理，搭建服务平台。依托信息化建设，推进土地精细化管理。建立有效的数据指标体系，统一数据格式，并相应开发了新增建设用地计划管理系统、耕地占补平衡指标管理系统、农用地信息化管理系统等信息管理系统，创新新增建设用地计划指标管理形式，细化耕地占补平衡指标管理，整合各类数据资源，实现主要业务一支队伍、一本台账、一个平台，资料共享，从根本上解决基础资料、台账不健全造成的工作被动，加强项目征地和供地等各环节的批后跟踪，进一步规范征地补偿安置行为，推进土地精细化管理。

四 浦东新区土地效益倍增存在问题分析

（一）土地更新改造的形式较单一，发展潜力较大

目前浦东新区土地更新改造的主要形式是“零增地”项目类型，是现有工业项目因规模扩大、厂房空间需求增加，在原有土地上进行“零增地”改造，而用地方式没有发生变化，这种“零增地”项目类型固然重要，但是“零增地”项目类型要普遍开花、齐头并进，才能充分发挥政策作用。既要有工业用地变更为科研用地、商业服务用地，又要有单一用地性质的项目变更为混合用地项目等多种类型“零增地”项目发展，只有这样才能发挥“零增地”项目推动产业升级、实现土地效益倍增的效果。另外，需促进“零增地”项目权利人的混合经营，才能够充分发挥“零增地”政策促进产业升级的作用。此外，需进一步扩大项目实施的范围与行业覆盖面。目前，“零增地”项目主要分布在张江管委会管辖的地区内，其他地方“零增地”项目较少；项目以医药行业居多，其他行业项目较少，对于新区目前土地效益总体不够高的现状来说，显然项目的覆盖面较为狭小。因此，新区“零增地”项目的潜力仍然较大。

（二）土地更新改造项目的审批流程不够规范统一，历史遗留问题影响了项目办理速度

首先，土地更新改造项目审批流程不够规范。土地更新改造项目是一项新的行政审批事务，而且涉及的审批部门较多，流程较为复杂。目前新区土地更新改造项目审批在通过了产业准入以后，还需要规划、土地、建设、环保、气象等多个部门审批，企业需要跑多个部门，通过多道环节，仅控规调整完整程序就包括“三阶段九环节”，并且土地审批与建管审批的环节较多，即使申请简易规划调整程序一般也需要花6个月，有的长达1年半。与济南市“零增地”项目实施“一次办成”改革，即“一窗受理”“一并审批”“一次办成”相比还有较大差距。其次，具体项目的历史遗留问题千差万别，影响了项目的进程。土地更新改造项目原有建设时期的一些审批标准与现行审批标准有一定差距，相关的审批部门按照现行的要求进行审批，造成了一些项目办理起来遇到了暂时困难，或者需要通过调整、改建才能符合现有法规与规范，影响了项目推进速度。例如，新的消防标准需要企业内部具备环行消防通道，原来没有建设环形消防通道的企业需要改建；新环卫标准需要新建垃圾处理设施；新的交通要求需要根据建筑面积增加一定的停车位；等等。再次，也有一些标准随着建筑高度与容积率的增加，需要企业同时提升相关标准，例如，项目新增建设高度后，厂房的退建距离要求增加，企业执行起来较为麻烦，个别企业表达了放弃“零增地”项目意图（例如航头镇的文依电气）。最后，还有一些新的要求需要更加明确的操作规范，例如，对“占用的绿地需要缴纳绿化补偿费和绿地易地补偿费”，大多数企业表示能够接受缴纳绿化补偿费，但企业反映执行的具体要求与程序不够明确。

（三）土地更新改造的总体谋划需要加强，服务手段需要进一步创新

新区已实施的土地更新改造项目主要是企业因为市场业务扩大，主动通过开发区管委会或者街镇向有关部门申请增加项目的容积率与建筑高度，相

关部门按照市“三委两局”的有关文件精神与程序办理。顺应企业的需求，政府应当加强对新区土地更新改造的总体谋划，明确土地更新改造的总体发展目标、推进步骤、重点区块与重点举措等，发挥政府引领作用。例如，就土地高效利用的容积率来看，市政府有关文件已经明确：要通过控制“陆域建设用地比例”来控制全市建设用地总体规模，通过“平均容积率”来确定地区开发建筑的总量规模，通过地块的“容积率”来确定地块的具体建设指标，通过上述三个层面的指标来管控地块的建筑总量与容积率上限。建议加强对重点地区、重点地块土地利用效率现状的全面调查研究，搞清楚土地低效利用项目的现状与分布，以重点地块的总容积率上限引导地块内部企业实施更新改造，并推动地区内部项目之间剩余容积率的转移与调剂。相关部门对土地更新改造服务要进一步创新与细化。例如，在保障工业园区绿地总面积不低于其用地总面积的20%的前提下，要加强统筹补建相应面积的绿地，明确绿地易地补偿费缴纳的具体方法，为企业改扩建占用绿地提供便捷。

（四）土地更新改造的激励与约束机制还不够健全，土地更新改造各类主体的积极性与创造性还有待提高

土地更新改造项目类型多样，涉及的利益主体较多，含有国有企业、乡镇企业、外资企业、开发区、街镇以及相关主管部门等，需要充分调动多个主体、多个层面的积极性。首先，企业存量用地高效利用的激励与约束机制还不健全。目前，还没有对企业项目实行技术改造、财税、电价、环保、金融服务等差别化政策，企业土地利用效率奖优罚劣的机制尚未建立。另外，虽然有些项目既有权利人有一定动力在原地扩大生产规模、提高用地效率，但也有相当比例的项目既有权利人认为改造不如新办企业。更甚的是，外来的权利人进入现有项目显然存在诸多壁垒，阻碍了国际一流企业参与土地更新改造项目。其次，对开发区与街镇高效利用土地的考核机制不完善。由于目前开发公司与街镇对增量土地开发已经驾轻就熟，在缺乏单位土地产出严格考核机制的条件下，开发公司与街镇对存量用地更新改造项目的积极性和

创造性尚未充分发挥出来。特别是开发区管委会是对开发区地块进行整体规划与功能打造的最适合主体，上海市在土地更新改造中的经验之一是发挥开发区对地块整体规划与功能塑造的作用，因此，需要完善机制，发挥开发区对土地更新改造项目进行功能规划、整体开发的作用。最后，相关主管部门之间的合力还发挥得不够，合作意识还有待进一步提高。

（五）土地全生命周期管理机制还需完善，管理要常态化

首先，管理机制需要进一步完善。需要建立更广泛的部门参与的治理体系，全面持续提高土地利用效率，以适应建设用地规模接近“天花板”下的经济发展用地模式。其次，要完善土地督查有关规范与指标体系，建立更全面反映土地利用效率的指标体系，全面提升督查治理的效果。加大和提高督查的力度与频度，加大对督查结果的运用与奖惩力度，促进提高单位土地产出。最后，要发挥行业与社会组织在土地更新改造中的作用，推进土地治理体系的建设。

五　浦东新区土地效益倍增的机制优化建议

浦东新区要加快完善土地更新改造的机制建设、加强政策工具的创新，建议可以从以下几个角度深入思考并探索实践。

（一）加快建立“一窗通办”土地更新改造审批机制，提高项目办理速度

首先，加快土地更新改造项目“一窗通办”的审批体制改革。建议新区土地更新改造牵头部门会同企业服务中心、“三委两局”以及其他相关部门，制定土地更新改造的审批方案，优化审批流程。依托行政审批服务平台，尽量将各单位审查事项由串联方式调整为并联方式，推行统一受理、统一采集信息、同步审批的服务新模式，减少审批环节，压缩审批时限，加快土地更新改造项目审批形成“一窗受理、一并审批、一次办成”模式。其

次，主动解决土地更新改造项目的历史遗留问题。各部门要主动梳理土地更新改造项目由审批规则变化造成的绿化、消防、环卫、建设、水务、气象等方面的问题，总结经验，在坚持合法、合规、合理的原则条件下，创新解决办法，加快项目的办理速度。

（二）建立存量用地更新改造的统筹协调机构，加强对全区存量用地更新改造的谋划

存量用地更新改造将成为新形势下高质量发展的重要任务，因此要加强对土地更新改造的领导与统筹协调。第一，建立存量用地更新改造的统筹协调机构。建议新区领导牵头，有关部门与重点开发区参与，建立存量用地更新改造领导小组，全面负责对土地更新改造项目的领导与统筹协调。第二，加强对存量用地利用更新改造的总体谋划，明确土地高效利用的潜力、目标、步骤与重点区块、重点项目。要全面、定量摸清现有已开发土地利用效率的现状，特别是重点开发区、开发单元的中低效率土地的现状与分布，对照国际一流大都市的标准，摸清地块容积率总量、企业固定资产投资总量、单位土地面积产出的总体潜力与空间布局，制定“零增地”发展的规划与推进步骤。第三，精化产业规划，明确有关指标。市政府文件对土地更新改造的正面和负面清单提出了产业标准与企业标准，新区有关部门需要在此基础上，结合新区的产业实际将标准进一步具体化、指标化、项目化。

（三）健全土地更新改造的约束机制与激励机制，提高项目主体进行更新改造的积极性与主动性

第一，完善全要素的产业用地标准。根据产业准入标准，开展土地出让前的产业要求征询，细化制定产业项目基本情况表和总平面图、建筑效果图，落实高质量产业发展要求，优选产业项目，切实提高产业项目质量。第二，建立土地高质量利用的考核倒逼机制。制定开发区、街镇、工业地块等单位土地投入产出考核指标体系，提高低效率土地利用各类主体主动进行更新改造的积极性。第三，完善土地更新改造的综合激励与约束机制。积极开

展针对不同土地利用效率的企业的试点工作，实行技术改造、财税、电价、环保、金融服务等领域的差别化政策，建立土地更新改造的约束机制与激励机制，提高企业进行更新改造的积极性与主动性。

（四）建立土地高效利用的评估与监管体系，推动土地全生命周期治理常态化

首先，要开展对土地更新改造项目的资源利用效率评价，开展产业项目达产评估、运营阶段定期评估、土地使用期限到期评估等绩效评估工作。其次，完善监管指标体系，提高监管绩效。运用土地更新改造项目的市场准入标准、高效率利用标准以及项目业主的告知承诺事项等，建立针对不同类型土地利用项目的监管指标体系与监管方法，提高监管成效。强化土地利用评估与督查结果的运用，发挥倒逼机制的作用。再次，建设新区土地利用的数据库，推动监管手段的创新。继续加强上海市规划和自然资源局现有土地资源数据库的功能建设，拓展土地高质量利用的数据内容，加强智能化监管的运用。最后，发展土地利用与监管的社会力量，完善土地社会治理体系。丰富土地评估的专家组成员，加强专家参与土地评价、评估制度建设。积极发展有关的社会组织，发挥社会组织在土地利用监管中的作用。

（五）加大重点环节改革创新，突破土地更新改造项目的一些瓶颈

第一，积极探索容积率奖励与转移等杠杆手段。根据市政府容积率管理的有关文件精神，借鉴国际城市容积率管控的经验，探索在单元规划确定开发总量的前提下，大力探索地块内部项目之间的容积率转移、容积率转让、容积率储存的实施条件与办法，创新容积率管控的手段与方法，加快提高浦东土地总容积率。第二，大力构建多方利益均衡的项目开发机制。鼓励项目既有权利人与知名企业组成联合开发体，提高土地更新改造项目的产业层次与技术含量，探索以地换房、以地换股的实现机制，鼓励领军企业参与现有项目改造，推动围绕领军企业打造世界一流的产业集群。第三，支持园区平台提升产业服务功能，充分发挥开发区规划与开发地块的优势。鼓励开发区

参与地块整体规划与开发，落实园区平台建设的标准厂房、通用类研发物业等转让比例。第四，完善混合用地实施办法。探索建立有利于复合兼容的相关行业标准，实行公益性和经营性设施混合的土地供应制度，推动“零增地”项目多样化发展。第五，推动土地更新改造项目的社会信用体系建设。探索将土地更新改造项目的全生命周期履约情况纳入新区企业信用体系，加强企业信用状况在项目更新改造、获取土地中的运用。

参考文献

吴超：《提高上海土地利用效率问题研究》，《科学发展》2019 年第 7 期。

王训国、黎而力：《上海市低效建设用地减量化探索与实践》，《上海国土资源》2017 年第 4 期。

彭颖、陈雪瑶：《国际大都市提高土地利用效率的经验与启示》，《科学发展》2018 年第 7 期。

吴沅箐、殷玮：《上海近远郊地区建设用地减量化差异探析》，《上海国土资源》2015 年第 4 期。

郭淑红：《上海建设用地减量化实施策略分析》，《上海国土资源》2018 年第 1 期。

B.11

提升上海自由贸易试验区效能，促进浦东新区倍增发展

——基于优化税收政策的视角

陈明艺　钱娅妮*

摘　要：在开放、充满活力的市场中，经济发展与税收是良性互动关系。浦东新区成立30年来，始终秉承开放、创新的发展理念，取得了举世瞩目的成就。自2013年上海自由贸易试验区设立以来，从1.0版、2.0版、3.0版到4.0版方案一路升级，浦东新区做出了突出贡献。在这一过程中，税收政策发挥了显著的积极作用，如保税区片区的税收优惠政策,出口退税、报税监管等税务创新服务措施，不仅提升了浦东新区的税收营商环境，而且吸引了企业投资和生产，并向全国自由贸易试验区推广复制。在这一基础上，临港新片区从企业所得税、个人所得税、自由贸易账户等税收政策方面获得了国家给予的优惠政策支持。2020年是浦东新区再出发的起点，面对新冠肺炎疫情和中美贸易摩擦的叠加冲击，应充分整合已有的税收优惠政策，优化税收征管制度，积极争取更大的政策优惠，深入推进自由贸易试验区建设，奋力支持浦东新区倍增计划。

* 陈明艺，经济学博士，上海社会科学院经济研究所副研究员，主要研究方向为宏观经济理论与政策、财税理论与政策；钱娅妮，上海社会科学院经济研究所硕士研究生，主要研究方向为产业组织理论与政策。

关键词： 自由贸易试验区 税收政策 浦东新区

开发开放是浦东新区与生俱来的使命和最大特质。2013年上海在浦东新区设立了中国第一个自由贸易试验区，至2019年8月，上海自由贸易试验区在浦东新区陆续扩展为六个片区，包含保税区片区、陆家嘴金融片区、张江高科技片区、金桥片区、世博片区以及临港新片区。自由贸易试验区建立以来，坚持以制度创新为核心，持续扩大开放领域，强化全球资源配置功能，在金融、贸易、航运、总部经济等方面取得了突出成绩。为促进经济发展，浦东财税部门支持企业合法合规地享受税收优惠政策，给予企业诸多支持，在优化税收营商环境方面做出了突出贡献。良好的政策环境吸引了大批国内外企业落户自由贸易试验区。上海自由贸易试验区规模以上工业总产值由2013年的646.16亿元增加至2019年的4652.35亿元，外贸进出口总额由2013年成立之初的6866.44亿元增加至2019年的14841.80亿元，外商直接投资实际到位资金总额由2013年的6.95亿美元增加至2019年的79.63亿美元，税收总额从2013年的472亿元增加至2018年的2680.20亿元。①

2020年是浦东开发开放30周年，浦东从筚路蓝缕到高楼林立，从名不见经传到闻名全球，浦东发生了举世瞩目、翻天覆地的变化。经过30年的努力，浦东经济在量与质上都实现了飞跃，从开发开放之初的60亿元GDP增加至2019年的1.27万亿元GDP，人均GDP达到22.91万元，以全国1/8000的面积创造了1/80的GDP、1/15的货物进出口总额；形成了陆家嘴金融城、张江科学城等核心功能区，培育了“中国芯”“创新药”“智能造”“蓝天梦”“未来车”“数据港”等六大新兴产业集群，基本形成了以现代化服务业为主体、战略性新兴产业为引领、先进制造业为支撑的产业体系。正是这些强大的产业集聚和辐射功能，奠定了新时代上海服务长三角一体

① 《上海自贸区2013年发展良好 2014年六大任务》，人民网，2014年1月21日；上海市浦东新区人民政府网站（http://www.pudong.gov.cn/shpd/InfoOpen/newTongJiList.aspx? CategoryNum=014004002002）。

化、服务长江经济带、服务全国、影响世界的强大城市能级与核心竞争力。

2020年浦东新区区委、区政府提出“五大倍增行动”，要求抓好“6+6+X”重点产业发展格局。为此，需要全方位提升税收营商环境、优化税收政策，从而激励企业发展，促进产业集聚，实现战略目标。而2020年突发的新冠肺炎疫情，叠加中美贸易摩擦的影响，给上海自由贸易试验区发展以及浦东发展带来了严峻挑战。面向当下，浦东要率先打造国内大循环的中心节点和国内国际双循环的战略链接；面向未来，浦东要成为新时代高水平改革开放的引领示范区；面向全球，浦东要代表国家深度参与国际合作与竞争。为此，我们需要从税收政策方面梳理已有的成绩、面临的挑战，进而就推动浦东新区倍增发展提出优化税收政策的建议。

一　上海自由贸易试验区发展历程与成效

2013年9月，上海自由贸易试验区（以下简称“自贸区”）正式挂牌成立，其范围包括外高桥保税区、外高桥保税物流园区、洋山保税港区、浦东机场综合保税区，总面积28.78平方公里。2015年4月，国务院发布《进一步深化中国（上海）自由贸易试验区改革方案》，上海自由贸易试验区拓展至共包含保税区片区、陆家嘴金融片区、张江高科技片区、金桥片区、世博片区五个自贸区片区（以下简称“五个老片区”），总面积达120.72平方公里。上海自贸区成立至今，从初期探索前行到深化改革，一批制度创新成果不断推向全国，激发了市场活力，促进了上海发展能级的提升。

自2013年自贸区建立以来，自贸区在制度建设上取得了显著突破，同时也推动上海经济实现较快增长，持续扩大对外开放。四大制度创新成效卓越，负面清单连续“瘦身”。五个老片区的开放创新层层递进，制度创新成果尤为卓著，主要体现在四个方面：①建立完善以负面清单管理为核心的投资管理制度，2013～2019年负面清单持续缩减项目（从190条缩减至37条），外资限制或有更深层放开；②建立完善以贸易便利化为重点的贸易监管制度；③建立完善以资本项目可兑换和金融服务业开放为目标的金融创新制度；④建立完善以政府职能转变为核心的事中事后监管制度。制度创新优化了营商环境，增加了市场活力，促进了企业投资、产业发展，拉动了就业和 GDP 增长。

投资环境逐步优化，推动上海经济快速发展。通过四大领域的制度创新，五个老片区在各个方面成绩显著。2018 年，五个老片区实现规模以上工业总产值 4965 亿元（见图 1），占浦东新区的 48.2%，占全市的 14.3%；实现外贸进出口总额 1.46 万亿元，占浦东新区的 70.9%，占全市的 42.8%。自贸区的快速发展对浦东新区乃至上海的发展贡献度不断提升。在投资环境方面，2018 年上海自贸区外商投资稳步增长，五个老片区全年新设外资企业近 1300 家。此外，上海自贸区金融市场体系日益完备，自由贸易账户功能不断拓展，实现了本外币一体化管理，为境外融资、结售汇便利化等一系列重要金融改革奠定基础。

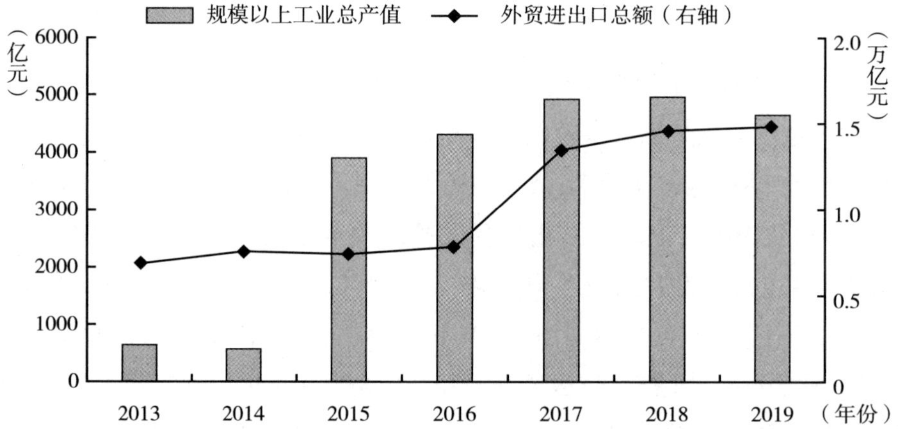

图 1　上海自贸区规模以上工业总产值和外贸进出口总额

资料来源：《上海统计年鉴》（2014～2020 年）、《2019 年上海市国民经济和社会发展统计公报》。

截至 2019 年末，五个老片区累计开立自由贸易账户 13.1 万个，全年跨境人民币结算总额 38112 亿元，同比增长 49.4%。① 截至 2020 年 6 月底，

① 《2019 年上海市国民经济和社会发展统计公报》，上海市统计局网站，2020 年 3 月 9 日。

上海自贸区累计新设外资企业 1.2 万家，占浦东新区新设外资企业的 77%，实际到账外资 371 亿美元。进出口总额持续增长，占全市的比重超过 40%。2019 年 8 月至 2020 年 8 月，临港新片区签约项目 358 个，涉及总投资 2713.63 亿元。在全球新冠肺炎疫情尚未缓解的情况下，上海自贸区成为耀眼的新星。

二　上海自由贸易试验区税收政策现状与面临的挑战

2013 年至今，五个老片区取得了令人瞩目的成绩。在当前全球自由贸易和多边贸易迅速发展以及我国产业结构不断转型升级的背景下，上海临港新片区的建设在对标国外成熟自贸区/港、中国粤港澳等地自贸区成功经验的基础上，对中国上海自贸区以及其他各地自贸区的发展形成可复制、可推广的经验。在这一过程中，在国家给予的税收优惠政策的基础上，上海也在政策允许的范围内给予了大量的优惠措施。

（一）五个老片区税收政策解析与执行情况

上海自贸区自成立以来，作为改革开放的前沿阵地，加大简政减税降负力度，落实中央出台的一系列减税降负的政策措施，对优化营商环境、促进经济高质量发展起到了非常重要的作用。上海自贸区各阶段税收政策如表 1 所示。

表 1　上海自贸区税收政策

项目	上海自贸区 1.0 版	上海自贸区 2.0 版	上海自贸区 3.0 版
总体要求	建立推进改革和提高开放型经济水平的“试验田”，形成可复制、可推广的经验	扩区：由四个海关特殊监管区域拓展增加了陆家嘴、金桥和张江三个片区	政策集成、改革系统集成； 三区一堡：综合改革试验区、风险压力测试区、转变政府职能先行区、推动“走出去”桥头堡

续表

项目	上海自贸区1.0版	上海自贸区2.0版	上海自贸区3.0版
税收制度	①将区内注册的融资租赁企业或金融租赁公司在区内设立的项目子公司纳入融资租赁出口退税试点； ②注册在区内的企业或个人股东，因非货币性资产对外投资等资产重组行为而产生的资产评估增值部分，可在不超过5年内分期缴纳所得税； ③完善启运港退税试点政策	①在符合税制改革方向和国际惯例、不导致利润转移和税基侵蚀的前提下，调整完善对外投资所得抵免方式； ②研究完善适用于境外股权投资和离岸业务的税收制度	无提及

2013年至今，浦东财税部门积极推行自贸区税收制度，实施了8项税收优惠政策、4项税收服务创新政策且均已在全国自贸区复制推广；同时，打造了对标国际一流标准的税收营商环境。2018年，上海自贸区实现一般公共预算收入648.16亿元，[①] 同比增长12%；在实施大规模减税降费措施的情况下，2019年自贸区一般公共预算收入为588.60亿元，比上年减少9.2%，充分说明了税收政策对自贸区建设的支持。相应地，2019年自贸区投资总额增加了13.7%，达到了725.68亿元；外贸进出口总额增幅4.4%，达到14841.80亿元；商品销售总额增幅4.5%，达到43008亿元。在调研中企业也反映，自贸区税收政策发布及时，透明度高，税收优惠政策实施精准，纳税服务质量高，为促进企业发展、激励创新提供了大力支持。

（二）临港新片区税收政策解析

《中国（上海）自由贸易试验区临港新片区总体方案》（以下简称《临港方案》）指出，要建设具有国际市场竞争力的开放型产业体系，形成以关键核心技术为突破口的前沿产业集群。临港新片区将更加集中、精准地汇聚国际高端要素，注重高端产业功能培育、产业链及产业集群发展。

① 《2019年上海市国民经济和社会发展统计公报》，上海市统计局网站，2020年3月9日。

为落实《临港方案》，上海于 2019 年 8 月 30 日发布《关于促进中国（上海）自由贸易试验区临港新片区高质量发展实施特殊支持政策的若干意见》（以下简称《新片区支持政策》），其中特别指出有关临港新片区的 6 项税收相关政策。

1. 临港新片区税收政策概况

新片区的税收政策主要围绕经济发展的功能定位，即全力打造更具国际市场影响力和竞争力的特殊经济功能区，聚焦涉及国家战略、国际市场需求大、对开放度要求高，但是在其他地方尚不具备实施条件的重点领域，实施具有较强国际市场竞争力的开放政策和制度（见表 2）。

表 2　临港新片区税收政策一览

项目	具体内容
服务出口增值税	扩大新片区服务出口增值税政策适用范围，研究适应境外投资和离岸业务发展的新片区税收政策
企业所得税	对新片区内符合条件从事集成电路、人工智能、生物医药、民用航空等关键领域核心环节生产研发的企业，自设立之日起 5 年内减按 15% 的税率征收企业所得税
	对符合条件的集成电路生产企业、设计企业和软件企业，按照国家规定，予以享受"两免三减半""五免五减半"等企业所得税优惠政策
个人所得税	对在新片区工作的境外高端、紧缺人才个人所得税税负差额部分给予补贴
其他税收政策	对境外进入物理围网区域内的货物、物理围网区域内企业之间的货物交易和服务，实行特殊的税收政策； 在不导致税基侵蚀和利润转移的前提下，探索试点自由贸易账户的税收政策安排

资料来源：《关于促进中国（上海）自由贸易试验区临港新片区高质量发展实施特殊支持政策的若干意见》。

2. 临港新片区税收政策亮点

整体来看，此次税收方案主要涉及区域内将实施的特殊的税制安排，突出高新技术产业的税收制度创新等，提出了较多税收优惠，主要有以下亮点：①扩大新片区服务出口增值税政策适用范围。《新片区支持政策》将研究适应境外投资和离岸业务发展的新片区税收政策，它具有以下两方面意义。一方面，上海自贸区此前提出要研究“境外股权投资和离岸金融”方面的税收政策，但最终没有落地，这次再提出且改成“境外投资和离岸业务”，较此前范围有所扩大。另一方面，扩大新片区服务出口增值税政策适用范围，可能意味着未来在临港新片区内，对跨境服务的出口会适当放开。②企业所得税优惠扩围。此前可享受15%的企业所得税优惠税率的企业主要包括高新技术企业、先进技术服务企业、集成电路生产企业、污染防治企业，以及针对国家扶持发展的部分地区（如西部大开发地区、横琴、前海、平潭等）的鼓励类企业，对申请企业设置了较高门槛。而此次对新片区内特定行业关键领域核心环节生产研发的企业提供优惠税率将显著扩大可享受企业范围，有助于培育发展先进技术，形成产业辐射效应，带动其他相关区域联动发展。

同时，《新片区支持政策》还授予新片区管理机构高新技术企业认定权。新片区管理机构按照统一标准，对新片区内企业实行国家高新技术企业认定和市级高新技术企业培育入库认定、落实高新技术企业所得税优惠以及研发费用加计扣除等政策。

3. 探索境外人才个人所得税补贴政策

《新片区支持政策》指出将研究实施境外人才个人所得税税负差额补贴政策，旨在吸引境外高端人才，具体政策落地还有待研究。

4. 鼓励金融投融资

自由贸易账户作为上海自贸区金融改革重要的基础设施，新片区将积极探索通过自由贸易账户开展投融资以及金融业务的税收政策，促进自贸区金融改革。

（三）“双循环”趋势下自贸区税收政策面临的挑战

全球服务贸易的增速已超过货物贸易，随着医疗、教育、信息、金融等领域越来越多地纳入全球化进程，上海自贸区面对全球竞争，如何在税收制度和政策上更加开放和创新，已成为当务之急。

1. 全球贸易下滑，自贸区竞争加剧

截至2019年末，全球共设立超过130个自贸区、超过2000个自贸港，各国自贸区的竞争亦逐步加剧。虽然我国已设立 18 个自贸区，实现了沿海省份全覆盖，但是我国依然处于全球贸易价值链的中低端，服务贸易发展的产业根基较为薄弱，国际竞争力不强。因此，上海自贸区的税收制度建设需要具备全球视野，不仅要对接国际经贸新规则，还需要积累参与双边、多边、区域合作经验。

2020 年 3 月以来，国内新冠肺炎疫情进入稳定控制阶段，复工复产加速。但在海外疫情持续蔓延、国际金融市场剧烈动荡背景下，国内经济回升势头受到较大影响，全球贸易亦有所萎缩。自贸区作为外贸外资企业高度集聚的区域，疫情期间贸易与投资规模下降，临港新片区以及其他国内自贸区内基础设施建设、全球贸易开展等都面临一定挑战。

2. 促进产业发展的税收政策支持力度不足

虽然上海作为长三角区域的龙头，具有国内一流的营商环境，但目前整个长三角区域在全球竞争中仍缺少更多的龙头企业或支柱性行业。迄今为止，还没有给予上海自贸区与国际对标的鼓励科技发展、吸引高端人才的税收政策。为了进一步促进上海自贸区的发展，必须考虑以粤港澳大湾区、海南自贸港的企业所得税、个人所得税的优惠政策为参照加大政策支持力度，从而吸引特定产业集聚，提升产业能级，实现浦东新区倍增计划，形成产业链向外辐射效应。

3. 自贸区税收政策碎片化，新老片区税制有待进一步整合创新

目前，上海自贸区在税收方面还未形成一套完善的制度框架，一些高端功能的主体引进和功能拓展仍受到税收政策的制约，很多新兴领域都对传统的税收制度提出了挑战。就税种而言，目前临港新片区尚未出台对区内其他税种的征收安排，五个老片区仍征收进口关税、增值税、消费税等；就税率而言，此次《临港方案》提出对区内重点产业关键技术环节的企业实行 15% 的企业所得税，但对企业性质（内资/外资）、认定日（设立之日起/盈利之日起）等规定复杂，其包容性有待进一步提升。

此外，《临港方案》指出，“从事集成电路、人工智能、生物医药、民用航空等关键领域核心环节生产研发的企业，自设立之日起 5 年内减按 15% 的税率征收企业所得税”，参照国际典型自贸区，这对企业的吸引力略

显不足。因此，临港新片区税制亟待突破现有自贸区相关税收优惠政策框架界定，在制定差异化税收政策方面仍有待创新。

三　支持上海自由贸易试验区建设的税收政策借鉴

随着2020年第六批3个新设自贸区的确定，我国自贸区达到21个（见表3），自贸区发展迈入新阶段。

表3　中国21个自贸区建设历程

批次	政策来源	自贸区
第一批	《中国(上海)自由贸易试验区总体方案》	上海自贸区
第二批	《中国(广东)自由贸易试验区总体方案》《中国(天津)自由贸易试验区总体方案》《中国(福建)自由贸易试验区总体方案》	广东、天津、福建自贸区
第三批	《中国(辽宁)自由贸易试验区总体方案》《中国(浙江)自由贸易试验区总体方案》《中国(河南)自由贸易试验区总体方案》《中国(湖北)自由贸易试验区总体方案》《中国(重庆)自由贸易试验区总体方案》《中国(四川)自由贸易试验区总体方案》《中国(陕西)自由贸易试验区总体方案》	辽宁、浙江、河南、湖北、重庆、四川、陕西自贸区
第四批	《国务院关于同意设立中国(海南)自由贸易试验区的批复》	海南自贸区
第五批	《中国(山东)自由贸易试验区总体方案》《中国(江苏)自由贸易试验区总体方案》《中国(广西)自由贸易试验区总体方案》《中国(河北)自由贸易试验区总体方案》《中国(云南)自由贸易试验区总体方案》《中国(黑龙江)自由贸易试验区总体方案》	山东、江苏、广西、河北、云南、黑龙江自贸区
第六批	《中国(北京)自由贸易试验区总体方案》《中国(湖南)自由贸易试验区总体方案》《中国(安徽)自由贸易试验区总体方案》	北京、湖南、安徽自贸区

以下介绍的香港特区、粤港澳大湾区、深圳先行示范区以及海南自贸港税收政策的演变及执行效果，也将作为临港新片区建设具有国际竞争力税收制度的参考借鉴对象。

（一）香港特区：低税率助推全港贸易高度自由化

香港特区顺应国际贸易环境、经济全球化的潮流，由一个自然资源匮乏的小渔村发展成为以贸易、金融、制造、通信、航空、海运和旅游等产业为主的港口城市。作为综合型自由港，香港特区自由港的范围涵盖了整个港口城市，资金可以自由进出，人员可以高效流动。香港特区发展模式的主要演化阶段如图 2 所示。

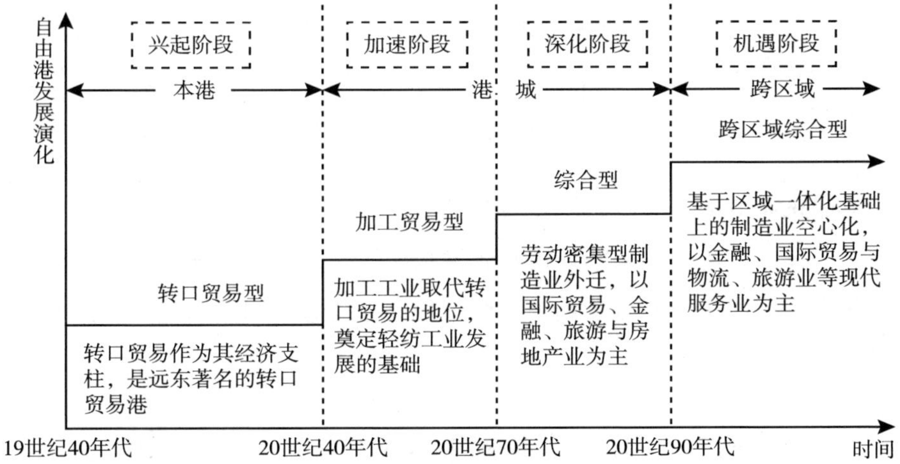

图 2　香港特区发展模式演化历程

资料来源：陈会珠、孟广文、高玉萍等《香港自由港模式发展演化、动力机制及启示》，《热带地理》2015 年第 1 期。

香港特区是全球税收制度最有竞争力的地区之一，以其低税负、高度开放和自由的营商环境吸引了全球各地的企业来此投资、开展转口贸易和从事经营活动。香港特区全辖区无自由贸易和非自由贸易之分，实行简单低税率政策，税收少、税率低。目前，香港特区主要有 3 种直接税——利得税[①]、薪俸税和物业税，不设增值税，除酒类、烟草、碳氢油类及甲醇四类商品，所有商品免征关税（见表 4）。

---

① 类似中国内地的企业所得税。

表 4　香港特区税收制度

税收种类	税收制度	
关税	酒类:0 ~ 100% 烟草、碳氢油类、甲醇:每单位数量特定税率 其他:0	
利得税	法团业务: 利润≤200 万港币,税率 8.25%; 利润 >200 万港币,税率 16.50%	非法团业务: 利润≤200 万港币,税率 7.50%; 利润 >200 万港币,税率 15%
薪俸税	实行 2% ~17% 的超额累进税率(2018 ~2019 年年收入未超过 13.2 万港币免征,超额部分按照累进税率征收)	

资料来源：香港特区税务局。

离岸税制方面，香港特区是首个和唯一在法律中对离岸贸易做出明确界定的经济体。香港遵循来源地税收管辖权原则，因此对离岸业务中来源于境外的收入不征收企业所得税和个人所得税，且资金可以自由进出，汇回香港款项无须纳税。

（二）粤港澳大湾区：所得税优惠吸引企业、人才入驻

粤港澳大湾区由香港、澳门两个特别行政区和广东省广州、深圳、珠海等 9 个“珠三角”城市组成，是我国开放程度最高、经济活力最强的区域之一，以 0.6% 的面积创造全国近 12% 的 GDP，与美国纽约湾区、旧金山湾区以及日本东京湾区并称为世界四大湾区（见图 3）。

2019 年 2 月 18 日，中共中央、国务院印发《粤港澳大湾区发展规划纲要》，要求进一步推动粤港澳大湾区和深圳先行示范区建设。从税制来看，粤港澳大湾区横跨三个不同的关税区，三地税收制度的设计也不同。目前，粤港澳大湾区内包括三个关税区，三个自贸区，一个经济特区及 11 个城市。香港、澳门特别行政区享有高度自治权，与内地的税收体制完全不同（见表 5）。

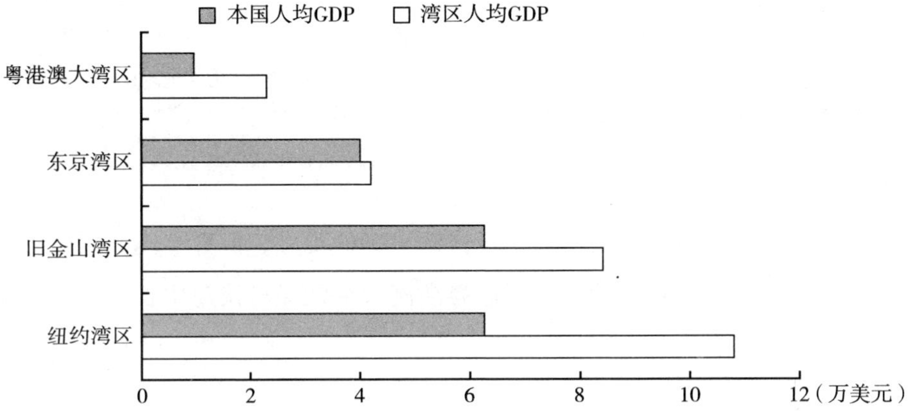

图 3　世界四大湾区人均 GDP 与本国人均 GDP 对比

表 5　粤港澳大湾区税制差异

项目	香港	澳门	"珠三角"9 市
税制结构	分类税制，直接税为主体	直接税为主体	复合税制，双主体模式
主要税种	利得税、薪俸税、物业税	专利税、物业转移税、职业税	货物和劳务税、所得税、财产和行为税、资源税、关税
税率	个人最高边际税率 15%；企业实行 8.25% 和 16.5% 两级利得税率	个人和企业的最高边际税率均为 12%	个人最高边际税率为 45%，企业所得税标准税率为 25%
管理机构	香港税务局、律政司	财政司	税务局
税收管辖权	单一地域管辖权	单一地域管辖权	同时实行居民管辖权与地域管辖权
个人申报	夫妻双方可选择分开或合并纳税	夫妻双方分别纳税	夫妻双方分别纳税
课税年度	当年公历 4 月 1 日至次年 3 月 31 日	当年公历 1 月 1 日至 12 月 31 日	当年公历 1 月 1 日至 12 月 31 日
税制环境	法律制度健全，金融行业发展迅速	营商环境开放自由，娱乐、旅游行业优势明显	深化以简税制、宽税基、低税率为特征的税制改革，数字经济蓬勃发展，大数据治税能力不断提升

续表

指标	香港	澳门	“珠三角”9 市
税收优惠	根据纳税人情况不同，设置不同的免税额，税收减免较多	进口货物不加限制，只对少数货品进口课征消费税，属于关税性质	大力实施减税降费，形成以增值税减税和小微企业减税为主的普惠性政策

虽然税制有所不同，仍面临税收协调发展的挑战，但粤港澳大湾区整体税制简单，税收优惠政策较多，促进粤港澳大湾区经济快速增长，吸引企业和人才入驻。

（三）深圳先行示范区：持续推进税制创新

2019 年 12 月，深圳市委、市政府印发《深圳市建设中国特色社会主义先行示范区的行动方案（2019～2025 年）》（以下简称《行动方案》），明确了 2019～2025 年深圳建设先行示范区的具体任务。《行动方案》着重突出与港澳的互动，例如提出要全面深化前海蛇口自贸片区改革开放，探索实施和港澳趋同的税收制度（见表 6）。

表 6　深圳特区及前海蛇口自贸片区税收制度创新

项目	1980～2007 年	2008～2018 年
取得成果	实现税制“五个统一”	打造高端产业集聚平台，全面深化改革前海蛇口自贸片区
具体内容	统一企业所得税的税率； 统一企业所得税的计税标准和成本扣除范围； 统一内外资企业税收优惠政策； 统一流转税制（产品税、增值税、营业税）； 统一地方税制（车船使用税、房产税、城市维护建设税和印花税）	构建与经济发展相适应的专业化管事管户模式； 实施以征管资源配置为重点的税收风险管理； 探索建立“共建共治共享”的税收治理格局

深圳基于前海蛇口自贸片区的定位，实行 15% 的企业所得税优惠税率、流转税差额征税、对境外高端人才个人所得税税负差额给予补贴等优

惠政策，推动前海新兴产业快速发展，新兴业态层出不穷。2015～2018年，前海深港现代服务业合作区税收收入从95.3亿元增长至361.5亿元，年均增速达55.97%，为全市经济增长和产业结构优化升级做出积极贡献。

在已有的发展基础上结合现有的税收制度，将使深圳发展成为全方位先行示范的引领者。

2019年2月，中共中央、国务院印发《粤港澳大湾区发展规划纲要》，深圳是区域发展的核心引擎之一，前海蛇口自贸片区更是最具投资吸引力的区域。深圳还将立足于自贸区改革创新，推动全市经济增长和产业优化，为服务粤港澳大湾区建设贡献深圳智慧。为建设具有国际竞争力的税收现代化体系，深圳税务需要实现五大目标（见表7）。

表7　深圳建设先行示范区的税收制度五大目标

五大目标	具体计划
税收高质量发展高地	积极争取将酝酿、修订中的税收法律法规在深圳先行实施； 探索开展“制度+科技”工作创新，为全国税务系统改革创新当好先锋； 积极研究促进对外开放、促进要素自由流通的税收政策，不断提高我国税制的国际竞争力
税收营商环境示范	建设税收营商环境改革创新试验区； 系统性优化税收服务流程，提升信息化智能化水平； 主动为5G、人工智能、生物医药等鼓励类产业企业争取税收优惠政策，推动重点产业快速发展
税务现代文明典范	全面推进具备先行示范特质的深圳税务文化建设
税收共治标杆	推动建立粤港澳大湾区税收管理服务合作机制； 推动建立政府部门间税收管理协作机制； 推动建立社会机构及纳税人税收共建共治共享机制
智慧税务样本	率先实现数字化智能化税务管理； 率先实现税收业务云端办理

资料来源：张国钧《从经济特区到先行示范区：深圳税务深度服务改革开放》，《国际税收》2019年第10期。

（四）海南自贸港：离岛免税与15%优惠税率叠加

2020年6月1日，中共中央、国务院印发《海南自由贸易港建设总体方案》（以下简称《海南方案》），海南被赋予了力度空前的税收优惠以及开放措施（见表8）。

表8　海南自贸港税收优惠政策

项目	内容
离岛旅客免税购物政策 （财政部公告2020年第33号）	海南离岛旅客免税购物每年每人的额度为10万元，且不限次数。此外，新政还将海南离岛免税商品品种由38种增至45种，新增了电子消费产品等7类消费者青睐的商品
企业所得税15% （财税〔2020〕31号）	（1）对注册在海南自由贸易港并实质性运营的鼓励类企业，将按15%的税率征收企业所得税。这里要特别注意“实质性运营”和“鼓励类”这两个条件的约束，两个条件都有细化的政策规定； （2）对在海南自由贸易港设立的旅游业、现代服务业、高新技术产业新增境外直接投资取得的所得，免征企业所得税； （3）对在海南自由贸易港设立的企业，新购置（含自建、自行开发）固定资产或无形资产，单位价值不超过500万元（含）的，允许一次性计入当期成本费用在计算应纳税所得额时扣除，不再分年度计算折旧和摊销；新购置（含自建、自行开发）固定资产或无形资产，单位价值超过500万元的，可以缩短折旧、摊销年限或采取加速折旧、摊销的方法
个人所得税15% （财税〔2020〕32号）	对在海南自由贸易港工作的高端人才和紧缺人才，其个人所得税实际税负超过15%的部分，予以免征； 享受上述优惠政策的所得包括来源于海南自由贸易港的综合所得（包括工资薪金、劳务报酬、稿酬、特许权使用费四项所得）、经营所得以及经海南省认定的人才补贴所得 纳税人在海南省办理个人所得税汇算清缴时享受上述优惠政策

资料来源：根据财政部、国家税务总局网站相关文件整理。

自2020年6月起，财政部、国家税务总局陆续发布了离岛旅客免税购物政策、企业所得税、个人所得税多项优惠政策。税制的优化、创新，既有力支持了海南自贸港建设，同时也为我国其他地区自贸区建设提供了一个可参照的样本。

四　新形势下提升上海自由贸易试验区竞争力的税收政策建议

世界各国（地区）的自贸区（港）都会通过各种税收优惠政策吸引投资，激励企业发展。因此，自贸区的税收制度框架、政策体系和优惠力度等对于促进自贸区发展十分重要。尤其是2020年新冠肺炎疫情在全球暴发和蔓延，以国内大循环为主体、国内国际双循环相互促进的新发展格局逐步形成，上海自贸区对于浦东未来30年的发展，上海建立全球金融中心、科创中心、航运中心的重要性更为突出。为此，创新、优化自贸区税收政策，是实现浦东新倍增计划的关键一环。具体建议如下。

（一）整合新老片区税收优惠政策

纵观世界各国自贸区的建设发展，除了通常的关税豁免，其他税制优惠设计取决于一国本身的经济依赖性。目前，上海自贸区五个老片区的税收政策与临港新片区的税收政策存在差异，不利于老片区发挥优势产业的带动作用、促进经济发展，也不利于新片区的优势产业发展。为此，建议协调统一新老六个片区的税收政策。

1. 统一新老片区的企业所得税税收优惠政策

《新片区支持政策》指出，对新片区内符合条件从事集成电路、人工智能、生物医药、民用航空等关键领域核心环节生产研发的企业，自设立之日起5年内减按15%的税率征收企业所得税；对符合条件的集成电路生产企业、设计企业和软件企业，按照国家规定，予以享受“两免三减半”“五免五减半”等企业所得税优惠政策。相应地，已有的五个老片区也拥有各自的优势产业，例如张江片区的生物医药产业，外高桥保税区的融资租赁、总部经济等，金桥片区的人工智能产业，陆家嘴片区的金融保险业，世博片区的文化创意产业等。建议统一新旧片区的企业所得税优惠政策。具体建议如下。

（1）纳税义务人。从各国自贸区内企业所得税征税对象来看，新加坡及中国香港并未区分自贸区内、自贸区外，对辖区执行同等的超额累进企业所得税制，亦未区分特定产业。两者的低税率吸引了众多高科技企业、金融企业等高端服务业集聚。因此，建议针对上海所有自贸区的企业，全范围执行统一的企业所得税制度，减少产业类型限制导致各片区吸引力下降的可能性。

（2）税率。中国香港、新加坡、迪拜等地自贸区主要通过低税率的方式降低企业成本。中国内地企业所得税标准税率为25%，被认定为高新技术企业可以享受15%的优惠税率。参考国际先进经验，建议对新老片区的企业按15%的税率征税，其中高新技术外资企业、特殊领域的企业也实行相同的税收制度。

（3）优惠政策。从各国对企业的支持力度来看，迪拜对自贸区内企业优惠力度较大，自贸区内对所有企业执行50年免税优惠，企业在较长时间内实现接近甚至完全零税收，吸引了全球资本的流入。而《新片区支持政策》对新片区内符合条件从事关键领域核心环节生产研发的企业，自设立之日起5年内减按15%的税率征收企业所得税，对符合条件的集成电路生产企业、设计企业和软件企业，按照国家规定，予以享受“两免三减半”“五免五减半”等企业所得税税收优惠政策。这一规定与高新技术企业的产品生命周期不符。据此，基于高新技术企业的产品特征，建议根据不同行业的产品生命周期适当延长企业所得税优惠期限，不以3年、5年等为限。此外，针对企业研发费加计扣除适用范围窄、门槛高的问题，建议通过对研发项目的固定资产实行加速折旧、对一定比例的技术开发基金允许税前列支等，以此提高企业投入研发、投资高新技术的积极性。

2. 优化个人所得税税制

高技术人才的流失也是阻碍自贸区发展的一大困境。参照世界典型区域，其中迪拜免征个人所得税，中国香港、新加坡超额累进税制最高税率分别为15%和20%。而此次临港新片区仅提出将实行境外人才所得税税负差额补贴政策，实际税制依然与国内个人所得税制保持一致，人才吸引力度不足。因此，建议进一步优化临港新片区个人所得税优惠政策，尽快落实境外人才所得税激励政策。

（1）优化现有个人所得税税制。为建设具有国际竞争力的税收制度，建议临港新片区个人所得税税制可参照香港特区五级超额累进税制进行调整（香港特区没有规定个人所得税起征点，而是规定了免税条件和免税额），建议将临港新片区个人所得税税率区间设置为30%以内，境外取得收入免征个人所得税。

（2）明确个人所得税税负补贴政策，加大对境外人才的吸引力度。按照中国香港个人所得税税制，可以采用超额累进税率（2%、6%、10%、14%、17%五级）或标准税率15%①计算，明确15%为税负差额补贴标准（见表9）。明确纳入差额补贴的个人所得范围，将“综合所得”和“经营所得”等工作性所得纳入补贴范围，吸引外籍人才到临港新片区工作。

表9　2019年香港特区薪俸税五级超额累进税率

单位：%

税阶	税率
首50000港元	2
次50000港元	6
另50000港元	10
另50000港元	14
其余	17

资料来源：香港税务局网站（http://www.ird.gov.hk）。

（3）加快制定人才引进激励措施。对符合上海市规定引进的紧缺人才，劳动性收入在5~10年内免征个人所得税；将高新技术企业研发费用加计扣除比例提高到200%~400%，给予研发资金补助；对临港新片区内高科技中小企业人才引进、市场开拓、员工培训等支出进行200%的加计扣除，对其贷款实行财政贴息、政府担保等。

① 香港薪俸税税率有累进税率和标准税率两种选择，以缴税较少者为准。

（二）改革航运税收政策

《临港方案》指出，要加快推进国际船舶进口关税和增值税优惠政策细化落地，完善国际船舶登记制度。现实中，中国作为制造业第一大国、货物贸易第一大国，每年进出口海运量近40亿吨，占全球海运量的近1/3。我国拥有的国际海运船舶运力约2亿吨，仅占世界商船总吨位的不到10%，这其中有80%是在境外登记注册的，船舶融资、航运交易、金融结算、航运保险等高端服务也大多在境外完成。进出口海运量与海运船舶运力的不匹配、航运税收体系的不完善，一定程度上降低了港口航运竞争力。为此，提出如下建议。

第一，设立与国际航运通行做法基本接轨的航运免税政策方案，建议临港新片区参照国际通行做法，对在临港新片区登记注册的中外国际海运船舶免征关税、增值税。

第二，所得税方面，参照国际主要港口对国际船员免征个人所得税的政策，建议临港新片区对航运公司及其船舶从事国际海运取得的收入形成的利润免征所得税；对新片区注册的船舶管理公司、船员公司、航运公司所聘用的中国国际海员，给予不高于实际税率15%的个人所得税优惠政策。

（三）出台促进离岸业务发展的税收政策

离岸贸易在上海对外贸易中虽然已有一定的实践，但主要是在保税区范围内，且因为受到政策条件的限制，未能获得充分的发展，尚未成为上海对外贸易的重要形式。因此，基于临港新片区高度开放的特征，离岸贸易业务亦是今后临港新片区发展的重心。

1. 制定离岸贸易税收激励政策

临港新片区建设应发挥集聚大批国际金融机构、跨国公司贸易总部分支机构及金融贸易高端人才的综合优势，在自贸区已经试行多年的本外币一体化自由贸易账户的基础上，加强有利于离岸经济建设的特殊税收政策制度供给，如制定降低离岸贸易企业所得税税率、取消印花税等税收激励政策，以此来吸引中外跨国企业到新片区设立投资、结算、运营总部，进一步推进离岸企业落地，支持和鼓励其发展对标国际标准的离岸金融和贸易业务。

临港新片区依托港口、机场等基础设施划分离岸贸易功能片区、转口贸易功能片区及离岸金融先行区，实行物理围网监管。在物理围网内，可建设具有长期竞争力的服务实体经济的离岸金融中心。我国目前离岸贸易市场竞争环境和配套措施的建设尚待时日，宜采取宽松的税收政策鼓励投资。

（1）流转税。参照国际各自贸区对离岸业务的流转税征收情况，建议可在临港新片区试行离岸业务免征流转税，这也与国际上离岸业务中心一般无流转税的惯例相符。具体包括：实施“境内关外”的管理模式，货物入区应退增值税和消费税；区内企业货物交易免征流转税，取消在新片区内货物流转与消费的劳务税。

（2）企业所得税。临港新片区内开展离岸贸易可相应降低企业所得税税率（以新加坡为例，其对银行机构的外币业务实行10%的优惠税率），以此保证上海离岸贸易在东亚地区乃至全球的竞争力。

（3）个人所得税。建议以中国香港、新加坡的税收制度为参考，对资本所得实行零税率。同时，在建设初期，对临港新片区内非居民免征存款利息和利息预扣税等来提高离岸企业的入驻率，吸引离岸资金入区。对外来资本投资收益所得应缴纳的资本税、股息预扣税、印花税等可一并予以免除，使征税品种单一化、直接化。

2. 创新离岸金融税收制度

目前，我国离岸金融税制仍未建立，要大力推进临港新片区内离岸业务的发展，制度创新显得尤为重要。

（1）税制模式。考虑采用混合型离岸金融税制模式，以中国香港和英国为代表，该模式下离岸金融业务与在岸金融业务能够互通互融、相互转换。混合型离岸金融税制需要以完善的市场监管体系和成熟的金融法律制度为支撑。

（2）税种选择。伦敦仅对少数符合特定条件的离岸债券免征预提税，中国香港也仅是减免被认可机构的资本利得税和股息预提税。从临港新片区来看，建议参照国际通行惯例以征收直接税为主，减免流转税的征收，在临港新片区内试点只征收以所得税为主的直接税，免征各类流转税。

（3）税率形式。建议采用弹性的差别比例税率，对不同类型的离岸金融业务给予不同程度的税收优惠政策，以便于利用税收杠杆合理调控新片区内离岸金融市场。以新加坡为例，对于普通离岸金融公司适用15%～17%的所得税税率，对于总部或地区总部设在自贸区内的离岸金融公司则可享受10%～15%的所得税税率。

（4）税收优惠。为促进自贸区内离岸金融业务发展、吸引更多外商入驻投资，可考虑对外来投资收益所得免征资本利得税、股息预扣税、利息预扣税等，并取消与离岸金融业务相关的印花税。

（5）税收征管。参照新加坡、中国香港等地的实践经验，临港新片区离岸金融税收征管工作需要明确税收征管对象，对离岸金融业务进行分类管理。税收征管机构方面，需要针对离岸金融业务建立集中、统一、高效的税收征管体制，加强税务机关对离岸金融机构的身份识别和专业化管理；为新片区内离岸金融业务专设“离岸账户”，便于对其资金流动进行监管，也可避免跨国机构非法转移利润和侵蚀税基等情况发生；构建综合性税收征管模式，联通税务、工商、海关等多部门税务信息资源共享平台，完善对离岸金融机构诚信纳税的评价机制等。

同时，由于离岸金融业务涉及多国税收法律规定和多方市场监管主体，为避免出现税收管辖权冲突、纳税人信息不透明、重复征税、逃税避税等情况，临港新片区税务机关还需要积极参与离岸金融税收相关的国际公约、国际组织等，或与低税率国家或地区、国际离岸金融中心所在地等签订双边或多边性质的离岸金融税收协议，加强国际沟通与协作。

3. 尽快明确离岸业务的所得税属地征收政策

从新加坡、纽约自贸港、中国香港等地的较为成熟的离岸贸易税制来看（见表10），其所得税管辖权以属地原则为主。因为在离岸贸易中，企业自由进出，非居民的身份、常设机构判断、其全球所得与常设机构的关联度判断耗时耗力，会增加纳税人的遵从成本与税务局的征管成本。基于离岸贸易的建设以及降低企业遵从成本的原则，建议临港新片区按照属地原则进行征税。此外，还需要建立离岸业务税收监管机制，加快建立国际税收有效争端解决机制，加强国际税收合作，积极参与制定国际反避税规则。

表 10　主要地区离岸贸易业务税制对比

项目	中国上海自贸区	新加坡	纽约自贸港	中国香港
增值税/营业税	17%	可免	8%的销售税	无
所得税管辖权	企业所得税、个人所得税均为属地原则和属人原则	企业所得税为属地原则和属人原则；个人所得税为属地原则		企业所得税、个人所得税均为属地原则
企业所得税率	基本税率 25%；新设企业“两免三减半”	基本税率 17%；离岸贸易优惠税率为 5% ~ 10%，优惠期 5 ~ 10 年	正常联邦税率 35%；免除部分地方税	离岸贸易免征基本税
个人所得税	工资薪金超额累进税率:3% ~45%；薪金以外基本为 20%；“亚太运营商”类企业有 5 名免税名额	工资薪金超额累进税率：3.5% ~ 20%，其余按照 20% 的比例税率纳税；非居民收入可按 15% 的税率纳税	免除部分地方税；联邦税扣除项目较多	2% ~17% 的四级超额累进税制
印花税	0.3‰	不针对贸易合同	无	不针对贸易合同

资料来源：邬展霞《自由贸易区税收政策创新的使命、原则及政策建议》，载沈开艳主编《上海经济发展报告（2019）》，社会科学文献出版社，2019。

未来一段时间，上海要对标国际最高标准经贸规则，积极争取国家有关部门支持，探索实施具有较强国际市场竞争力的税收政策和制度，持续加大开放型经济的风险压力测试力度，为新时代我国全方位扩大开放做出新贡献。

参考文献

邬展霞：《自由贸易区税收政策创新的使命、原则及政策建议》，载沈开艳主编《上海经济发展报告（2019）》，社会科学文献出版社，2019。

郭永泉：《自由贸易试验区的税收制度：建设进程、创新成效和深化改革》，《税收经济研究》2019 年第 1 期。

李猛：《我国自由贸易港离岸金融税制改革创新》，《经济体制改革》2019 年第2 期。

张国钧：《从经济特区到先行示范区：深圳税务深度服务改革开放》，《国际税收》2019 年第 10 期。

黄庆平、李猛：《国际竞争性税制经验对中国探索建设自由贸易港的启示》，《国际贸易》2019 年第 9 期。

B.12 新发展格局下浦东开发开放与长三角一体化

陈建华 李 荫*

摘 要： 现阶段，我国正在加快形成以国内大循环为主体、国内国际双循环相互促进的新发展格局。长三角一体化对于我国加快形成新发展格局具有关键性的作用。在这个过程中，浦东新区积极利用改革开放先行优势、制度高地优势和区位优势进一步开发开放，发挥集聚与辐射效应，推进要素自由流动，优化区域资源配置，不断推进科技创新，促进不同地区经济生产分工与协作，促进长三角一体化高质量发展。作为长三角地区龙头，浦东新区进一步开发开放，提升长三角地区产业技术水平，促进长三角地区产业结构合理化与高级化，提升长三角城市群能级，提高区域全要素生产率，推动长三角地区成为我国消费中心与科技创新中心区域，引领我国加快形成新的发展格局。在加快形成新发展格局的背景下，浦东勇当我国科技和产业创新的开路先锋，加快打造改革开放新高地，优化长三角地区创新资源配置，引领我国经济与社会可持续发展。

关键词： 长三角 一体化 浦东新区

* 陈建华，经济学博士，上海社会科学院经济研究所研究员、博士生导师，主要研究方向为城市与区域经济学、空间政治经济学；李荫，上海社会科学院经济研究所硕士研究生，主要研究方向为城市与区域经济学。

我国应加快形成以国内大循环为主体、国内国际双循环相互促进的新发展格局，这是以习近平同志为核心的党中央根据国内外经济形势变化的新特征和新要求做出的重大战略部署。2020 年 8 月 20 日，习近平总书记在合肥主持召开的扎实推进长三角一体化发展座谈会上指出，“长三角区域要发挥人才富集、科技水平高、制造业发达、产业链供应链相对完备和市场潜力大等诸多优势，积极探索形成新发展格局的路径”，并强调，“长三角区域要勇当我国科技和产业创新的开路先锋”。从上海市委、市政府提出“开发浦东、振兴上海、服务全国、面向世界”十六字指导方针到现在，浦东开发开放不仅定位于浦东新区发展和推动整个上海城市发展，更是作为带动长三角地区发展的龙头。浦东进一步开发开放，进一步加快上海自贸试验区特别是临港新片区开发开放的进程，可以促进上海经济更高质量的发展，提升城市能级，进而带动长三角一体化迈向更高质量、更高水平的发展并推动长三角城市群能级的提升。

一　新发展格局、浦东开发开放与长三角一体化

（一）新发展格局下长三角一体化的作用与意义

2020 年是多变与时局艰难的一年，新冠肺炎疫情影响着全世界，全球经济正在经历巨大的下行压力，国际贸易和投资大幅缩水，国际金融货币市场动荡不安，保护主义盛行，我国经济发展面临诸多不利因素。从国内环境来看，我国经济仍处于转变发展方式、优化经济结构、转换增长动力的攻关期，经济运行面临着巨大的挑战。在如此严峻复杂的形势下，习近平总书记提出，要逐步形成以国内大循环为主体、国内国际双循环相互促进的新发展格局，培育新形势下我国参与国际合作和竞争的新优势，这是基于国内发展形势、把握国际发展大势做出的重大判断和重要战略选择。

在构建国内国际双循环新发展格局背景下，长三角地区拥有丰富的人口资源，既为出口转内销的企业打开了新出路，又为本区域乃至国内企业提供

了超大规模的消费市场和稳定的利润保障。长三角地区通过更好地参与国际分工，促进国际需求，拓宽需求市场，进而提升长三角城市群能级，形成相对完备和富有竞争力的产业链。在国内产业链相对安全稳定的前提下，推动长三角地区产业技术水平的提升，引领国内产业转型升级。简而言之，长三角地区在动态循环体系中坚持以国内大循环为基础，充分发挥国内和国际市场、国内和国际循环的相互作用，形成更高质量的一体化发展。

城市群是城市发展到成熟阶段的形式，是具有分工与协作关系的城市空间群体。长三角城市群以上海为中心，涵盖上海市、江苏省、浙江省和安徽省三省一市 41 座地级及以上城市，共计 35.8 万平方公里，约占我国土地面积的 3.74%，总人口 2.27 亿人，但集中了中国 1/4 的经济总量和 1/4 以上的工业产值，是中国经济最发达、城镇化水平最高、工业化进程最快的区域之一。长三角城市群是长三角地区乃至全国经济发展重要的增长极，三省一市分工协作、高效协同，促进长三角一体化高质量发展。2020 年上半年国内生产总值为 456614 亿元，长三角城市群地区生产总值为 110717.82 亿元，约占全国的 24.25%。①

长三角一体化高质量发展，关键是通过制度创新有效减少区域间各生产要素的流动障碍，进一步消除各种市场壁垒。长三角一体化的制度创新要以合作为导向，不断减少无序竞争和资源浪费。长三角地区要整合资源，有效利用创新要素，要在我国社会主义市场经济体制的基础上，实现生产要素的自由流动。长三角城市群区域协调发展起步较早，目前初步形成了协调发展的体制机制架构，形成了以市场为主导的资源要素配置机制，包括决策层、协调层和执行层在内的三级协调机制，即决策层在国家发展战略的引领下实现省级层面的协同分工，协调层推进各省市级重点合作事项，而执行层则落实到各个城市合作交流的具体事务执行上。这种区域合作机制还需要进一步完善，以降低各生产要素和产品空间移动的成本，为实现城市间互联互通、

① 《统筹防疫和发展成效显著 上半年国民经济逐步复苏》，国家统计局网站，2020 年 7 月 16 日。

共治共享提供路径。同时，政府通过完善市场准入体系、明确市场竞争规则进行区域协调规划，以强化市场配置资源的力量，营造良好的生产要素流动环境。长三角城市群在一系列体制机制创新协调发展推动下，在我国区域统筹发展和新发展格局的构建中发挥着引领性作用。

一方面，长三角城市群通过增强协同和创新能力，促进产业技术水平提升。长三角城市群协调三省一市，在政治、经济、社会和生态环境等方面相互竞争与合作，通过各种创新资源要素在时间和空间上的协同分配来实现整个城市群的效益最大化。技术创新是产业技术水平提升的根本动力，是高新技术产业核心竞争力的源泉，也是长三角高质量一体化发展的根本动力。提升产业技术水平的关键就在于全面增强自主创新能力。长三角地区经济相对发达，人口众多，人才密集，拥有相对成熟的高新技术产业，其中国家级高新技术产业开发区有 33 个，占国家级高新技术产业开发区总数（169 个）的 19.53%，高新技术产业的各项指标占全国较大比重。

另一方面，长三角城市群在国内产业转型升级中发挥着引领作用，进一步优化了产业结构。长三角地区以各类国家级、省级高新技术产业开发区为载体，以大型企业为主体，培育世界级的先进制造业和现代服务业产业集群，发挥城市群之间的协调带动作用，推动产业链上下游相互整合，实现产业升级。首先，长三角拥有高端装备、汽车、家电、纺织服装等世界级制造业集群，制造业在全国乃至全球制造业供应链中都居于相当重要的位置，这是合力建构全产业链的区域先进制造业集群的良好基础和条件。其次，长三角城市群以生产者服务业引领长江经济带产业结构的优化升级，协调发展电子商务、软件和信息服务、人工智能等战略性新兴产业，降低产业同构化程度，提升资源配置和利用的效率，先行示范发展带动长江经济带产业转型升级。最后，长三角地区通过进一步完善制度环境和市场环境，激发各类创新主体的活力，推动先进制造业与现代服务业的深度融合，协同推进建设重大科技基础设施集群，打造长三角战略性新兴产业研发基地，构建区域协同创新共同体，实现安全稳定的产业链。以长三角一体化为起点，着眼于长江经济带，完善产业转移和升级的跨区域合作机制，推进三省一市产业的协同高效发展，实现高质量的产业布局和集聚发展，进而推动国内产业转型升级。

（二）浦东开发开放提升长三角城市群能级

首先，浦东新区利用自己独有的区位优势进一步开发开放，发挥集聚与辐射效应，助力长三角城市群提升能级。长三角城市群以上海为中心，南京、杭州、合肥为次中心，范围覆盖苏浙皖沪三省一市，地处中国大陆东部沿海区域，拥有相对明显的区位优势。2019 年，浦东新区实现 GDP 12734 亿元，占全市 GDP 的比重为 33.34%，位居全市第一，较上年同期增长了 2274.1 亿元，增速也超过上海全市平均水平，位居第一。浦东新区进一步开发开放对上海经济发展起到了引领和带动作用，提升上海城市功能，从而发挥上海作为长三角地区龙头城市的集聚和扩散效应。同时，长三角地区是我国资本投资最为集中的区域，大量的跨国公司总部机构集聚于浦东新区。以上海特别是浦东新区为中心，联结周边城市，有利于中心城市与非中心城市错位竞争和协同发展，充分发挥辐射外溢效应，提升长三角城市群能级，推进长三角地区经济发展。以上海自贸试验区为例，凭借特有的通关便利化政策和灵活的外汇监管政策，上海自贸试验区集聚了大量的贸易中间商，利用长三角周边城市丰富的人口、土地、自然资源，建立相互关联、体系完备的上下游产业链，降低交易成本，实现外向型产业与对外贸易的联动发展，充分发挥长三角地区各个城市的比较优势与要素禀赋。不仅如此，与其他地区相比，长三角地区企业通过上海自贸试验区以及上海浦东对内与对外开放平台，在开展对外投资业务方面会更为顺畅。长三角地区以上海为中心，对内区域性辐射，对外发散性辐射，不仅有利于上海经济总量的提升，更促进了整个长江经济带乃至全国经济与社会的发展。

其次，浦东新区利用制度高地优势，充分发挥其在国家战略中的枢纽节点作用，推动长三角一体化发展。浦东开发开放的内在动力在于制度创新，作为承担国家战略使命的核心功能区，浦东新区建设制度高地，推动整个长三角城市群制度规章与政策对接，实现长三角一体化高水平发展。上海自贸试验区以制度创新为核心，在投资管理领域、贸易便利化领域、金融领域、服务业开放领域和事中事后监管措施等五个方面为全国提供了一批可复制、可推广的经验和做法，其中最为重要的制度创新是建立了以负面清单管理为核心的投资管理制度。[①] 上海自贸试验区的制度创新不仅为浦东新区提供了坚实的制度基础，更对长三角城市群产生了制度改革示范效应，周边城市主动进行政策对接，实现长三角一体化规章制度的进一步完善，从而为长三角地区营造了良好的制度环境。浦东进一步开发开放为长三角一体化提供了先行先试的经验，在投资、贸易、金融、监管等方面进一步消除体制机制的障碍，加快转变政府职能，消除和打破传统区域间的行政体制障碍和制度壁垒，为市场和生产要素的有序流通提供更加自由完备的制度环境。总而言之，浦东进一步开发开放有利于构建一个促进经济、金融、航运和贸易发展的综合性政策框架，进而引领整个长三角地区高质量一体化发展。

最后，浦东进一步开发开放促进长三角地区经济生产分工与协作，有利于推动市场经济高质量发展。目前，长三角城市群各城市间经济发展水平不均衡，发展差距较大，其中皖北、苏北和浙江省中西部地区经济发展相对薄弱。上海作为长三角地区的中心城市，担负着引领长江经济带高质量发展的重任，浦东进一步开发开放为产业转型升级与结构优化提供了抓手。浦东进一步开发开放有利于推进长江经济带上中下游产业融合发展，形成更加高效合理、协同发展的产业布局，构建相互竞争与合作的市场发展格局。浦东开发开放以整个上海的城市基础设施和经济建设为依托，浦东新区在30年来的实践中先行先试，完善市场体系，强化市场配置，改善市场环境，坚持以要素市场体系和专业服务体系为突破口，对率先建立的社会主义市场经济运行机制进行了积极探索。从综合配套改革试点建设到金融中心、航运中心、贸易中心建设再到自贸试验区、张江科学城建设，浦东开发开放既促进了上海经济转型升级，又促进了长三角地区资源优化配置。因此，浦东进一步开

① 《国务院关于推广中国（上海）自由贸易试验区可复制改革试点经验的通知》，中国政府网，2015年1月29日。

发开放可以激发市场主体的竞争与合作的活力，有利于长三角地区产业结构合理化与高级化，优化长三角地区资源特别是创新资源配置，增强长三角地区经济与社会的可持续发展能力。

二　浦东开发开放提高长三角产业技术水平

（一）浦东新区高新技术产业发展状况

从1990年浦东开发开放到如今，浦东新区已经成为上海经济的重要组成部分，2010~2019年GDP平均增长率超过10%，已经成为长三角地区经济发展的龙头区域。上海作为全国科技创新发展的高地，其高新技术产业在全国占据着举足轻重的地位。2019年，上海战略性新兴产业增加值为6133.22亿元，比上年增长8.5%。其中，战略性新兴产业增加值占上海市地区生产总值的比重为16.1%，比上年提高0.4个百分点。① 近年来，上海高新技术产业总产值占全市工业总产值的比重稳定在21%左右，高新技术持续蓬勃发展，对浦东新区高新技术产业发展具有意义深远的带动作用。2019年，浦东战略性新兴产业产值占规模以上工业总产值的比重达41.5%。在集成电路、生物医药、人工智能这三个战略领域，浦东新区拥有领先全球的创新产业技术。在集成电路领域和生物医药领域，2019年全区产业规模分别超过1200亿元和770亿元，占全市的比重分别达到71.5%和46%，已然成为全国产业最集中、综合技术水平最高、产业链最为完整的地区；在人工智能领域，企业数量占全市的1/3、产业规模占全市的1/2，基本形成覆盖完整的产业链，也使浦东成为首个国家人工智能产业创新发展先导区。②

2020年的新冠肺炎疫情对各地经济发展造成了前所未有的冲击。浦东新区在中央政府和上海市政府的有力领导下，统筹推进疫情防控和经济社会

---

① 《2019年上海市国民经济和社会发展统计公报》，《统计科学与实践》2020年第3期。

② 《第十六场“高质量发展、高品质生活”系列市政府新闻发布会》，上海市人民政府网站，2020年9月28日。

发展，主要经济指标呈现稳步复苏、加速向好的态势。2020 年 1～8 月，浦东新区战略性新兴产业制造业产值增长 21.5%，创新主体、创新成果、科技成果转化实现了稳步增长（见表 1）。同时，浦东新区继续加快发展“中国芯”、“创新药”、“智能造”、“蓝天梦”、“未来车”和“数据港”等六大硬核产业，逐步打造领先全球的创新产业集群。因此，浦东新区是上海高新技术产业重要的集聚区域，产值位列上海市第一，对上海乃至全国高新技术产业的发展都至关重要。

表 1　2020 年 1～8 月浦东新区科技创新情况

项目	数量	增长
经认定的企业研发机构数(个)	622	
国家级企业研发机构(个)	43	
上海市级企业研发机构(个)	206	
浦东新区区级企业研发机构(个)	373	
期末高新技术企业认定数(个)	2903	
科技小巨人(培育)企业数(个)	537	
专利授权数(件)	13384	
发明(件)	3395	
实用新型(件)	7711	
外观设计(件)	2278	
技术交易(件)	2088	22.3%
技术交易合同金额(亿元)	221.66	1.1 倍

资料来源：《浦东统计月报》（http://www.pudong.gov.cn/shpd/Upfiles/FileAttach/07030fb1－79c6－430b－7af0－1470416897d2/2020－8.pdf）。

浦东新区自开发开放以来，始终坚持“高科技先行”的发展方针。高新技术产业一直是浦东新区发展的重要方向。张江高科技园区和金桥经济技术开发区等大力推进产业集群的发展（见表 2），发挥产业集群效应。以临港新片区为例，临港科技城智能制造产业园、上海海洋工程装备制造业创新中心、新松机器人临港产业园等稳步推动浦东新区高科技产业持续发展。同时，大量科技创新项目正在加速培育中，特斯拉新能源汽车研发与整车制造项目、华大半导体特色工艺生产线和存储器项目、高效低碳燃气轮机试验装置项目等重大产业项目落地临港新片区，充分发挥上海地区的区位优势和产业集聚的基础优势，加快集聚创新科技资源，提升上海城市能级。① 高新技术产业的集聚使得浦东新区自主创新能力和高科技竞争能力不断加强，国际化水平不断提升，已经成为国内大企业的集聚地。浦东新区拥有大量的高科技企业，高新技术企业和外资研发中心分别占全市的 25% 和 50% 以上，2010 年以来共获得国家科学技术奖 76 个，其中特等奖 4 个、一等奖 3 个。

表 2　浦东新区不同园区的产业集群

园区	产业集群
张江高科技园区	形成了以集成电路、生物医药、软件和信息服务业为主导的产业集群
陆家嘴金融贸易区	形成了以金融、航运、贸易三大产业为核心，以专业服务业、文化旅游会展等产业为重点的“3 +2”现代服务业发展体系
金桥经济技术开发区	发展以光电子光伏和装备制造业为代表的产业集群
康桥工业园区	拥有众多科学实验室在内的企业总部和研发机构，形成了战略性新兴产业集群
临港新片区	打造高端装备制造业、战略性新兴产业、先进海洋经济产业，以及生产型服务业、城市功能性生活型服务业五大产业集群
世博片区	打造电竞之都核心区，大力发展电子竞技产业

如今，浦东新区已经成为国内自主创新资源最密集和最具活力的地区之一。大批学有所成的国内外科技人才在上海浦东落户创业，成为上海乃至全国的人才高地，为高新技术产业发展提供了优质的人才资源。大量高科技企业和高新技术产业集聚浦东新区，国际资本、技术、管理等生产要素参与并推动浦东开发开放，既促进了上海城市发展，又促进了长三角地区乃至长江经济带的经济与社会发展。浦东新区开发开放的成就举世瞩目，高新技术产业的发展对整个上海市产业技术水平的提升起到了至关重要的作用，有力地促进了长三角地区的科技创新发展。

（二）长三角地区高新技术产业发展状况

长三角城市群是“一带一路”与长江经济带的重要交汇地带，覆盖苏

① 《上海经济年鉴 2019》，上海经济年鉴社，2019。

沪浙皖三省一市共计41座地级及以上城市，在我国经济发展中具有重要的地位和影响。长三角城市群经济总量与城市创新水平在全国的地位举足轻重，2020年上半年长三角城市群GDP约占全国GDP的1/4，已成为我国经济增长的重要引擎。

2019年，长三角三省一市拥有众多的高新技术企业（见表3），逐年扩大高新技术企业后备队伍，既增强高新技术企业创新实力和市场竞争力，又促进高新技术企业高质量发展，进而推动产业健康发展。上海市在电子信息、生物医药、新材料、先进制造与自动化等重点领域实现了高新技术成果转化；江苏省注重对高新技术产业的投资建设，投资结构持续优化；浙江省高技术、高新技术、装备制造、战略性新兴产业蓬勃发展；安徽省发挥后发优势，在新能源汽车、节能环保等科技创新领域实现“中部崛起”（见表4）。从整个长三角地区来看，长三角高新技术产业在全国占据重要地位，自主创新能力显著提高，科技专利数逐年增加，且规模每年也在持续增长。

表3　2019年长三角地区高新技术企业分布

单位：家

项目	上海市	江苏省	浙江省	安徽省
累计高新技术企业	12848	10689(公示)	16316	6636
新认定高新技术企业	5950	—	4806	1233

表4　2019年长三角三省一市高新技术产业发展状况

地区	高新技术产业成果	具体领域发展状况
上海市	全年新认定高新技术成果转化项目822项，比上年增长25.3%。至年末，累计认定高新技术成果转化项目12940项	电子信息、生物医药、新材料、先进制造与自动化等重点领域认定高新技术成果转化项目占比86%
江苏省	国家级企业技术中心达到117个，国家级高新技术特色产业基地162个。高新技术产业产值比上年增长6%，占规模以上工业总产值的比重为44.4%，比上年增长0.7%	高新技术产业投资增长23.3%，其中电子及通信设备、计算机及办公设备、医药、仪器仪表制造业投资分别增长69.0%、23.7%、33.8%、79.5%。第三产业投资增长6.3%，其中科学研究和技术服务业增长8.6%

续表

地区	高新技术产业成果	具体领域发展状况
浙江省	国家认定的企业技术中心 121 家(含分中心)。新培育科技型中小企业 12779 家,累计 63677 家。全年专利申请量 43.6 万件;授权量 28.5 万件,其中发明专利授权量 3.4 万件,比上年增长 4.3%。科技进步贡献率为 63.5%	高技术、高新技术、装备制造、战略性新兴产业增加值分别增长 14.3%、8.0%、7.8%、9.8%,人工智能产业增加值增长 21.3%。新一代信息技术、新能源、生物、新材料产业增加值分别增长 18.4%、11.9%、11.6%、8.8%
安徽省	高新技术企业数达到 6636 家,比上年净增 1233 家。科研机构 6181 家,其中大中型工业企业办科技机构 1284 家。规模以上工业中,高新技术产业、装备制造业增加值比上年分别增长 13.7%、10.1%	战略性新兴产业产值增长 14.9%,其中新一代信息技术产业、高端装备制造产业、新材料产业、生物产业、新能源汽车产业、新能源产业、节能环保产业分别增长 16.4%、11.6%、13.2%、21.4%、10.5%、17.7%、18.1%。24 个战略性新兴产业集聚发展基地产值增长 13.6%

资料来源:《2019 年上海市国民经济和社会发展统计公报》《2019 年江苏省国民经济和社会发展统计公报》《2019 年浙江省国民经济和社会发展统计公报》《2019 年安徽省国民经济和社会发展统计公报》。

从长三角地区三省一市来看，长三角城市群各个地级市之间经济发展存在差距，发展还存在相对不均衡的问题。2019 年中国人均 GDP 为 70892 元，上海、江苏和浙江人均 GDP 分别为 157300 元、123607 元和 107624 元，均超过了中国人均 GDP，仅安徽省人均 GDP 低于中国人均 GDP，为 58496 元(见图 1)。2019 年 GDP 超过 10000 亿元的地级及以上城市依次为上海、苏州、杭州、南京、宁波和无锡，其中上海 GDP 最高，达到 38155.32 亿元，人均 GDP 在长三角地区 41 个地级及以上城市中排名第四，而黄山市 GDP 排在最末位，仅为 818 亿元，是排名第一的上海市 GDP 的 2.14%，是排名第二的苏州市 GDP 的 4.25%。同时，人均 GDP 在 150000 元以上的地级及以上城市依次为无锡、苏州、南京、上海、常州和杭州，其中无锡市人均 GDP 最高，达到人均 180000 元。人均 GDP 最低的是阜阳，人均 GDP 为 32855 元，人均 GDP 排名末四位的阜阳、亳州、六安、宿州的人均 GDP 均不到无锡市的 1/5，并且人均 GDP 后十位的城市均位于安徽省。从整体层面来看，长三角地区各省市之间经济发展水平差距较大，上海市、江苏省和浙江省经济较为发达，城市发育相对完善，而安徽省总体经济发展水平相对落后，长三角城市群内部经济发展水平并不均衡。

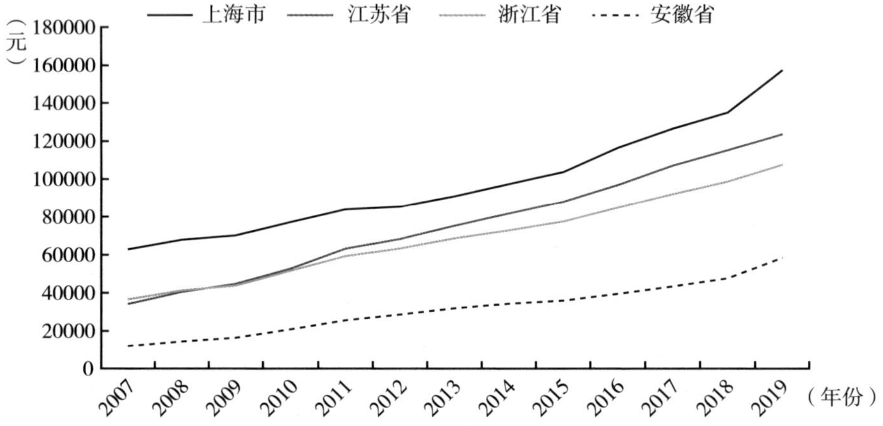

图1　2007～2019年长三角三省一市人均GDP

长三角地区各省市内部经济发展水平不均衡必然会导致各省市之间投入产出情况差距较大，由于经济发展之间的差异，高新技术产业的投入量也存在较大的差别。从投入的角度来看，上海和江浙地区拥有多所重点高校，拥有大量的优质人才资源，而安徽省重点高校和高科技产业园数量较少，除省会合肥之外，很难吸引高科技人才和高新技术企业集聚。虽然各个省市均在大力发展高新技术产业，提升科技创新能力，但由于经济发展水平之间的差异，各地高新技术R&D经费的投入仍存在着较大的差距。其中，上海和江浙地区经济较为发达，拥有充裕的人才、资金，因此投入大量的研发费用，江苏省以2779.5亿元的研发投入位居第二，继续紧追第一经济大省广东。而安徽省研发投入总量仅相当于江苏省的27.1%、浙江省的45.2%和上海市的49.5%，研发投入强度（2.03%）与上海（4.00%）、江苏（2.79%）、浙江（2.68%）相比还有较大差距（见图2）。虽然安徽省创新投入稳步增长，但与苏浙沪地区相比，仍存在较大差距，产业投入资金总量明显不足。

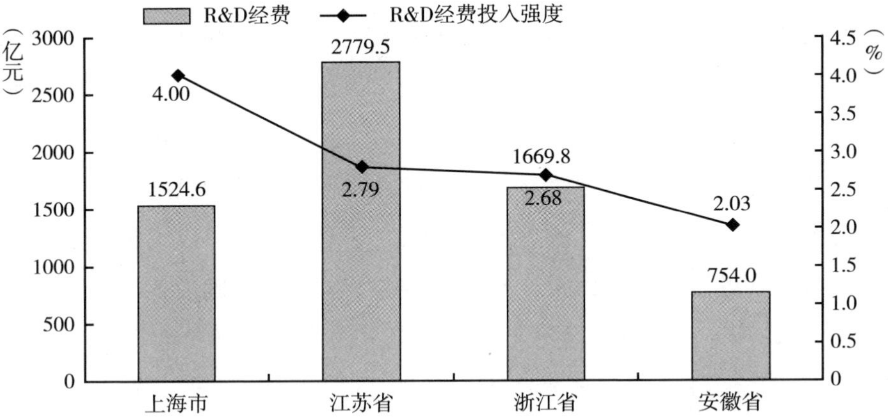

图 2　2019 年长三角三省一市 R&D 经费及其投入强度

资料来源：《2019 年全国科技经费投入统计公报》。

高新技术产业投入量之间的差异必然导致产出量之间存在显著差异。从产出角度来看，苏浙沪地区无论是高新技术企业数量、高新技术产业利润总额还是专利申请数量都与安徽省拉开了较大的距离，区域之间差异十分明显。此外，上海市作为长三角地区的龙头城市，科技成果转化率整体处于上升态势。但是，长三角地区一些城市的科技成果转化率亟须提升。

（三）浦东与长三角地区的高新技术产业关联

浦东新区高新技术产业发展是嵌入长三角地区的产业链和创新链之中的。一方面，浦东开发开放可以促进整个长三角地区经济和社会发展，推动长三角一体化高质量发展；另一方面，长三角地区增强协同和创新能力，推动浦东新区进一步开发开放，进而促进长三角产业技术水平向更高层次发展。

浦东新区自开发开放以来，坚持金融贸易先行、基础设施先行、高新技术产业先行的发展方针。

从金融贸易先行的角度来看，浦东通过金融贸易体制改革，推进金融体制创新，完善了我国的金融市场，鼓励社会资本参与高新技术产业的发展进程；通过加大对外开放的力度吸引大量的外商投资和国外高端产业进入，促进长三角地区整体经济的发展，为高新技术产业的发展提供了资金来源。浦东开发开放推动上海成为国际经济、金融、贸易中心之一，带动长江流域经济腾飞，促进我国进一步扩大开放和社会主义市场经济高质量发展。

从基础设施先行的角度来看，浦东新区加强城市基础设施建设，高标准地建设了航空港、深水港、信息港等一流的基础设施，形成了融入全市、辐射长三角的基础设施网络体系，有力地促进了长三角基础设施一体化。2020年2月21日，上海市重大建设项目清单正式公布，特斯拉超级工厂二期等重大工程、张江科学城“五个一批”等重点项目落户浦东，形成张江、金桥、外高桥和临港新片区“创新链”“产业链”协同布局，在科技创新建设方面有力地推动了上海和长三角地区经济与社会转型。

从高新技术产业先行的角度来看，浦东进一步开发开放打造科学设施集聚新高地、构建科研协同创新体系、建设科技成果转化新平台、打造高能企业培育新优势、孕育硬核产业集群新动能。浦东新区依托大型的企业集团和科研机构，发挥自贸试验区、张江国家自主创新示范区和全面创新改革试验区“三区联动”优势，同其他三省共同推进建设重大科技基础设施集群，打造长三角战略性新兴产业研发基地，构建区域产业创新发展平台，发挥高新技术开发区的溢出效应，共同推进产业技术发展水平提升。浦东进一步开发开放可以通过示范和带动作用，发挥上海经济中心城市的集聚与辐射功能，优化整个长三角地区科技创新环境，打造科技创新创业的引领区。

反过来，长三角一体化高质量发展会推动浦东进一步开发开放。长三角一体化发展特别是基础设施一体化发展，降低了各生产要素的流动成本，促进了城市间的经济、社会交流，营造出良好协调的生产要素流动环境。2019年12月，中共中央、国务院提出了建设长三角一体化综合交通体系的目标，通过构建省际高速公路、城市间高速铁路、沿海沿江联动协作的航运体系、区域机场群体系来实现长三角地区迈向更高质量一体化的发展。长三角城市群尤其是都市圈范围内，越来越多的人选择城间通勤、一日往返等短距离出行方式，上海、杭州、南京3个城市中心城区等时圈均出现了“圈层+飞地”形态，高铁等快速交通体系的支撑实现了城际高频出行，人口流动更为频繁，中心城市与周边城市之间的跨城功能联系也更加紧密。这种交通基础设施一体化不仅加强了长三角各省市之间的经济、社会联系，营造了良好的生产要素流动环境，更能加速科技创新资源的整合和经济协作，增强协同和创新能力，必然带动浦东新区高新技术产业进步。

但是，高新技术产业的核心关键技术往往攻克难度大，而技术的攻克往往依赖于高科技知识人才的集聚，掌握着高科技知识的人才就是产业发展最为核心的因素。长三角地区特别是苏浙沪地区拥有大量的重点高校和科研机构，为高新技术产业培养了众多的高端技术人才，为浦东新区的建设输送了大量的人才资源。高新技术产业的发展离不开科技人员的创新，而高新技术产业提供的富有竞争力的薪酬吸引了高端人才，由此形成良性循环，有力地促进产业技术进步。与此同时，长三角地区应当充分发挥人才集聚效应，增强劳动者素质对创新效率的正向推动作用，利用高科技产业集群的优势，促进知识溢出。政府连同企业通过建立完善自主创新的激励机制，对科研成果和专利的发明人提供创造性劳动报酬，在个人所得税方面实施优惠，给予核心人才奖励，充分调动科技人才的积极性和创造性，形成长三角地区人力资本的培育、积累与合理利用的良性循环，提高人力资源对高新技术产业发展的贡献率。浦东开发开放离不开长三角地区深厚的人才基础，长三角一体化发展也离不开浦东进一步开发开放，二者相辅相成，共同推进产业技术的进步。

三　浦东开发开放促进长三角地区产业转型升级

（一）浦东开发开放促进长三角地区产业结构合理化

浦东开发开放 30 年的成功实践已经成为上海现代化建设的缩影和中国改革开放的象征。上海作为长三角地区龙头城市，对整个长江经济带产业结构优化升级起着引领带动的作用。浦东新区先行先试，推动总部经济发展，提升上海作为总部经济城市的影响力和领导力，对长三角地区高质量发展具有重要意义。

生产者服务业是企业通过投入知识资本和人力资本向生产者而非最终消费者提供产品和服务，以满足经济生产活动中的中间投入需求，属于知识密集型服务业。如今，生产者服务业已经取代传统制造业成为许多发达国家经济增长的主要动力和创新源泉，生产者服务业发展水平和发展程度已是衡量经济发展速度、方式、综合竞争力以及现代化水平的重要标志。在追求高质量发展的背景下，浦东新区企业普遍重视高新技术产业服务化，服务性收入占高新技术企业总收入的比重越来越高。浦东新区可以依托大型企业集团，在生产者服务业外部化的过程中推动高新技术产业集群发展和专业化分工合作，形成规模经济，反过来推动产业结构优化升级，形成良性互动发展。随着经济发展和科技进步，信息含量高、技术含量高的知识密集型的生产者服务业所占比重日益提升，劳动密集型和资金密集型的生产者服务业对经济社会的影响力逐渐减弱，浦东新区生产者服务业的内部结构逐步优化。

浦东新区利用其独特的区位优势和人才、资金资源吸引大量企业集团总部集群布局，形成总部集聚效应，利用企业价值链和区域资源禀赋实现最佳的空间耦合。在长三角地区，企业总部向中心城市上海特别是浦东新区集聚，生产制造基地仍留在周边城市或是向中小城市迁移，通过企业总部与制造基地分离，实现上海产业转型升级。2020 年 1 ~7 月，浦东新区实到外资依然保持上涨势态，约 55 亿美元，比上年同期增长 7%，占全市的 46%；新增跨国公司地区总部 14 家，形成具有国际竞争力的总部经济高地。作为中国总部经济集聚度最高的区域之一，浦东新区目前已拥有 600 多家各类总部企业，总部企业对浦东的经济贡献率超过 1/3，浦东新区已形成跨国公司地区总部、大企业总部、营运总部、高成长性总部、国际组织（机构）地区总部等多层次、宽领域的生态圈，正成为上海建设卓越的全球城市的重要经济地标。① 浦东通过“总部－制造基地”功能链条辐射带动生产制造基地

① 《浦东上半年实到外资依然保持上涨》，新华网，2020 年 9 月 18 日。

所在区域发展，由此实现不同区域的分工协作和不同资源在同一企业的最优配置，从而使区域经济实现规模性、集群性和专业性发展。浦东新区发展总部经济，对促进上海创新驱动发展、实现长江经济带产业转型升级、提升我国自主创新能力具有重要的战略意义。

长三角地区三省一市是我国制造业和整体经济发展水平最高的区域之一。自改革开放以来，上海市积极调整产业发展策略，推动产业结构优化升级，实施“优先发展第三产业，积极调整第二产业，稳步发展第一产业”的方针。上海市第三产业增加值 27752. 28 亿元，增长 8. 2% ，占上海市地区生产总值的比重为 72. 7% ，比上年提高 1. 8 个百分点，在产业结构中处于绝对领先地位。总体来看，上海产业结构优化升级推动经济持续增长，金融业、软件和信息技术服务业等知识密集型产业对上海经济发展贡献最大。江苏省第二产业和第三产业处于此消彼长的状态，到 2015 年，第三产业增加值占比超过第二产业。现阶段，江苏省整体经济中第二产业依然具有举足轻重的地位，先进制造业和新兴服务业发展潜力巨大，产业结构继续优化发展。浙江省 GDP 虽然不及江苏省，但两省的产业结构整体上十分相似，第一产业增加值占比不足 5% ，第二产业增加值占比整体呈下降趋势，第三产业增加值占比整体呈上升趋势，且第三产业比重略高于第二产业。浙江省传统服务业的发展是产业结构优化升级的主要推动力，金融业发展略逊于上海、江苏地区，整体产业结构趋于合理化、优质化。安徽省产业结构发展水平明显落后于苏浙沪地区，直到 2019 年，第三产业增加值占比 50. 5% ，首次超过第二产业增加值占比。安徽省直到 2017 年，第一产业增加值占比才降至 10% 以下。目前，安徽省金融业和服务业发展势头迅猛，但相对于苏浙沪地区，还是工业主导型省份，其产业结构有待进一步转型升级（见图 3）。

长三角地区是国内生产者服务业发展水平与集聚度最高的地区之一。近年来，长三角地区以电子商务为代表的商务服务业发展迅猛，年均增速达到 3. 26% ，占比逐年增加，在生产者服务业中的地位越来越重要。随着我国互联网蓬勃发展，长三角地区信息服务业增速较为稳定，发展潜力巨大。长三角地区特别是上海作为我国金融业的中心，拥有一定规模的金融市场，但金

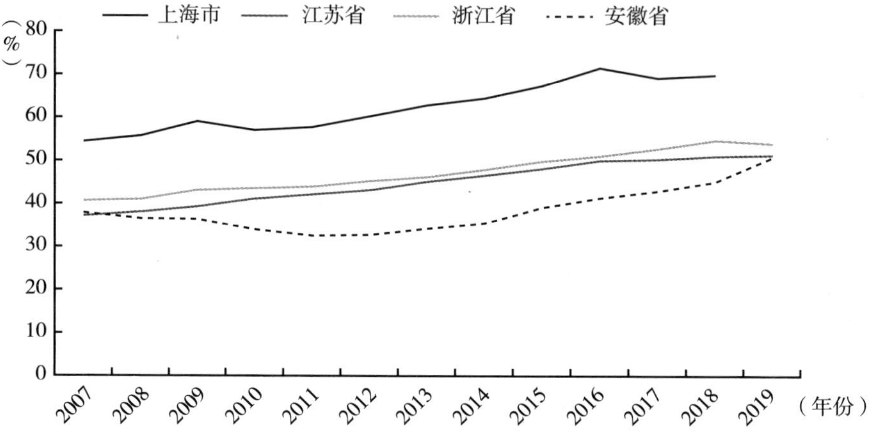

图3　长三角三省一市第三产业增加值占 GDP 比重的变化趋势

融服务业创新发展依旧任重道远。依托高科技产业园和众多的高科技人才，长三角地区科技服务业占比缓慢增长，科技服务业亟须进一步发展。生产者服务业在长三角地区国民经济中占据越来越重要的地位，整体发展水平居于全国领先地位。但是，长三角地区的生产者服务业存在区域与行业发展不均衡问题。只有促进这些服务业形成有机体系，推动生产要素特别是创新资源有效利用，才能不断促进长三角一体化高质量发展。而浦东新区可以发挥生产者服务业先行发展与集聚成群的产业优势，促进长三角地区产业结构合理化，促进区域经济均衡发展。

（二）浦东开发开放促进长三角地区产业结构优化

首先，高新技术产业的发展为生产者服务业提供了广阔的消费需求市场，从而推动产业结构优化升级。浦东新区拥有众多高科技企业和高新技术产业开发区，是上海乃至长三角地区科技创新发展的中心区域，浦东产业发展必然促进长三角地区产业结构优化。如今，长三角地区已经成为高新技术产业发展的重心，制造业企业也从劳动密集型向技术密集型转型发展，再加上长三角地区外向型经济的发展，生产者服务业集聚度明显提高，市场的扩大更是吸引更多企业的加入，企业之间相互竞争合作，推动自主创新能力和服务质量水平的提升，优化产业结构。在浦东新区高新技术产业发展的带动下，长三角地区生产者服务业得到了较快发展，降低了生产成本，提升了经济效率，使得产业结构合理性得到显著提高。

其次，浦东新区通过总部经济发展模式发挥其辐射带动作用，推动长三角一体化高质量发展，实现总部经济发展和长三角地区区域经济一体化互相促进。目前长三角地区形成了以上海为中心城市，以南京、杭州、合肥为次中心城市的城市等级体系，城市体系与总部经济形成相得益彰的发展态势。长三角地区一体化发展推动交通基础设施的完善和互联网技术的发展，企业总部向中心城市特别是向上海浦东集聚，可以发挥总部经济的辐射带动作用，促进长三角城市群产业转型，提高区域资源配置效率。总部经济条件下的企业迁移，使得企业某职能总部部分迁移至上海特别是浦东新区，大大降低了获取资本资源、人力资源、技术资源和信息资源的成本。目前，上海已经初步形成相对完善的总部经济发展网络，通过促使高新技术企业总部入驻、壮大本土跨国公司总部实力，发挥长三角地区中心城市资源优化配置和辐射带动效应，对长三角地区产业分工合作、产业结构优化升级、提升城市创新能力等方面具有积极推动作用。

再次，浦东进一步开发开放推动上海产业结构的优化，进而推动长三角城市群产业结构优化升级。长三角地区应当充分发挥浦东在推动我国经济结构转型升级、促进我国经济高质量发展、实现全球价值链攀升方面的模范带头作用。浦东借助自贸试验区发展和产业持续升级，加快向产业链和价值链高端迈进，为长三角地区产业转型升级与结构优化提供了抓手。长三角地区根据三省一市经济发展阶段的梯度差异、资源禀赋条件和比较优势，促进产业有序转移，跨地区建立完善的产业链体系，加强上中下游产业融合发展。例如上海高新技术产业集聚、金融业蓬勃发展，江苏科技教育较为发达、拥有大量的人才资源，浙江互联网技术全国领先，安徽新兴技术方面拥有明显的后发优势，三省一市加强协调合作，促进产业结构继续优化升级，提升产业能级。

最后，浦东新区开发开放可以促进长三角地区资源优化配置。浦东进一步开发开放可利用外引内联作用，促进长三角地区产业结构优势互补，降低产业同质化竞争程度，建立更加科学合理的产业布局，形成优质高效、相互配合的发展格局。随着上海自贸试验区的成功经验和制度创新成果向全国复制推广，浦东新区新一轮全面深化改革和对外开放有利于促进长三角一体化高质量发展。发挥浦东新区和上海服务业对资源的优化配置作用，引领长三角城市群产业结构优化升级，降低产业同构化程度，提高资源利用效率，促进长三角产业结构合理化与优化，引领长三角一体化迈向新格局。

参考文献

陈高宏：《浦东开发开放实践中战略思想的深化与发展》，《浦东开发》2017 年第 7 期。

陈建军：《全局视野下的长三角协调发展机制研究》，《人民论坛·学术前沿》2015 年第 18 期。

胡艳、潘婷、张桅：《一体化国家战略下长三角城市群协同创新的经济增长效应研究》，《华东师范大学学报》（哲学社会科学版）2019 年第 5 期。

马卫红：《生产者服务业发展的影响因素研究——以长三角地区为例的实证分析》，《经济与管理》2012 年第 2 期。

马卫红、黄繁华：《知识密集型生产者服务业与高技术产业的互动发展——基于上海的实证分析》，《经济体制改革》2012 年第 2 期。

钮心毅、岳雨峰、李凯克：《长三角城市群中心城市与周边城市的城际出行特征研究》，《上海城市规划》2020 年第 4 期。

吴福象：《长三角区域一体化发展中的协同与共享》，《人民论坛·学术前沿》2019 年第 4 期。

徐美娜：《上海自贸区建设对长三角区域发展的带动效应研究》，《中国商论》2016 年第 18 期。

张三峰：《我国生产者服务业城市集聚度测算及其特征研究——基于 21 个城市的分析》，《产业经济研究》2010 年第 3 期。

B.13

浦东建设具有全球影响力科创中心核心区的进展及对策思考

张　波*

摘　要：　作为全国改革开放的前沿阵地，浦东新区是上海建设具有全球影响力科技创新中心的核心功能区。历经多年的发展，浦东新区从创新资源集聚、创新主体培育、创新氛围营造等多维度构建起符合区域特色的科技创新体系，科技创新中心核心框架已经基本形成，但在很多方面依然存在不足之处。浦东新区应该从加强科技创新政策系统化集成化、提升优势高科技产业链整体能级、引导各类创新主体的创新联动性、打造专业化的科技创新支撑体系等方面努力，推动上海尽早全面建成具有全球影响力的科技创新中心。

关键词：　科技创新　知识产权　浦东新区

2014 年 5 月，习近平总书记考察上海时要求上海建设具有全球影响力的科技创新中心。在这一重大国家战略背景下，浦东新区勇挑使命，成为上海建设具有全球影响力科技创新中心的核心功能区和主战场。根据《上海建设具有全球影响力的科技创新中心浦东新区行动方案（2015 ~ 2020 年）》，2020 年初步建成上海全球科技创新中心核心功能区的基本框架。因

---

* 张波，法学博士，上海政法学院政府管理学院副教授、硕士生导师，主要研究方向为人口经济学、人才学等。

此，需要系统总结迄今为止浦东建设具有全球影响力科技创新中心核心区的成效和进展，并为下一步提升浦东科技创新中心核心区内涵提供政策建议。

一 主要进展与成效

实际上，浦东科技创新中心核心区建设早在浦东开发开放初期就开始了，到 1992 年 7 月，张江高科技园区正式开工建设，标志着浦东科技创新事业正式起步。历经多年不断发展，浦东从创新资源集聚、创新主体培育、创新文化营造等方面构建符合浦东特点的区域科技创新体系，具有全球影响力科技创新中心核心框架已经基本形成，主要表现在以下几个方面。

（一）构建起上下联动、层级清晰、内容完善的科技创新政策体系

在上海市科技创新政策框架体系下，浦东新区逐渐形成了上下联动、层级清晰、内容完善的科技创新政策体系（见图 1）。根据政策的行政能级，主要分为以下四个层次。

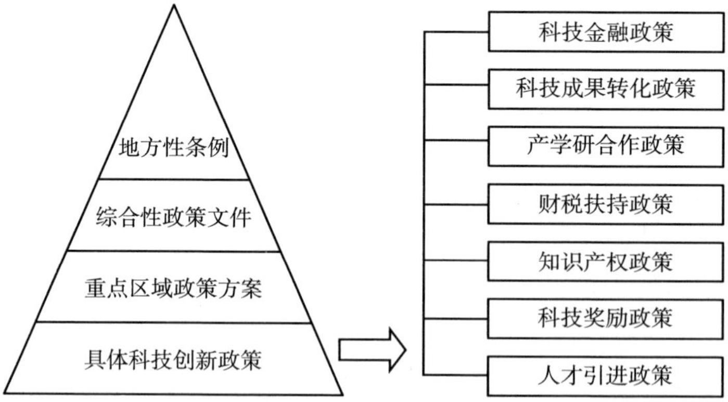

图 1　浦东新区科技创新政策框架

第一层次是地方性条例，形成包括《上海市推进科技创新中心建设条例》《上海市促进科技成果转化条例》《上海市专利保护条例》《上海市技

术市场条例》等具有法律性质的地方性条例。

第二层次是综合性政策文件、规划等，包括《上海建设具有全球影响力的科技创新中心浦东新区行动方案（2015～2020年）》《浦东新区加快建设具有全球影响力的科技创新中心核心功能区2020行动方案》《深入推进张江－临港“双区联动”，打造浦东“南北科技创新走廊”的行动方案》《浦东新区科技创新“十三五”规划》等。

第三层次是重点区域政策方案，包括《张江科学城规划实施行动方案》《上海建设具有全球影响力科技创新中心临港行动方案》《上海张江综合性国家科学中心建设方案》《上海张江国家自主创新示范区发展规划纲要（2013～2020年）》等。

第四层次是具体科技创新政策，主要涉及科技金融政策、科技成果转化政策、产学研合作政策、财税扶持政策、知识产权政策、科学奖励政策、人才引进政策，推动了包括成立知识产权局和海外人才局、试点生物医药合同生产（CMO）、试点药品器械上市许可持有人制度、启动创新券试点、建设自贸试验区海外人才创新创业离岸基地等一批可复制、可推广的科技创新举措。特别是近年来，浦东在人才管理体制上不断改革创新，先后颁布包括《关于进一步加强浦东新区党管人才工作的实施意见》《关于深化人才工作体制机制改革促进人才创新创业的总体方案》《浦东新区引进海外高层次人才意见》《浦东新区关于支持人才创新创业促进人才发展的若干意见》《关于持永久居留身份证外籍高层次人才创办科技型企业试行办法》《中国（上海）自由贸易试验区临港新片区支持人才发展若干措施》《关于促进临港新片区高质量发展实施国内人才引进特殊支持政策的通知》等，率先成立海外人才局和浦东国际人才港，探索实施外国留学生直接就业政策，试行外国专家证、就业证和居留证等三证“一口受理、一口办结”模式，积极推进高端航运人才“双认证”制度、海外人才子女弹性教学制等。

（二）集聚了一大批门类丰富、层次较高的科技创新资源体系

迄今为止，浦东新区集聚了一大批门类丰富、层次提高的科技创新资源

体系，主要包括建设了上海光源二期、软X射线自由电子激光装置、国家蛋白质科学中心、上海超级计算中心、超强短激光装置、活细胞结构与功能成像平台、硬X射线自由电子激光装置、SXFEL用户站、国家“两机”专项高效低碳燃气轮机等综合性强、跨领域的大科学设施；建设上海市生物医药产业技术功能型平台、上海市集成电路产业研发与转化功能型平台、上海市智能制造研发与转化功能型平台、上海市工业互联网研发与转化型功能平台等4家功能型平台；聚集6个国家级重点实验室、6个市级重点实验室、7个国家工程技术研究中心、75个市级工程技术研究中心、57个上海市专业技术服务平台；汇聚本科院校累计16所，中科院上海药物所、中科院上海高等研究院等4家中科院体系研究院所，中国极地研究中心等2家部属科研院所，中国商飞上海飞机设计研究院等3家央企科研院所，上海南方模式生物研究中心、上海人类基因组研究中心等4家上海社科院直属单位；依托高校打造国际创新中心、李政道研究所、上海交通大学张江科学园等高能级研究机构；经认定的高新技术企业共有2247家、科技小巨人企业489家、上海市技术先进型服务企业173家，拥有国家、上海市和浦东新区区级重点企业研发机构487家，其中国家级42家、上海市级192家，累计认定外资研发中心233家，其中世界500强企业在浦东设立研发中心的企业121家。

（三）培育了一个链条完整、高端引领的现代高新技术产业体系

浦东开发开放是在相当薄弱的产业基础上启动的，从传统农业、手工业和重化工业为主的产业结构，直接跨越到以六大硬核产业为核心的现代化高新技术产业。

在“中国芯”上，浦东已经形成了国内综合技术水平最先进、自主创新能力最强、最为完备的集成电路产业链，集聚了如中芯国际、华宏集团、新昇半导体、中微半导体、上海兆芯等一批国内外具有影响力的集成电路企业。2019年，中芯国际14纳米工艺制程芯片实现量产，新昇12英寸大硅片实现批量供货，5家集成电路企业登陆科创板。2018年集成电路产业规模就突破了千亿元，2019年集成电路产业预计达到1270亿元，同比增长19%。

在“创新药”上，目前浦东集聚生物医药企业500多家，产值超亿元的企业55家，从业人员超过5万人，其中硕博以上的超过1.5万人，归国留学人员5500多人，已经形成了完整的产业链、价值链和创新链。2018年，和记黄埔医药的I类创新药呋喹替尼上市，成为国内首个自主研发的抗肿瘤新药；君实生物的I类创新药重组人源化抗PD-1单克隆抗体获批上市，成为首个上市的国产PD-1产品。截至目前，浦东已有7个I类创新药获批上市，占全国的近20%，排名全国第一。同时，还有超过100个创新药物进入临床二、三期试验，其中I类创新药超过30个，每年有20~30个三类医疗器械获批上市。2018年生物医药产业规模达到672亿元，其中制造业产值548亿元，同比增长16.2%。

在“蓝天梦”上，浦东在雄厚的民用航空产业基础上，依托中国商飞等头部企业项目和国产大飞机C919大型客机及CJ-1000A商用航空发动机的研制，在民用飞机关键技术和核心零部件的研发与创新上取得重大突破，逐步形成包括民用飞机产业集聚区、航空航天特色产业集聚区、民用飞机设计研发集聚区以及上下游相关产业集群的整体空间布局。2018年，浦东航空航天制造业实现产值67亿元，增长21%，2019年1~5月，产值增幅达到40.1%。

在“未来车”上，浦东是上海汽车产业发展最重要的产业集聚区之一，完备的汽车产业链、浓厚的汽车制造研发氛围，为汽车人才实现个人发展和事业理想提供了广阔的舞台。随着2018年法雷奥智能工厂项目开工建设，2019年上海临港智能网联汽车综合测试示范区成为全国首批3家智能网联汽车自动驾驶封闭场地测试基地，同年华域汽车系统股份有限公司技术研发中心开工建设，以及2020年特斯拉超级工厂正式投产，浦东汽车产业朝着高端化、智能化方向发展。2018年，浦东汽车制造业产值2242亿元，占全市的1/3；2019年1~10月，汽车产业产值达到1674亿元。

在“智能造”上，浦东是上海人工智能主要集聚区，已汇聚国内外前沿的基础架构支撑和人工智能技术企业，集聚一批国内各细分市场占据较高市场份额且聚焦专用领域的人工智能应用企业。目前，全区人工智能企业总量超过380家，约占全市总量的1/3，基本形成了人工智能、软件算法以及行业应用的产业链。2019年，浦东高端装备制造产业规模以上企业产值预计达到985亿元，同比增长9%。

在“数据港”上，浦东已建成浦东软件园、陆家嘴软件园、临港软件园、银行卡产业园、张江国家数字出版基地、唐镇电子商务创新港、金桥由度创新园、莘泽智慧湾、宏慧－音悦湾等9个国家级和市级信息服务业产业园区，全区集聚了全市77%的软件和信息服务业企业。国内首个大规模无人驾驶动态体验场、国内首次大规模商业综合体内AR导航全覆盖的智慧商业、国内首个“5G＋AI”全场景商用示范园区、上海市首批“AI＋园区”试点应用场景——张江人工智能岛等相继在浦东落地。2019年，浦东软件和信息服务业营业收入预计达到3900亿元，同比增长9%。

（四）吸引培育了一大批高层次科技创新人才队伍

目前，浦东拥有人才资源总量约145万人，其中留学归国人才3万人，境外从业人员3.6万人。在高层次人才方面，建立工作联系的“两院”院士59人，入选上海市领军人才38人，享受国务院政府特殊津贴专家95人。同时，浦东还主动利用海外人才智力，率先在自贸试验区开展离岸基地海外服务点建设，截至2018年底，离岸基地总部空间及合作空间共落地项目52个，开展引智对接活动202场，接待意向海外项目300个，海外人才离岸基地持续拓展合作网络，吸引优秀合作伙伴加入，共有合作空间12家、合作伙伴32家，总空间新增引进项目9个，服务海外项目72个，为浦东科技创新工作提供了很好的支撑。

（五）形成了“大众创业、万众创新”的科技创新支撑环境

1. 培育开放式、全链条的众创孵化空间

浦东注重孵化器和众创空间的建设，完善创新型孵化器管理办法，制定出台科技企业加速器管理办法，按照“苗圃－孵化－加速”全链条建

设，积极引导科研机构、企业、民间机构等有一定实力和影响力的机构共建孵化器，形成投资主体多元化、民营化、社会化、开放式的发展格局。如图 2 所示，2014 年之前浦东新区众创空间和孵化器增长缓慢，但 2015 年起呈爆发式增长，截至 2018 年底，经备案的众创空间和孵化器 156 家，占全市的 1/4，其中民营孵化器数量高达 126 家，培育并引进了太库、莘泽、浦软、大麦村等一批具有国际影响力的孵化众创空间和 PLUG&PLAY、中以上海创新中心、微软功夫孵化器等孵化载体。目前在孵企业涉及互联网、电子信息、人工智能、生物医药等领域，孵化面积近 100 万平方米（占全市的 40%），在孵企业数达 5276 家，在孵企业从业人员近 3 万人，其中以海外留学生为代表的海外高端人才 380 人，以外籍人员为主体的创业团队 400 多个。2015 ~2017 年，浦东孵化毕业的企业共有 658 家，其中高新技术企业 33 家、科技小巨人企业 9 家、新三板上市企业 5 家、科创板上市企业 5 家，融资金额达到 154. 45 亿元。

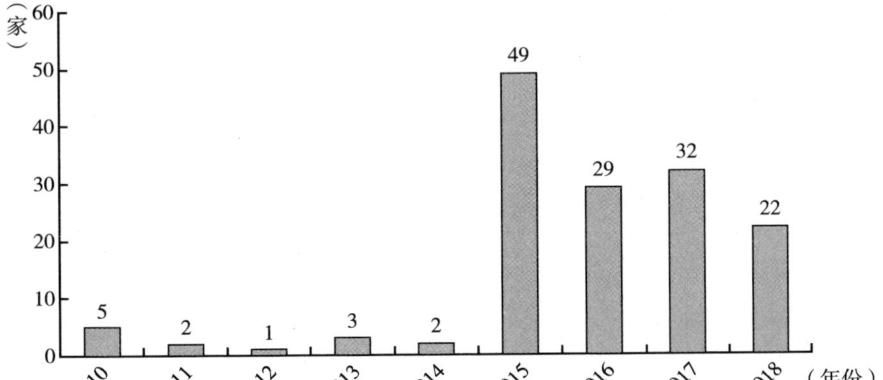

图 2　2010 ~2018 年浦东新区新增众创空间和孵化器数量

2. 建立支撑科技的金融服务环境

浦东通过设立科技发展基金以及实施贷款贴息、创新券、小微企业创新创业扶持等办法，以降低企业融资成本。其中科技发展基金每年资助超过 2000 项，资助金额超过 4 亿元，2019 年小微双创政策共资助企业超过 1600

家，扶持金额2.6亿元。设立科创引导基金，与国内外知名创投机构合作，引导社会资本投资，探索推动知识产权质押融资，推动科技金融服务平台建设，设立小额贷款公司，设立科创板并试点注册制等。同时，浦东还积极推动企业研发费加计扣除，仅2018年，全年研发费加计扣除金额就达257.07亿元，享受税收减免额64.26亿元，降低了小微企业创新成本，激发了科技企业的创新热情。从R&D经费支出来看，2010～2018年呈现增长趋势，2018年，全区R&D经费支出达到428.38亿元，占GDP的比重为4.09%（见图3）。

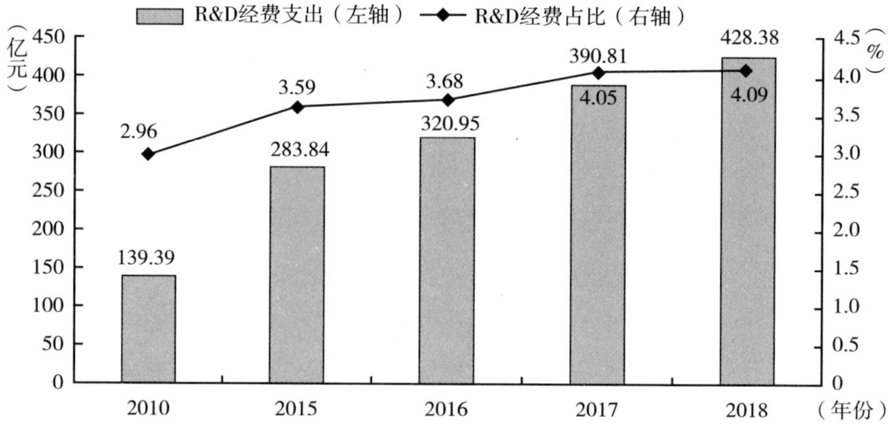

图3　浦东新区R&D经费支出及占GDP的比重

资料来源：《上海市浦东新区统计年鉴》（2011～2019年）。

3. 构筑便利开放的公共服务环境

开发开放以来，浦东积极探索行政体制改革，在全国率先开展包括证照分离制、负面清单制、告知承诺制、“六个双”市场监管体制、“一网通办”和“单窗通办”等试点工作，大大提高了行政服务效率，营造出便利开放的营商环境。据统计，浦东将以前涉及16个行政审批部门99个窗口共计129个行政审批事项实现了“一口受理”；同时将327项与企业相关事项实现“一网通办”，其中52.9%的事项实现不见面审批、47.1%的事项实现只跑一次审批即可完成。世界银行《2019年营商环境报告》对中国是按照上海55%、北京45%的权重进行加权评价的。评估发现，中国及上海营商环境不断优化，2019 年中国营商环境便利度排名大幅上升了 32 位，居全球第 46 位，前沿距离分数（DTF，即与全球表现最好国家或地区间的实际差距）为 73.64，较上年提高 8.35 个百分点。[①]

4. 打造高效透明公正的知识产权环境

浦东在全国率先成立知识产权局，探索建立具有专业性、整体性的知识产权管理机构和创新集约高效的知识产权行政管理模式，完善司法保护、行政保护、调解仲裁、社会监督“四轮驱动”的知识产权保护模式，推进中国（浦东）知识产权保护中心、中国（上海）自贸试验区版权服务中心、国家知识产权公共服务平台国际运营（上海）试点平台建设，打造三大国家级知识产权功能性平台。专利审批期限大大缩短，发明专利审批时间为 3 个月（原先为 3 年）、实用新型专利审批时间为 20 天（原先为 1 年）、外观设计专利审批时间为 1 周（原先为半年）。

5. 营造全民参与的科技创新社会环境

为促进全区科学素质整体提高，浦东连续多年举办浦东科技节，2019 年成功举办以“创新驱动，智慧浦东”为主题的科技活动节，共开展科普活动 200 余场次，吸引 100 多万市民共同参与，逐渐打造出“寻找科技 · 预见未来”、“墨子沙龙”系列讲座、科普诗词大会、“科普欢乐谷”、中医药科普文化节等科普品牌。制订“科普进村居”行动计划，将科普资源下沉到基层，覆盖全区 1300 多个村居。制定《浦东新区科普示范社区（村）创建办法（试行）》和《浦东新区公民科学素质实践基地管理办法（暂行）》，在全区 36 个街镇建立了社区科普大学分校，并同步配送“科普益民书架”，形成百门科普课程清单，实行“菜单式”服务，全年推送科普课程 145 节。推进“科普中国”e 站应用落地。联合上海科技馆等专业科普机构，将地铁站打造成“科普车站”。长三角一体化科普共同体成功建立，联合常州、无锡、苏州、嘉兴等地主办长三角区域科普交流活动，成立“长三角区域科普教育基地共同体”，促进长三角区域优质科普资源共建共享。2019 年底，

① 《国际化营商生态系统为浦东提供高质量发展核心竞争力》，《浦东时报》2019 年 11 月 21 日。

全区共有市级、区级科普教育基地65家，展示面积超过100万平方米，年接待参观量达到2200万人次。在2018年上海举办的“创业在上海”国际创新创业大赛中，浦东共有1738个参赛项目，占全市的27%，其中469个项目优胜，占全市的30%，在选拔参加中国创新创业大赛行业总决赛项目中，浦东共有57个参赛项目，占全市的28%，获得全国优秀企业的项目30个，占全市的30%。

（六）科技创新中心集聚效应逐步显现

1. 涌现一批国际领先的科技成果

目前，浦东在核心技术和关键领域涌现一批达到国际领先水平的科技创新成果：实现10拍瓦激光放大输出，是目前已知的世界最高激光脉冲峰功率；全球最大缸径船用低速柴油机；首套国产化率100%的百万千瓦级核电站堆内构件；国内首台万米级无人潜水器“彩虹鱼”号；C919大型客机首飞成功，这是中国首款按照最新国际适航标准拥有完全自主知识产权的干线民用飞机。在医药器械上，呋喹替尼胶囊、奥美沙坦酯氨氯地平片、重组人源化抗PD－1单克隆抗体等新药获批上市；首台国产一体化高端医学影像诊断设备PET/MR正式推向市场，此前仅2家跨国公司拥有研发和生产该设备能力；中科院上海药物所与绿谷制药等共同研发的抗阿尔茨海默病寡糖新药GV－971完成三期临床研究，有望成为抗阿尔茨海默病领域国际上第一个治疗性的中国原创药物。

2. 获得上海市及以上科技奖数量波动上升

由图4可知，2009年以来，浦东新区获得上海市及以上科技奖数量经历波动上升过程，其中2009～2011年，获奖数量从50项上升至92项，随后出现下降，2014年降至61项，2015年又急剧增加至83项，在2016年小幅下降后，2017～2018年连续两年都有所增加，2018年增至89项，其中浦东新区获得国家科技奖项基本维持在10项左右。“十三五”期间，浦东累计获得国家科技奖20项，上海市科技奖224项，获奖数量稳居全市各区首位。

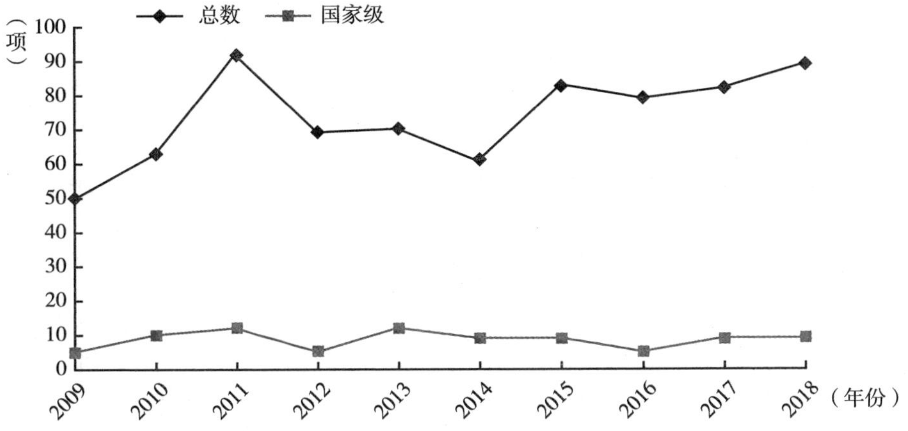

图 4　2009～2018 年浦东新区获得上海市及以上科技奖数量

注：2009 年，经国家批准原南汇区并入浦东新区，本文的数据列举都是以新浦东为准。
资料来源：《上海市浦东新区统计年鉴》（2010～2019 年）。

3. 2014年以来授权专利数量呈上升趋势，但发明专利占比呈下降趋势

由图 5 可知，2014 年之前，浦东新区的专利申请量与授权量均整体呈先增后降趋势，但 2014 年之后，专利申请量与专利授权量均呈上升趋势，这表明上海建设具有全球影响力科技创新中心这一国家战略对浦东新区具有明显的促进作用。但是，从专利授权申请比来看，2009～2018 年整体呈上下波动趋势，基本维持在五成以上，其中最高的是在 2010 年，专利授权申请比为 72.6%，而在 2014 年后，专利授权申请比并不稳定，2016 年降至 51.8%，这表明建设全球科技创新中心这一国家战略刺激了大家申请专利的热情，但专利质量并没有较大提升。在授权专利中，发明专利占比是体现地区自主创新能力的重要指标，从这一指标来看，2009～2018 年十年间获得了很大提升，从 2009 年的 19.4% 升至 2018 年的 29.0%，但是 2014～2018 年这五年则是先增后降，其中发明专利占比最高的年份为 2016 年，达到 38.1%，2017～2018 年连续出现下降，这再次印证了前面的观点，即建设科创中心激发了创新热情，但创新能力并没有很快提升。

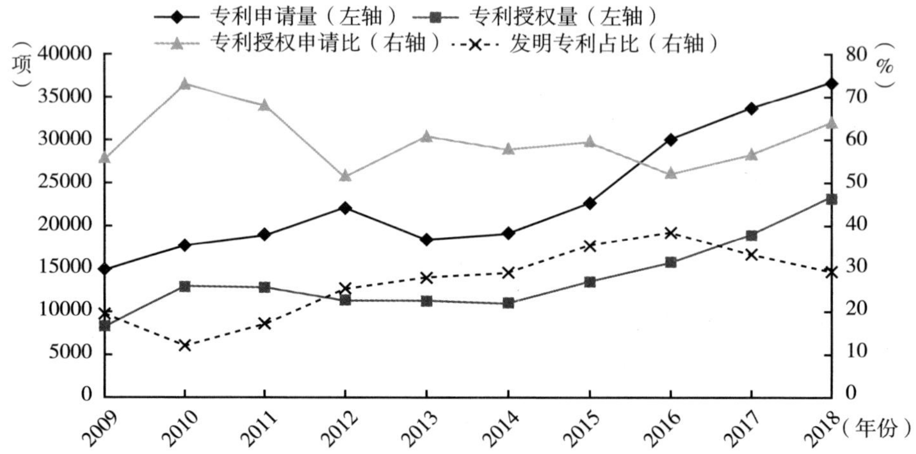

图 5　2009～2018 年浦东新区专利申请量、专利授权量及专利授权申请比、发明专利占比

资料来源：《上海市浦东新区统计年鉴》（2010～2019 年）。

4. 科技成果转化效能突出，拉动地区经济快速发展

如图 6 所示，2009～2018 年，浦东新区技术合同成交额从 129.97 亿元增长至 443.53 亿元，年均增长率为 14.6%，2015～2016 年，技术合同成交额增长近六成，这表明近几年浦东新区在科技成果转化方面的努力获得了收益。

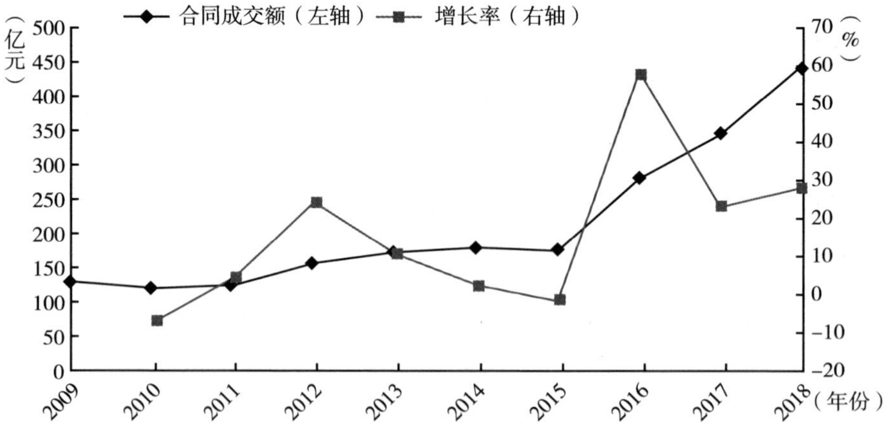

图 6　2009～2018 年浦东新区技术合同成交额及增长率

资料来源：《上海市浦东新区统计年鉴》（2010～2019 年）。

2018 年，浦东新区高新技术产业产值规模达到 4245. 39 亿元，高新技术产业产值占全区工业总产值的比重达到 42. 1%。同年浦东地区生产总值首度迈入万亿元，达到 10461. 59 亿元，增长率达到 8%。

二　存在的不足

（一）自主创新主体能级、力度与参与度有待进一步提高

1. 缺少高能型、领军型、引擎型的龙头企业

目前，浦东虽然已经在集成电路、生物医药等产业领域集聚了大量企业，形成了较为完善的产业链集群，但其突出的问题是缺少本土的引领行业的标杆型企业，产业的“领头雁”效应不明显，导致现有产业链控制力不足，限制了产业集群向国际一流进军的速度。科睿唯安发布的《德温特 2018 ~2019 年度全球百强创新机构》榜单中，中国大陆仅有深圳的华为和比亚迪、北京的小米上榜，按照同样标准发布的《2018 年中国大陆创新企业百强》榜单中，北京有 11 家、广东有 10 家入选第一梯级企业，上海没有企业入选，从四个梯级入选总数来看（见图 7），北京有 39 家，广东有 27 家，上海仅有 11 家，其中浦东新区有 7 家，半导体产业领域最多，有 4 家。

2. 跨国公司、中央企业的知识溢出力度不够

从 2017 年浦东新区规模以上企业科研经费投入结构来看，外资及港澳台资本占到 58. 27%，内地资本仅占 35. 16%，而同期上海科研经费投入内地资本占比为 46. 54%，北京为 69. 54%，江苏、浙江、广东均高于 70%；而从浦东新区新产品产值来看，内地资本和外资及港澳台资本占比分别为 22. 89% 和 66. 39%，这表明浦东内地资本的投入产出效益不及外资及港澳台资本（见图 8）。在浦东的外资及港澳台资企业中，很多是作为一个独立的总部或研发中心存在，与区内整体产业的关联度低，其原因在于：一是缺少互通平台，大公司之间彼此不了解，对浦东产业和众多中小企业不了解；二是缺少跨界交流，很多交流局限于同行业、同所有制性质企业之间，从而阻碍了跨界的合作创新。

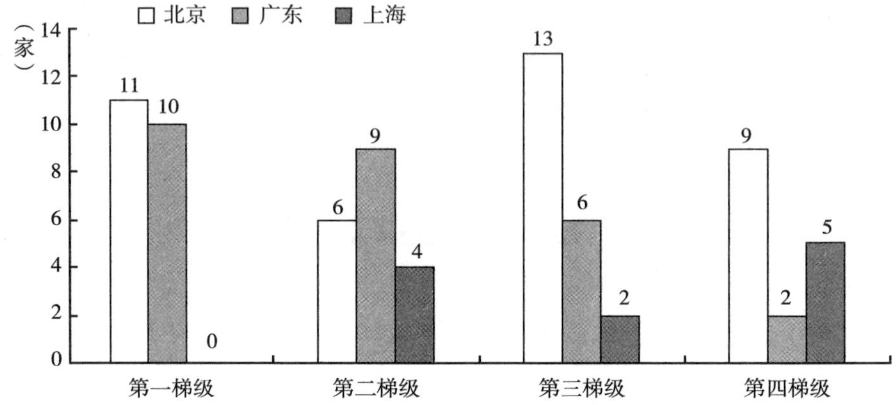

图7　2018 年中国大陆创新企业百强（上海与北京、广东企业数量比较）

资料来源：《2018 年中国大陆创新企业百强》。

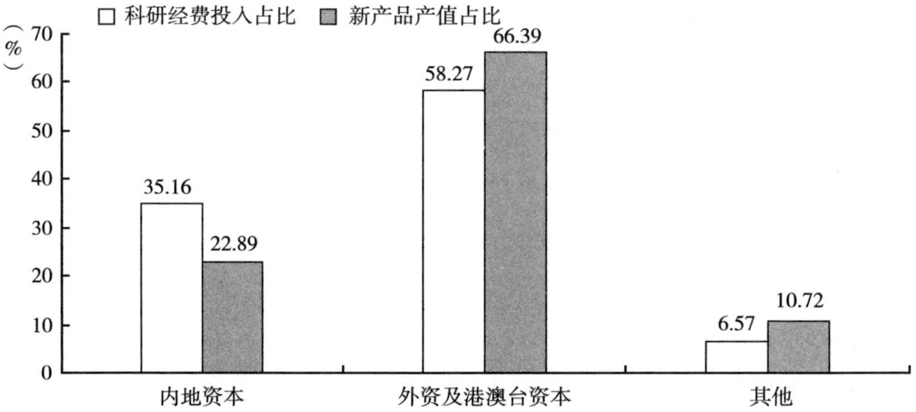

图8　2017 年浦东新区规模以上企业科研经费投入及新产品产值结构

资料来源：《上海市浦东新区统计年鉴 2018》。

3. 高校、科研机构与区内科技企业互动不足

目前，浦东虽然拥有上海科技大学、上海中医药大学、上海海事大学、中科院上海药物所等高校及科研机构，但总体来看，大学及科研机构能级不足，以 2019 年世界各大权威大学排名来看（见表 1），上海居前 500 名的大学的有上海交通大学、复旦大学、同济大学、华东师范大学、华东理工大学

和上海大学，但是这些大学的主校区均不在浦东新区。同时，浦东的大学、科研机构与区内科技企业的互动不够，原创知识的溢出效应不明显，前者的研究停留在知识创新阶段，后者则局限于企业内应用创新，两者之间的联系渠道不通畅，市场需求不能立刻反映到知识创新上，而知识创新又不能为技术创新提供服务，科研成果转化率偏低。据2019年浦东新区对张江高科技园区2558家企业的调查，结果显示，近三年仅有325家企业与高校科研机构开展过合作，占比为12.7%，还有近60%的企业没有意向合作，在开展合作的企业中，94%为中等合作程度。

表1　2019年世界各大权威大学排名（上海居前500名的大学）

大学	世界平均	USNews	QS	THE	WHU
上海交通大学	85	145	59	190	60
复旦大学	97	159	44	105	96
同济大学	254	302	291	401	234
华东师范大学	454	497	501	601	401
华东理工大学	413	552	531	601	465
上海大学	468	538	442	801	469

（二）创新公共服务平台、服务机构有待进一步完善

1. 创新公共服务平台与资源需系统整合

目前，浦东公共服务平台存在国有资本与民营资本两种背景，这两种背景的公共服务平台呈现“二元化”困局：国有资本背景的公共服务平台有资金、有设备但运营能力不足，而民营资本背景的公共服务平台则是着重商业运营模式、急于变形，资金和设备都相对不足。同时，浦东公共服务平台的供需分布也不均衡，有的平台业务量超过承载能力难以满足企业需求，而有的平台则无人问津。在公共服务资源上，浦东开发开放以来已经集聚了大量企业、科研院所，但是缺乏资源的整合和发布平台，资源、要素的交流和

互动仍停留在以园区属地、传统活动、人脉交流为主，缺少应用现代互联网手段对目前资源进行梳理、整合、引导和利用，不能发挥浦东创新资源与要素的协同创新能力。

2. 创新孵化机构运营资源、能力与模式需提升

浦东创新孵化器和众创空间已经获得了快速发展，但是仍存在专业服务不够、品牌化效益不明显，与科创企业的创新孵化机构的需求存在差距，创新孵化机构的运营资源、能力与模式都有待提升。主要包括：①浦东很多创新孵化器由于团队经营能力不足、对前沿科技把握能力差、经验缺乏等问题，经营模式仍以收取租金为主，这种经营模式很难支撑其长期运作；②由于缺少大学、科研院所、大企业等资源支持，很多创新孵化器难以形成自身竞争力和品牌；③一些创新孵化器由于缺少清晰的运营策略，盲目引进各种水平不一的创业创新团队，而在引进项目过程中又难以提供创业培训、融资、资源对接等服务，仅为他们提供免费或低价场地、工商代理、融资辅导等，难以帮助创新团队发展壮大。

（三）科技创新金融体系社会化模式有待进一步升级

融资难、融资贵是一直困扰浦东众多中小企业的问题，这既与中小企业高风险的特点密切相关，也与科技金融服务体系的不合理有关。主要问题如下：①政策性金融机构仍需壮大和专业化，专注于服务中小科技企业、服务浦东主导产业，控制担保额度，同时扩大覆盖面，惠及更多科技企业；②风险投资的集聚度有待提高，虽然目前浦东的风险投资数量不少，但规模总体不大，品牌知名度不高，分布分散，集聚效应不明显；③投资机构与科技生态的匹配度不够，主要是专注于生物医药、集成电路等科技领域的专业投资机构数量不多，对初创期企业的投入不足，倾向于投资企业发展的后端，更偏向于模式创新和跟随式创新，追求短平快；④国有投资机构的定位不清晰，既有市场竞争性业务又有功能性业务，缺少灵活的体制机制，没有体现国资优势弥补市场失灵，专注于产业引导。

（四）创新公共服务环境和营商环境有待进一步优化

经过多年的发展，浦东创新公共服务环境以及整个营商环境得到很大改善，成为浦东吸引海内外资本的软实力，但正所谓“营商环境没有最好、只有更好”，问题主要体现在对产业和人才的需求考虑不足。目前在打造营商环境上，以简化流程、集中办理、加快审批等企业常规事项为主，对解决产业发展中面临的瓶颈问题推进速度不够快、力度不够大，如生物医药企业反映科研配套的试验材料、动物实验用的小白鼠与国外相比价格偏高，进出口细胞等研发材料审批仍面临时间长、手续多等问题，高校和科研院所反映处理实验垃圾的费用偏高，科研人才期待园区生活更加便利、交通更加便捷、拥有更多生活娱乐设施等，这是提升浦东创新创业公共服务环境和整体营商环境的重要内容。

（五）对创新人才吸引力有待进一步加强

随着中国各省份对人才工作的重视，很多地区都制定了强有力的人才政策吸引海外高端人才集聚。与之前相比，浦东在人才政策上并没有以往的相对优势，同时由于浦东高昂的商务成本和生活成本，出现了“挤出效应”，很多海外人才开始流向其他人才优惠政策力度大、生活工作压力小的城市。而且，在现代通信技术、交通条件发达的今天，“同城效应”也影响着浦东对海外人才的吸引力。虽然上海连续多届被海外人才评选为最受欢迎城市，但 BOSS 直聘研究院研究发现，2018 年应届海归工作城市选择中，选择北京人数占比（24.84%）依然稍高于上海（23.04%），同时相较于 2017 年，北京和上海占比都呈下降趋势，增长最快的是杭州、成都、南京和深圳。调查发现，浦东很多企业反映招人的难度越来越大，员工普遍存在住房压力大、落户难、子女入学难等问题，不仅是高端制造业技工难招聘、难安置，就是一些集成电路设计企业和生物医药研发企业也反映，大学毕业生更愿意去成本较低的苏州、杭州、南京等周边大城市工作。

三 浦东建设具有全球影响力科创中心核心区的政策思考

（一）以全生命周期扶持为导向，加强科技创新政策系统化集成化

长期以来，浦东在科技政策制定过程中始终坚持“问题导向、需求导向”，即在对科技企业充分调研的基础上，围绕科技企业所面临的普遍问题和需求进行政策调整与补充，以求科技创新政策的完整性。这种政策制定思路是很多地区在发展过程中普遍采用的，能够解决科技企业在发展中的急难问题，坚持“以企业为本”的政策导向，提高企业创新创业的积极性，但同时，这种思路容易造成的问题就是科技创新政策的碎片化、政策时效性短、政策规划性差等，而且也给政府工作造成很大压力。随着科技产业的发展壮大、高科技企业数量的增多，政府在制定科技政策过程中，更多地需要在深度把握科技企业的成长规律和发展特征的基础上，提供政策的指导和支持。生命周期理论提供了很好的视角，这一理论认为，与生物体一样，任何企业的发展都会经历孕育、求生存、高速成长、成熟、衰退和蜕变六个阶段。科技企业也不例外。如果围绕科技企业由小到大全生命周期的痛点难点、重大产业项目规划、准入、落地及退出的全流程规范梳理，然后系统梳理全区科技政策，针对目前薄弱环节进行政策补充，形成层次分明、各有侧重的全链式扶持政策，比如聚焦扶持创新企业的小微创新创业扶持办法、聚焦扶持核心技术攻关的科技发展基金专项、聚焦扶持重点优势产业发展的高质量政策等，通过优化扶持结构体系，提高财政引导资金的使用效益。此外，还要注意政策效益评估，在“问题导向、需求导向”政策思路下，在政策变迁过程中更多地注意企业需求，而对过去政策的使用效益并没有过多评估，那么在全生命周期政策导向下，需要对前期政策进行评估，减少政策的变动性、增加政策的稳定性，在整个政策框架下对评估后的不适宜政策进行微调，从而提高科技创新型政策的长期性、稳定性和有效性。

（二）以培育领军企业为抓手，提升优势高科技产业链整体能级

龙头企业、领军企业对于整个产业链发展、培育甚至提升，都发挥着不可估量的作用。在开发开放 30 年的发展中，浦东经过引进与培育聚集了六大硬核产业，并且这六大产业都形成了较为完整的产业链，这可以说是浦东 30 年发展的巨大成就。但是仔细分析发展，这些产业链在国内的影响力不足，更不用说国际影响力，其根源就在于产业链控制力不足，造成的局面就是地区产业发展要跟随其他地区龙头产业走，很多小微科技企业疲于应对生存需要，无暇顾及追求技术创新。任何企业只有在解决自身生存需求后才能够进行科技创新以寻求更大发展，这和人的生存发展拥有相同的道理。可以说，这是浦东科技创新与深圳、北京等地的最大差异，也是浦东在未来发展中必须予以突破的难题。因此，浦东应鼓励优势产业中大型骨干企业吸引、整合上下游的产业资源、创新资源，实现市场化继承，形成若干个细分行业生态群落，要鼓励龙头企业围绕产业链开展兼并收购；同时要围绕科创板要求集中挖掘一批、培育一批高成长性企业，强化集成电路、生物医药等优势领域，培养更多有影响力的细分行业冠军，尤其是产业链核心环节的领军企业，这是提升产业竞争力和影响力、占据产业制高点的重要路径，也是促进整个产业链的科技创新、推动全球科技创新中心核心区建设的突破口。

（三）以深化国企改革为重心，引导各类企业主体的创新联动性

作为一个开放型、外向型的发展地区，浦东新区自开发开放之日起就以吸引外国资本促进地区经济发展作为地区主导发展方向。这一发展战略对浦东新区经济社会高速发展、对地区产业链形成等都发挥着至关重要的作用。但同时带来的结果就是，在科技创新领域，外资占比过高，外国资本在浦东高新技术产业产出、科技创新投入、人才占有量等方面占比都在六成以上，这种局面造成了浦东新区在高新技术产业链控制力方面依赖国外巨型企业，自主创新能力不足，使得浦东经济发展的后劲不足。实际上，这就是科技创新领域与金融、贸易、航运等领域的最大差异性，而提高国内资本在本地区

的份额，不仅是我国提高经济社会发展主动性的必然要求，也是之后浦东提高地区经济控制力、增强经济发展后劲的必然要求。在浦东范围内，除外资外，国有资本、民营资本是两大经济力量，其中国有资本拥有更强的资本能力和创新能力，民营资本则更多是创新动力充足但能力有待提高，因此浦东需要进一步抓住深化国企改革的重大契机，激发国有企业高端经营管理人才创新创业的积极性，形成“三个一批”工作局面：鼓励一批国企高端科技人才、经营管理人才下海创办科技企业，引导一批国有企业资本进军科技创新企业，培育一批国有企业自主创新科技型企业。在民营资本上，浦东除了前述的需要大力培育行业内领军企业外，还要用更优惠的政策吸引一批具有发展潜力的科技创新成果来浦东孵化培育，为浦东产业发展提供后备支持。同时，浦东需要充分发挥外资企业在产业链中的支持作用，发挥这些企业在知识创新领域的溢出效应，与内资企业形成联动效应。

（四）以科技金融联动为重点，打造专业化的科技创新支撑体系

开发开放30年，浦东新区在金融中心和科技创新中心建设中已经卓有成效，但二者的联动并不明显，而浦东要想寻求更大程度的发展，必须将金融中心和科技创新中心二者融合，坚持以科技创新为核心，发挥国际金融中心的强大服务功能，从而提升地区经济发展竞争力。一方面要打造更加符合创新创业生态的金融体系，包括发挥政府资金引导作用，大力发展科技金融服务，以此吸引更多金融资本投入科技创新中心建设；对现有国有资本包括浦东科创集团、张江集团旗下的张江创投等要进一步明确定位、理顺职能，紧紧围绕浦东产业规划和科创中心建设要求，服务高科技企业，弥补市场缺位，全方位支持科技创新创业企业发展；还要适当加大政府激励力度，以税收为杠杆吸引更多有品牌、有情怀、专业的风险投资机构入驻和服务浦东科技企业，对投资浦东企业的退出收益给予优惠返还。另一方面要支持创新孵化空间专业服务能力建设。构建全过程服务孵化生态体系，推动各种创新要素快速融合，孵化培育早期项目和潜在的“独角兽”；支持龙头企业成立创新孵化器，形成从物理空间到关注服务的全要素孵化；鼓励支持优质孵化机

构搭建资源整合平台，提供各类创新创业要素的全方位服务平台；同时，支持有条件的孵化机构成立天使投资基金、与金融机构形成投贷联动，形成“一站式”科技金融服务。

参考文献

陈建勋、梁朝晖：《浦东之路：产业发展经验与展望》，上海人民出版社，2010。

杜德斌：《对加快建成具有全球影响力科技创新中心的思考》，《红旗文稿》2015 年第 12 期。

杜德斌：《全球科技创新中心：动力与模式》，上海人民出版社，2015。

杜德斌、段德忠：《全球科技创新中心的空间分布、发展类型及演化趋势》，《上海城市规划》2015 年第 1 期。

段云龙、王墨林、刘永松：《科技创新中心演进趋势、建设路径及绩效评价研究综述》，《科技管理研究》2018 年第 13 期。

上海市人民政府发展研究中心课题组：《上海科创中心建设“攻坚突破”的思路和抓手》，《科学发展》2018 年第 9 期。

沈开艳、徐美芳：《上海张江高科技园区创新集群模式的特征及主要政策》，《社会科学》2009 年第 9 期。

苏宁等：《浦东之路：政府制度创新经验与展望》，上海人民出版社，2010。

钱运春、郭琳琳：《创新之路：创新发展二十年回顾与展望》，上海人民出版社，2010。

屠启宇、张剑涛等：《全球视野下的科技创新中心城市建设》，上海社会科学院出版社，2015。

王苏生、陈搏等：《深圳科技创新之路》，中国社会科学出版社，2018。

肖林：《建设面向未来的具有影响力的全球城市》，《科学发展》2015 年第 12 期。

谢志岿、李卓：《深圳模式：世界潮流与中国特色——改革开放 40 年深圳现代化发展成就的理论阐释》，《深圳社会科学》2019 年第 1 期。

杨洪涛、刘亮：《浦东新区开发开放政策及竞争优势演变分析》，《华东经济管理》2012 年第 9 期。

杨亚琴：《张江创新发展的思考——来自中国的案例》，《社会科学》2015 年第8 期。

尹卫东、董小英、胡燕妮、郭伟琼：《中关村模式：科技 + 资本双引擎驱动》，北京大学出版社，2017。

曾刚、赵建吉：《上海浦东模式研究》，《经济地理》2009 年第 3 期。

张涛、宣昌勇：《建设全球性产业科技创新中心的模式与路径选择——基于江苏省产业科创中心的科研活动》，《现代经济探讨》2017 年第 1 期。

钟坚：《“深圳模式”与深圳经验》，《深圳大学学报》（人文社会科学版）2010 年第 3 期。

祝影、涂琪：《全球科技创新中心的产业结构特征——来自美国 34 个大都市区的证据》，《城市发展研究》2016 年第 12 期。

B.14
后　记

《上海浦东经济发展报告（2021）》以“新征程·新开局”为主题，以“聚焦浦东、立足上海”为信念，着力反映2020年浦东新区经济发展的重点和亮点。全书将13篇报告按内容分为总报告和分报告、专题篇，力争客观、科学、及时反映浦东新区经济发展的现状和趋势。

《上海浦东经济发展报告》是上海社会科学院经济研究所与中共上海市浦东新区委员会党校的合作成果，编撰团队主要由上海社会科学院经济研究所青年科研人员和中共上海市浦东新区委员会党校的青年教师组成。自2012年合作以来，在双方的共同努力之下，不仅使《上海浦东经济发展报告》的质量和社会影响力有了显著提升，也培养了一批青年科研骨干和教师队伍。2020年11月12日，习近平总书记在浦东开发开放30周年庆祝大会上指出：“党中央正在研究制定《关于支持浦东新区高水平改革开放、打造社会主义现代化建设引领区的意见》，将赋予浦东新区改革开放新的重大任务。浦东要抓住机遇、乘势而上……勇于挑最重的担子、啃最硬的骨头，努力成为更高水平改革开放的开路先锋、全面建设社会主义现代化国家的排头兵、彰显‘四个自信’的实践范例，更好向世界展示中国理念、中国精神、中国道路。”这也激励《上海浦东经济发展报告》的编撰团队继续深耕浦东、立足上海、放眼全国，不断提升理论水平和观察分析能力。

值此《上海浦东经济发展报告（2021）》付梓之际，我们要真诚感谢上海社会科学院领导和浦东新区领导对本书的指导、关心和帮助；感谢上海社会科学院经济研究所所长沈开艳研究员对本书的悉心指导和大力支持；感谢浦东新区区委研究室、区政府研究室和区发改委等相关单位为本蓝皮书提供的资料支持。中共上海市浦东新区委员会党校胡云华副教授以及上海社会科学院硕士研究生李路阳、刘曦隆参与了本书的组稿、联系、统稿等事务性工作，在此一并感谢。

高国忠　雷新军

2020 年 11 月 9 日

Abstract

This year is the 30th anniversary of Pudong's development and opening-up. Pudong has achieved amazing achievements in the past 30 years, and people have higher expectations for its future development. Just as Xi said at celebration of 30th anniversary of Pudong's development and opening-up held on November 12th, "Efforts should be made to make Pudong a pioneer of reform and opening-up at a higher level and a vanguard in fully building a modern socialist country. Pudong should also strive to become an example that highlights the Chinese people's confidence in the path, theory, system, and culture of socialism with Chinese characteristics" . Based on this, *Annual Report on Economic Development of Pudong New Area* (*2021*) analyzes and forecasts Pudong's industrial development and efficiency improvement at a new starting point.

Based on the macroeconomic background under the strong impact of COVID – 19, the general report reviewed the economic operation characteristics of Pudong in 2020 and made forward-looking forecasts of Pudong's economic development in 2021. The report pointed out that the economic development of Pudong shows with the growth rate at a historic low in 2020. However, the report believes that based on a comprehensive international and domestic background, although Pudong's economy will face the uncertainty and instability of the external macro environment in 2021, the foundation for ensuring rapid economic growth remains solid. It is inferred from various factors that Pudong will further intensify the reform, and the economy is expected to achieve a rapid upward trend in 2021, laying a solid foundation for the realization of "creating a new Pudong"

Topical reports contain six sub-reports, which conduct research on chip industry, biomedical industry, intelligent manufacturing, large civil aviation manufacturing industry, automobile industry and data port. Pudong plays an important part in chip industry in Shanghai. Shanghai chip industry should give play to its existing advantages, continue to expand the industrial scale, make itself bigger and stronger, realize the autonomy and control of core technologies, optimize the overall industrial layout in Pudong, and strengthen the positive external effect of chip industry agglomeration. The development of biomedical industry in Pudong New Area owns three driving forces: the link between technological innovation and industrialization, the establishment of the complete industrial ecological chain, and to meet the demand of the prevention and control of COVID - 19 epidemic situation for the nation. With the continuously iterative innovation of new-generation information technologies, especially the rapid development of new technologies represented by 5G communication and artificial intelligence, the organic integration of manufacturing industry and new internet technologies endows intelligent manufacturing with a new historical mission. The high-quality development ecosystem of large civil aviation industry is setting up with the COMAC as the driving force in Pudong, the vanguard of reform and opening, the first-class pioneer of the innovation. With the integration of government, industry, university and research, both the industrial innovation elements agglomeration and the international cooperation in COMAC are strengthened which promotes the effective integration of safety and economy. Pudong New Area is one of the most important industrial clusters in the development of Shanghai's automobile industry. It is also the main bearing area to accelerate the transformation and upgrading of Shanghai's automobile industry, and is also an important pioneer to launch the "made in Shanghai" brand. The construction of the "data port" can contribute to the realization of a continuous empowerment of data to the industry, and thus injecting a "boosting agent" for the high-quality development of Pudong's economy.

Special topics consist of six sub-reports, which analyze market entities, business environment, land efficiency multiplication, the effectiveness of the Shanghai Pilot Free Trade Zone, In 2019, the overall development of enterprises in Pudong New Area showed a trend of steady quantity and improved quality. The newly established capital of public-owned enterprises has increased significantly, accounting for the largest proportion of various market entities, and the quality improvement of enterprises has gradually emerged. The growth of newly established capital of foreign-funded enterprises has increased significantly compared with last year. Private enterprises continue to play a main role, and their stock still accounts for the highest proportion among all kinds of market players. The number of newly established individual businesses declined, and the size of specialized farmer cooperatives remained the smallest. To further optimizing business environment, based on constructing good relationship between government and firm, Pudong should focus on improving the level of intelligence, base itself upon a cordial and clean relationship between government and business, pay close attention to the credit conditions, develop market intermediary organization, and improve the humanity and rule of law environment. In order to multiply land benefits in Pudong New Area, it is necessary to improve the project processing speed, come up with more ideas for the renewal and reconstruction of the existing land in the whole district, promote the enthusiasm and initiative of the project renewal and renovation, develop the normalization of land life cycle governance, and break through some bottlenecks in the land renewal and reconstruction project. 2020 is a new starting point for Pudong New Area. Facing the impact of the COVID – 19 epidemic and Sino – US trade disputes, Pudong fully integrates the existing tax preferential policies, optimizes the tax collection and management system, pushes for greater preferential policies, further promotes the construction of the pilot free trade zone, and strives to support the Pudong New Area's multiplication plan. Pudong New Area should actively take advantage of its location and institutional highlands to further development and opening-up the area, exert an agglomeration and radiation effect, continuously advance scientific and technological innovation, raise the industrial and technological level of the Yangtze River Delta region, promote the division of labor and collaboration of economic production in different regions, and promote the integration of the Yangtze River Delta region. Pudong New Area should strengthen the systematic integration of science and technology innovation policies, enhance the overall level of the superior high-tech industry chain, guide the collaborative linkage of various innovation subjects, build a professional scientific and technological innovation support system, so as to promote Shanghai to build a science and technology innovation center with global influence as soon as possible.

Keywords: High-Quality Development; Hardcore Industry; Effectiveness and Efficiency; Pudong

Contents

Ⅰ General Report

Abstract: Due to the impact of COVID – 19, the global economy will suffer a severe recession in 2020, global trade and investment will shrink, and global industrial and supply chain circulation will be blocked. Pudong's economic performance faces severe risks and challenges. So Pudong has made coordinated efforts to promote COVID – 19 prevention and control and economic development. According to relevant data, in 2020, the economic development of Pudong shows with the growth rate at a historic low. It is inferred from various factors that in 2021, Pudong will further intensify the reform, and the economy is expected to achieve a rapid upward trend, laying a solid foundation for the realization of "creating a new Pudong".

Keywords: Pudong's Economy; Reform and Opening Up; High-Quality Development

Ⅱ Topical Reports

Abstract: This chapter first reviews the development of chip industry in Pudong New Area, highlighting Pudong's leading position in chip industry in Shanghai. Then, we analyze shortcomings of chip industry in Pudong from perspectives of domestic and foreign development environment, technology and talents etc. We believe that in the future, Shanghai chip industry should give play to its existing advantages, continue to expand the industrial scale, make itself bigger and stronger, realize the autonomy and control of core technologies, optimize the overall industrial layout in Pudong, and strengthen the positive external effect of chip industry agglomeration.

Keywords: Chip Industry; Industrial Policy; Pudong New Area

Abstract: Pudong New Area is Shanghai's important base of the development of biomedical industry. In recently years, its biomedical industry shows strong growth momentum, increasingly highlights its pillar position, constantly upgrades its capability on starting-up innovation, makes major breakthroughs on the creation and manufacture of the innovative medicines, and greatly expands its industrial spatial layout. The development of biomedical industry in Pudong New Area owns three driving forces: the link between technological innovation and industrialization, the establishment of the complete industrial ecological chain, and to meet the demand of the prevention and control of COVID – 19 epidemic situation for the nation. In order to further build the innovation birthplace of biomedical industry with international reputation, as while as to build the global manufacturing excellent base which benchmarks international leading regions, with the help of mechanism innovation, focusing with keys, policy guidance and environmental construction, Pudong New Area should further strengthen the agglomeration of innovation and industry development sources, encourage the leading enterprises and key enterprises becoming bigger and stronger, promote achievement transformation and industrialization of the new medicines, optimize business environment of biomedical enterprises, thus accelerating the progress of its biomedical industry with high-end, intellectualization and internationalization.

Keywords: Biomedicine; Industrial Innovation; Pudong New Area

Abstract: At present, the global economic and political situation is characterized by multilateral turbulence. The emergence of trade protection and economic de-globalization has further confirmed the importance of the security development of the real economy with manufacturing as the main body. Intelligent manufacturing, characterized by organic integration, has become a powerful starting point for Pudong New Area to seize historical development opportunities, cultivate opportunities in crises, and open new games in the changes that have never occurred in a century. Pudong New Area has new advantages in the development of the manufacturing industry, and it also has new challenges to benchmark against the development of foreign countries. This article constructively proposes the future Pudong New Area to build a "four-zone linkage" by studying the current situation and development trend of Pudong intelligent manufacturing. A new formation for the development of smart manufacturing, fostering a new space for the development of "multi-fulcrums" in smart manufacturing industrial parks, continuously promoting industrial transformation and upgrading through smart manufacturing, and achieving high-quality economic development.

Keywords: Intelligent Manufacturing; Digital Transformation; High-Quality Development

B.5 "Blue Sky Dream" Helping the Development of Large Civil Aviation Manufacturing Industry: Current Situation and Challenges

Deng Lili, Tang Yiwen / 076

Abstract: The high-quality development ecosystem of large civil aviation manufacturing industry is setting up with the COMAC as the driving force in Pudong, the vanguard of reform and opening, the first-class pioneer of the innovation. With the integration of government, industry, university and research, both the industrial innovation elements agglomeration and the international cooperation in COMAC are strengthened which promotes the effective integration of safety and economy. In the new era, there are more and more uncertain factors of the international development environment, and the restriction of aviation manufacturing industry level is still serious. So that, many transformations should be done in Pudong to promote the leapfrog development of China's aviation manufacturing industry. COMAC has to design and manufacture many aircraft models, attach importance to the product management, promote the industrial system construction, and strive to establish the large civil aviation industry system in China.

Keywords: Large Civil Aviation Manufacturing Industry; COMAC; Pudong

Abstract: Automobile industry is an important force to promote a new round of scientific and technological revolution and industrial transformation, an important support for building a manufacturing power and an important pillar of national economy. Pudong New Area is one of the most important industrial clusters in the development of Shanghai's automobile industry. It is also the main bearing area to accelerate the transformation and upgrading of Shanghai's automobile industry, and is also an important pioneer to launch the "made in Shanghai" brand. With the development and opening up of Pudong for 30 years, the future oriented automobile industry in Pudong has entered the fast lane of the new era and entered a new stage of high-quality development. Based on the analysis of the background, significance and current situation of Pudong automobile industry, this paper puts forward countermeasures and suggestions, including better playing the leading role of the government, highlighting the dominant position of enterprises, and giving full play to the role of public participation, so as to provide important reference for the high-quality development and sustainable development of Pudong, Shanghai and even China's automobile industry in the new era.

Keywords: Automobile Industry; Industry Development; Pudong New Area

Abstract: After nearly three decades of development, Pudong New Area has become China's largest place accommodating emerging industries in China. In

2019, Pudong launched a strategy to focus on seven major industries, namely "super light, China core, innovative drugs, blue sky dream, smart manufacturing, future cars, and data port". The construction of the "Data port" can contribute to the realization of a continuous empowerment of data to the industry, and thus injecting a "boosting agent" for the high-quality development of Pudong's economy. At present, the big data industry has become the new business card of "innovation and opening" in Shanghai. The existing big data enterprises in Pudong New Area account for 24% of the whole city, which has made an important contribution to the development of Shanghai big data industry. The development process of big data industry in Pudong shows many characteristics, such as enabling other industries and artificial intelligence becoming new engine in the old dominant industry. At the same time, the construction of international "data port" and new infrastructure in Lin-Gang Special Area has ushered in a new opportunity for the construction of Pudong "data port". Under the background of Pudong's development and opening up again, we should firmly grasp the opportunity to promote the high-quality development of Pudong "data port" from five aspects: the combination of traditional industries, the construction of industrial service system, the perfection of industrial chain, the construction of professional talents and the coordinated innovation of industry.

Keywords: Big Data; "Data Port"; Pudong

Ⅲ Special Topics

B.8 Research on the Development and Activity of Market Entities in Pudong New Area

Abstract: In 2019, the overall development of enterprises in Pudong New Area showed a trend of steady quantity and improved quality. The newly established capital of public-owned enterprises has increased significantly, accounting for the largest proportion of various market entities, and the quality improvement of enterprises has gradually emerged. The growth of newly established capital of foreign-funded enterprises has increased significantly compared with last year. Private enterprises continue to play a main role, and their stock still accounts for the highest proportion among all kinds of market players. The number of newly established individual businesses declined, and the size of specialized farmer cooperatives remained the smallest. From the perspective of industry distribution, the manufacturing industry presents a good growth trend, with the registered capital growth at the top and excellent performance. Information transmission, software and information technology service industry and scientific research and technology service industry continue to occupy advantages in the competition of various industries, reflecting the development of technology and high-end enterprises. From the perspective of business activity, Pudong New Area enterprises are generally at a high level of activity, which shows the high-quality business environment and vitality of market entities.

Keywords: Market Entities; Quality Improving and Efficiency Enhancing; Pudong New Area

Abstract: Business environment refers to the institution and mechanism factors that market players may meet during the market economic activities. The economic essence of entrepreneurs in modern economy makes it very important to build a good business environment. Pudong accumulated much practical experience during the exploration of optimizing business environment. To further optimizing business environment, based on constructing good relationship between government and firm, Pudong should focus on improving the level of intelligence, base itself upon a cordial and clean relationship between government and business, pay close attention to the credit conditions, develop market intermediary organization, and improve the humanity and rule of law environment.

Keywords: Business Environment; Main Market Players; Relationship Between Government and Firm

Abstract: After 30 years of large-scale development and opening up, Pudong's urban construction land has been close to the "ceiling". In order to solve this bottleneck, Pudong Committee and Government proposed the "Five Multiplication Actions" such as "economic aggregates multiplication" and "land efficiency multiplication". This strategy not only has the basis of economic reality, but also complies with a series of policy requirements for the intensive use of land in Shanghai. From the perspective of improving land efficiency, Pudong New Area has achieved remarkable results in urban planning, land management, land intensive use, land improvement and land informationization, however, there are also problems such as the land renewal form is single, project approval process is not standardized and unified, the overall plan needs to be strengthened, the incentive and constraint mechanism is not perfect and the full life cycle management mechanism of land need to be improved. In order to multiply land benefits in Pudong New Area, it is necessary to improve the project processing speed, come up with more ideas for the renewal and reconstruction of the existing land in the whole district, promote the enthusiasm and initiative of the project renewal and renovation, develop the normalization of land life cycle governance, and break through some bottlenecks in the land renewal and reconstruction project.

Keywords: Land Benefit; Mechanism Optimization; Pudong New Area

Abstract: In an open and dynamic market, economic development and taxation have a positive interaction. Since the establishment of the Shanghai Pilot Free Trade Zone in 2013, it has been upgraded from version 1.0, 2.0, 3.0 to 4.0, making outstanding contributions to the development of Pudong. In this process, taxation policies have played a significant positive role. Tax incentives for bonded zones, export tax rebates, tax filing supervision and other tax innovation service policies have not only improved the taxation business environment in Pudong New Area, but also attracted corporate investment and production, which have been promoted in pilot free trade zones across the country. 2020 is a new starting point for Pudong New Area. Facing the impact of the COVID-19 epidemic and Sino-US trade disputes, Pudong fully integrates the existing tax preferential policies, optimizes the tax collection and management system, pushes for greater preferential policies, further promotes the construction of the pilot free trade zone, and strives to support the Pudong New Area's multiplication plan.

Keywords: Pilot Free Trade Zone; Tax Policy; Pudong New Area

Abstract: At the present stage, China is speeding up to form a new development pattern that takes the domestic market as the mainstay and allows the domestic and foreign markets to boost each other. The integration of the Yangtze River Delta (YRD) plays a key role in accelerating the establishment of a new development pattern in China. In this process, Pudong New Area should actively take advantage of its location and institutional highlands to further development and opening-up the area, exert an agglomeration and radiation effect, continuously advance scientific and technological innovation, raise the industrial and technological level of the YRD region, promote the division of labor and collaboration of economic production in different regions, and promote the integration of the YRD region. As an economic leader in the YRD region, the further development and opening-up of Pudong New Area promotes the rationalization and optimization of the industrial structure in the YRD region, optimizes the allocation of regional resources, improves regional production efficiency, enhances the capacity of the YRD urban agglomeration, and accelerates the formation of a new development pattern. Under the new era and the formation of a new development pattern, Pudong makes efforts to be a pioneering leader of technological and industrial innovation in China, accelerating the creation of a new highland of reform and opening-up, powerfully driving the economic and social development of the YRD region, and promoting the sustainable economic development in China.

Keywords: Yangtze River Delta; Integration; Pudong New Area

Abstract: As the forefront of China's reform and opening up, Pudong New Area is the core functional area for Shanghai to build a science and technology innovation center with global influence. After years of development, Pudong New Area has built a scientific and technological innovation system with regional characteristics from the aspects of innovation resources gathering, innovation subject cultivation, and innovation atmosphere building. The core framework of the scientific and technological innovation center has been basically formed, but it still has many deficiencies. Next, Pudong New Area should strengthen the systematic integration of science and technology innovation policies, enhance the overall level of the superior high-tech industry chain, guide the collaborative linkage of various innovation subjects, build a professional scientific and technological innovation support system, so as to promote Shanghai to build a science and technology innovation center with global influence as soon as possible.

Keywords: Scientific and Technological Innovation; Intellectual Property; Pudong New Area

皮 书

智库报告的主要形式
同一主题智库报告的聚合

皮书定义

皮书是对中国与世界发展状况和热点问题进行年度监测，以专业的角度、专家的视野和实证研究方法，针对某一领域或区域现状与发展态势展开分析和预测，具备前沿性、原创性、实证性、连续性、时效性等特点的公开出版物，由一系列权威研究报告组成。

皮书作者

皮书系列报告作者以国内外一流研究机构、知名高校等重点智库的研究人员为主，多为相关领域一流专家学者，他们的观点代表了当下学界对中国与世界的现实和未来最高水平的解读与分析。截至 2021 年，皮书研创机构有近千家，报告作者累计超过 7 万人。

皮书荣誉

皮书系列已成为社会科学文献出版社的著名图书品牌和中国社会科学院的知名学术品牌。2016 年皮书系列正式列入“十三五”国家重点出版规划项目；2013~2021 年，重点皮书列入中国社会科学院承担的国家哲学社会科学创新工程项目。

S 基本子库
SUB DATABASE

中国社会发展数据库（下设 12 个子库）

整合国内外中国社会发展研究成果，汇聚独家统计数据、深度分析报告，涉及社会、人口、政治、教育、法律等 12 个领域，为了解中国社会发展动态、跟踪社会核心热点、分析社会发展趋势提供一站式资源搜索和数据服务。

中国经济发展数据库（下设 12 个子库）

围绕国内外中国经济发展主题研究报告、学术资讯、基础数据等资料构建，内容涵盖宏观经济、农业经济、工业经济、产业经济等 12 个重点经济领域，为实时掌控经济运行态势、把握经济发展规律、洞察经济形势、进行经济决策提供参考和依据。

中国行业发展数据库（下设 17 个子库）

以中国国民经济行业分类为依据，覆盖金融业、旅游、医疗卫生、交通运输、能源矿产等 100 多个行业，跟踪分析国民经济相关行业市场运行状况和政策导向，汇集行业发展前沿资讯，为投资、从业及各种经济决策提供理论基础和实践指导。

中国区域发展数据库（下设 6 个子库）

对中国特定区域内的经济、社会、文化等领域现状与发展情况进行深度分析和预测，研究层级至县及县以下行政区，涉及省份、区域经济体、城市、农村等不同维度，为地方经济社会宏观态势研究、发展经验研究、案例分析提供数据服务。

中国文化传媒数据库（下设 18 个子库）

汇聚文化传媒领域专家观点、热点资讯，梳理国内外中国文化发展相关学术研究成果、一手统计数据，涵盖文化产业、新闻传播、电影娱乐、文学艺术、群众文化等 18 个重点研究领域。为文化传媒研究提供相关数据、研究报告和综合分析服务。

世界经济与国际关系数据库（下设 6 个子库）

立足“皮书系列”世界经济、国际关系相关学术资源，整合世界经济、国际政治、世界文化与科技、全球性问题、国际组织与国际法、区域研究 6 大领域研究成果，为世界经济与国际关系研究提供全方位数据分析，为决策和形势研判提供参考。